서비스
엑설런스
에브리데이

EXCELLENCE EVERY DAY
: Make the Daily Choice—Inspire Your Employees and Amaze Your Customers
 Copyright © 2008 by Lior Arussy
Korean Translation Copyright © 2010 by KIM&KIM BOOKS
Korean edition is published by arrangement
With Information Today, Inc., Medford, New Jersey
Through Duran Kim Agency, Seoul.
All rights reserved.

서비스 **엑설런스** 에브리데이

개정판 발행 2013년 6월 17일

지은이 리오르 아루시
옮긴이 신원학
펴낸이 김건수

펴낸곳 김앤김북스
출판등록 2001년 2월 9일(제12-302호)
서울시 중구 수하동40-2 우석빌딩903호
전화 (02)773-5133 | 팩스 (02)773-5134
E-mail apprro@naver.com

ISBN 978-89-89566-60-1 03320

* 초판은 『엑설런스 에브리데이 서비스 리더십』입니다.

서비스
엑설런스
에브리데이

고객의 마음을 얻는 서비스 혁신의 시작

리오르 아루시 지음 | 신원학 옮김

김앤김
북스

CONTENTS

• 감사의 말

서로에게 냉소를 보내며 자신이 옳다고만 하는 세상에서 진정성과 희망의 빛을 찾기란 점점 어려운 일이 되고 있다. 진정성과 희망이 없다면 탁월함도 있을 수 없다. 탁월함의 가장 큰 적은 사악한 의도나 그릇된 행동이 아니라 무관심이다.

나는 일상의 삶 속에서 탁월함을 찾기 위한 노력의 일환으로 이 책을 썼다. 나는 우리가 개인으로서, 직업인으로서 최고가 되지 못하게 하는 것이 무엇인지 알고 싶었다. 하지만 이보다는, 그러한 부정적인 것들에도 불구하고 최고가 되고자 하는 사람과 조직을 찾고자 하는 마음이 더 컸다. 자신의 행동에 영향을 받는 이들에게 초점을 맞추고 탁월한 서비스를 제공하기 위해 매일매일의 선택Daily Choice을 하는 사람들을 만나고 싶었다. 그리고 놀랍고 기쁘게도 많은 사람들을 만날 수 있었다.

이 책은 매일매일의 선택을 함으로써 평범함을 넘어 최고가 되고자 하는 모든 사람들에게 바치는 책이다. 또한 자신의 일이 별로 중요하지 않다는 생각을 거부하는 모든 사람들에게 보내는 일종의 연애편지라고도 할 수 있다. 탁월한 행동과 선택으로 우리를 깨우쳐준 모든 이에게 감사의 말을 전한다. 그들은 옳았고 변화를 만들어낼 수 있었다.

이들은 무관심과 공감이라는 선택의 기로에서 분명하게 공감을 선택했고, 이기심과 타인에 대한 배려라는 선택의 기로에서 배려를 통해 탁월함을 추구하고자 했다.

이 책은 본문의 사례에 나오는 사람들을 비롯해 이 책의 중심 내용에 영감을 준 많은 사람들의 노력과 헌신의 결과물이다. 이들 모두에게 감사의 말을 전한다.

매일매일의 행동들에서의 탁월한 서비스를 찾는 과정에서 나는 많은 사람들을 만나고 그들과 함께 일하며 많은 것을 배웠다. 나에게 가르침을 준 로이드 윌키, 애드리언 폴, 지니 댄포스, 조 아카디, 카렌 월, 톰 터커, 하워드 캠버, 제리 바스, 밥 엘리엇, 애덤 코플러, 수디르 머시, 스코트 윌슨, 래리 매트, 발 골란, 해올드 얼면에게 감사의 말을 전한다.

함께해 온 많은 프로젝트에서와 마찬가지로 이 책의 가치를 높이 평가해 준 레이첼 유로비치에게도 솔직한 조언과 프로정신 그리고 무엇보다도 우정에 대해 깊이 감사한다. 레이첼이 없었다면 그간의 어려움을 이겨내지 못했을 것이다. 최선을 다해 원고를 편집해 준 빌 웨어에게도 감사의 말을 전한다. 이 책은 많은 측면에서 그의 통찰력과 의견, 열정의 도움을 받았다. 그는 나름의 방식으로 탁월함을 위해 최선을 다하며 살아가고 있음을 보여주었다.

데이비드 스핀넬, 마이클 블랙마이어, 데이비드 스완에게도 감사하고 싶다. 이들의 헌신과 도움으로 우리 모두가 성공할 수 있는 발판이 마련되었다. 앞으로도 계속 매일매일 탁월함을 선택하기를 바란다.

기쁠 때나 괴로울 때나 나의 열정을 묵묵히 지켜본 사랑하는 아내 드로라에게도 감사의 마음을 전한다. 탁월함을 찾아가는 여정은 예측할 수 없는 반전들로 가득 차 있다. 그래서 종종 그것을 마치기 전에는 이해하기 어려울 때가 있다. 그 여정 동안 항상 곁에 있어 줘서 고맙다. 나의 아이들 달리아, 첼리, 리아드, 넷나엘도 많은 면에서 나에게 영감을 주었다. 나의 아이들이 모든 일에 열정을 갖고 최고가 되도록 노력하길 바란다. 너희가 할 수 있다고 생각하든, 할 수 없다고 생각하든 항상 너희가 생각하는 바가 옳은 일이다. 나의 부모님과 형제들 역시 나의 끓어오르는 열정을 인내하며 살아왔다. "죄송하다"라고 해야 할지 "고맙다"라고 해야 할지 잘 모르겠지만 이들도 많은 희생을 해왔다는 건 잘 알고 있다.

탁월함을 위한 개인적 지침을 마련하고 최고 수준의 개인적, 직업적 탁월함을 달성하는 데 장애가 되었던 것을 되새기기 위해 이 책을 쓰는 건 아닌가 하는 느낌이 들 때가 종종 있었다. 내가 이 책을 집필하는 과정에서 배운 많은 교훈 중에 하나가 유난히 두드러졌다. 그것은 바로 모든 것이 중요하며 모든 순간이 다 진실의 순간이라는 점이었다. 진실의 순간을 포착하고 자신의 행동에 영향을 받게 될 사람들을 잊지 마라. 모든 행동에는 그것에 영향을 받는 사람이 있고, 모든 행동은 차이를 만들어낸다. 따라서 모든 행동은 탁월함으로 나아가는 기회가 된다. 선택을 하라. 옳은 선택을 하라. 당신에게 의지하는 많은 사람들이 있다. 무엇보다도 탁월함은 개인적 선택임을 명심해야 한다. 바로 자신에게 달린 문제인 것이다.

리오르 아루시

01
왜 탁월함을 추구하지 않는가

한 대형 미국 항공사의 비행기를 타려고 탑승수속을 기다리던 중 내 앞에 있던 어떤 사람이 우리 줄을 담당한 항공사 직원에게 무례하게 행동하기 시작했다. 왜 그러는지 분명하게 알 수 없었지만 그 사람은 계속 소리를 질렀고 이따금씩 욕설을 내뱉기도 했다. 항공사 직원은 그 사람과 똑같이 대응하지 않으려 노력하며 침착함을 잃지 않았다. 멀리서 이러한 모습을 지켜보던 나는 계속되는 욕설에도 침착함을 잃지 않는 직원에 감탄했다.

내 차례가 되었을 때 나는 직원에게 미소를 지으며 어려운 일이 끝나서 다행이라고 했다. "나였으면 이성을 잃고 그 무례한 남자가 했던 거 보다 더 예의 없이 굴었을 겁니다." 나는 직원의 편을 들었다. 직원은 태연하게 나를 바라보며 말했다. "괜찮습니다, 손님. 그 분 짐은 알래스카로 갈 거니까요." 직원은 나에게 수속할 짐이 있는지 물어보았다. 나는 단호하게 "없습니다."라고 말하며 가방을 꼭 쥐었다.

내가 이 항공사 수속대에서 목격한 장면은 분야를 막론한 모든 조직에서 일어나고 있는 권력의 이동을 잘 보여준다. 권력은 최고 경영진에서 개별 직원에게로 이동하고 있다. 브랜드와 고객의 경험을 통제하고자 하는 경영진의 노력에도 불구하고 탁월함은 개개의 직원들에 의해 결정되고 달성된다. 개인적 관계의 중요성이 점차 강조되고 있는 상황에서 조직의 힘은 우수한 성과를 보이고자 노력하는 직원으로부터 나온다. 궁극적으로 조직의 탁월함이나 열등함은 매일매일 여러 개인이 선택하는 결정의 영향이 축적된 총합이라 할 수 있다. 내가 '매일매일의 선택'이라 부르는 이러한 결정들이 조직의 경쟁력과 힘을 좌우하는 것이다.

> 고객의 경험을 통제하고자 하는 경영진의 노력에도 불구하고 탁월함은 개개의 직원들에 의해 결정된다.

공항에서 줄을 서며 겪었던 나의 경험은 매일매일의 선택에 관한 아주 훌륭한 예라 할 수 있다. 진실의 순간에 항공사 직원은 고객이 보기에 회사의 성공 여부가 판가름될 수 있는 결정을 내렸다. 매일 보다 우수한 서비스를 제공할 것인가, 아니면 일반적인 규칙과 절차대로 중간 정도 수준의 서비스를 유지할 것인가 하는 이와 유사한 수백만 개의 결정을 내리는 것은 개인이다. 결국 기업의 우수한 실적과 성공을 일구어내는 것은 기업의 전략적 결정이 아닌 이러한 수백만 개의 매일매일의 선택인 것이다.

탁월함을 촉진하기 위해 조직은 또 다른 상명하달식의 전략 계획을 필요로 하지 않는다. 대신 탁월한 성과를 달성하고자 하는 마음이 있는 직원에게 업무를 수행할 권한을 부여하기만 하면 된다. 탁월함은 상부의 명령으로 이루어지는 것이 아니라 아래로부터 생겨나는 것이다. 직원들에게 탁월함을 달성하고자 하는 마음이 있어야 하는 것이다. 따라서 서둘러 회사의 최고탁월함경영자chief Excellence Officer를 임명할 필요가 없다. 탁월함은 상명하달식으로 이루어질 수 있는 일이 아니기 때문이다. 또한 탁월함은 직원들이 어쩌다 가끔씩 하는 행동으로 이루어질 수도 없다.

조직과 관리자의 역할이 사라지지는 않겠지만 그것은 탁월함을 추구하는 방향으로 변화할 것이다. 이러한 변화에 의해 탁월함을 추구하도록 직원들을 장려하는 환경이 결정되고 만들어질 것이다. 관리자는 탁월함을 추구하는 일이 예외적인 행동이거나 '어리석은 사람'이나 하는 행동이 되지 않게 하는 환경을 조성해야 한다. 탁월함을 발휘할 수 있도록 하려면 직원에게 권한을 부여해야 한다. 직원들이 의사결정을 할 수 있도록 올바른 정보를 제공하고 재량권과 실수를 할 수 있는 여지를 주어 직원의 권한을 강화해야 한다.

그 어느 때보다도 중요해진 탁월함

"자본주의란 기본적으로 사람들에게 하고 싶지 않은 일을 강제로 시키는 것이다. 당신은 여기에 맞춰 살려고 하는 일종의 사악한 성품을 갖고 있어야 한다." 『딜버트Dilbert』의 작가 스콧 아담스의 말이다. 직원들이 비로소 자신의 목소리를 내기 시작했다.

자본주의에 대한 많은 책들이 나와 있는 지금 왜 하필이면 탁월함에 대한 책을 쓰는 것일까? 최근 아마존 닷컴에 '탁월함excellence'이란 단어를 검색했더니 5,400권이 넘는 책이 검색되었다. 탁월함은 인간이 생각할 수 있는 모든 각도에서 연구되고 분석된 듯하다. 이제 남은 것은 실천에 옮기는 일 뿐이다.

하지만 나는 뭔가 다르기를 바란다. 산더미처럼 쌓인 탁월함에 관한 책과 기사들을 보면 탁월함은 경제 곳곳에서 앞 다투어 추구됐어야 했다. 하지만 분명 전혀 그렇지 못하다. 탁월함은 우리 삶 속에서 절대 없어서는 안 되는 영속적인 부분이 아닌 것이다. 문제는 왜 아니냐는 것이다.

탁월함의 신화는 우리가 탁월하지 못한 점들을 받아들이게 함으로써 우리를 약화시킨다.

탁월함이 무엇인지 이해하고 어떻게 실천할지를 파악하는 것이 문제의 핵심이다. 우리는 잘못된 생각, 그릇된 논리에 사로잡혀 있으며 나는 이를 '탁월함의 신화Excellence Myth'라 표현하곤 한다. 이 신화는 역설적이다. 다시 말해 탁월함에 대한 기존의 생각 때문에 우리는 탁월함을 달성할 수 없다. 우리가 '탁월함의 영웅'이라며 전설로 존경하는 사람들이 우리를 방해하고 있는 것이다. 이들은 우리에게 우리가 가진 모든 잠재력을 발휘하도록 용기를 북돋아 주지 않는다. 대신 탁월함의 신화는 우리가 탁월하지 못한 점들을 받아들이게 함으로써 우리를 약화시킨다.

경영진은 탁월함을 달성할 수 있는 직원들의 능력을 계속해서 약화시키고 있다. 많은 조직에서 적극적으로 일하고자 하는 직원들이 어떠한 일이 있어도 절차를 따라야 한다는 지시 때문에 의지가 꺾이곤 한다. 곳곳의 통제 절차로 이루어진 이러한 유형의 조직적 관료주의는 직원에게 자발적으로 일을 하기 보다는 규칙에 순종하라는 분명한 메시지를 전달한다. 그리고 '탁월함'은 최상부의 몇몇에게만 해당되는 말로 자리 잡는다. 나머지는 조용히 입 다물고 계속 자기 일만 하면 되는 것이다.

절차는 이러한 조직의 핵심으로 자리 잡으며 직원은 아무런 의문을 제기하지 않고 이 절차를 따라야 한다. 이렇듯 제약이 많은 환경에서는 열심히 해보려는 마음이 매우 큰 직원조차도 포기하게 되는 것이 당연하다. 이들은 자발적 노력이나 혁신은 포기한 채 순종적으로 해야 할 일만 하게 되며 시킨 일만 하면서 되도록 생각을 하지 않으려 한다. 이렇게 몇 년이 흐르고 나면 직원들이 어떻게 탁월함을 추구하겠다는 생각을 조금이라도 할 수 있겠는가? 그들은 그저 살아남기만을 바라게 된다.

> 모든 것을 통제하려는 경영진으로 인해 순종적이고 냉소적이며 자발적 노력을 전혀 기울일 생각이 없는 직원들을 만들어낸다.

모든 것을 통제하려는 경영진으로 인해 순종적이고 냉소적이며 자발적 노력을 전혀 기울일 생각이 없는 직원들이 탄생했다. 직원들의 도피처는 무엇일까? 바로 딜버트(스콧 아담스의 만화 주인공)처럼 사는 것이다.

신흥 경제국의 위협은 많은 학계의 연구와 논문의 주제로 다루어져 왔다. 비용구조가 낮은 신흥시장으로 이전되는 일자리의 수가 늘어날 것이라는 우울한 전망의 보고서들이 이틀에 한 번 꼴로 발표되고 있는 듯하다. 특히 아시아 국가들은 세계경제의 틈새시장을 파고들고 있다. 많은 사람들이 선진 시장의 신규 일자리 수가 감소하고 있는 주된 원인이 아시아 국가의 성장이라 주장한다. 그러나 대부분의 조직에 경쟁은 새로운 개념이 아니다. 우리는 꽤 오래 전부터 경쟁과 함께 살아왔다. 허나 최근 몇 년간 경쟁의 강도는 세계 시장 점유율을 늘리려는 신흥 경제국으로 인해 더욱 거세진 듯하다.

경쟁 때문에 우리는 탁월해지든 아니면 아무것도 이루지 못하든 둘 중에 하나를 선택하지 않을 수 없게 되었다. 우리는 더 이상 '적당히 괜찮은 정도good enough'로는 아무것도 할 수 없는 시대를 살고 있다. 새로운 경쟁의 힘에 대응하기 위해서는 우리가 할 수 있는 최고의 모습을 보여야 하며 최고가 되기 위해 직원 하나하나가 노력해야 한다. 새로운 경쟁자들은 성공을 향한 야심과 의지를 불태우고 있다. 전부가 진정한 의미의 탁월함에 미치지는 못하고 있지만 최고가 되기 위한 노력이 주된 핵심인 것만은 분명하다.

우리는 어째서 다른 사람들에게 우리의 자리를 빼앗기고 있는지 그리고 이러한 경쟁자가 길 건너편에 있는지 아니면 지구 반대편에 있는지 곰곰이 생각해봐야 한다. 우리는 정말 경쟁할 마음이 있고 준비가 되어 있는가? 우리의 정당한 자리를 되찾기 위해 우리가 가진 모든 것을 동원하여 탁월함을 추구하고 있는가? 우리의 조직은 제품과 서비스와 소비자의 경험을 차별화하고 그 과정에서 고객의 마음을 사로잡기 위해 모든 직원이 최고를 향해 노력하는 그런 조직인가? 우리의 직원들은 절차를 통제하고, 최고가 되기 위한 어려움을 견뎌내고, 이 중요한 싸움에서 승리할 수 있는 개인적 선택권을 갖고 있는가?

슬프게도 이 모든 질문에 대한 답은 '아니다'이다. 상명하달식의 경영으로 인해 사람들 사이에 냉소적인 분위기가 만연한 가운데 우리는 자신이 가진 성공의 능력을 저버리고 있다. 이러한 모습은 수많은 딜버트 만화들과 「더 오피스The Office」의 에피소드들 그리고 우리에게 "열심히 일하지 말라"고 이야기하는 책들에 나타나 있다.

　21세기의 첫 10년 동안 경쟁은 점점 심해지기만 했고, 우리는 기대를 낮추고 경쟁력을 약화시키는 냉소적인 주장들에 점차 빠져들었다. "나는 현실주의자이지 비관주의자는 아니다."라고 말하거나 딜버트식의 태도를 스트레스 대처법으로 여기는 사람이 있다고 해도 비즈니스 문화에 이러한 경향이 미치는 악영향을 약화시킬 수는 없다. 중간만 가려는 사람들은 "열심히 하지 마. 그래 봤자 뭐할 건대?", "일해 봐야 남 좋은 일만 시키는 거야.", "넌 참 한심하구나.", "넌 거대한 기계의 한낱 부속품에 불과해.", "네가 해봐야 달라지는 건 아무것도 없으니 그만두는 게 나아."라는 분명한 메시지를 전한다.

　"굳이 왜 그런 일을 하나?"라는 문화 속에서 우리는 점점 스스로가 무능하고 중요하지 않다는 생각에 빠진다. 냉소주의는 장기적 경쟁력에 영향을 미친다. 느리지만 분명하게, 그런 농담을 할 때마다 그런 만화를 읽을 때마다 우리는 최고가 될 수 있는 잠재력을 깎아 먹으며 좀비의 왕국에 발을 들여놓게 된다. 그러면서 우리는 쓸모 없는 존재이며 우리가 조직이라 부르는 거대한 기계에 아무런 영향을 미칠 수 없다는 메시지를 점점 강화시킨다. 결국 경영진은 자발적 노력을 좌절시키고 맹목적인 복종만을 요구하는 데 최고가 되기 위해 노력하는 게 무슨 소용이 있는가? 아무도 차이를 알아차리지 못할 것이며 저들에게는 내가 최선을 다해 줄 필요가 없다.

　잠시 동안 조직에 대해서는 잊자. 우리 자신은 우리 스스로가 최선을 다해줄 필요가 있는 존재인가? 우리가 하루 동안 자신의 잠재력을 완전히 발휘하지 못했다면 이는 상사를 곤란하게 만들겠지만 무엇보다 먼저 우리 자신을 곤란하게 만든다. 그것은 우리의 일이었고, 우리의 실적이었으며, 우리의 평판이었다.

경쟁이 점차 심화되어감에 따라 시장에는 보다 빠른 혁신, 창의력 제고, 고객과의 긴밀한 관계 구축 그리고 세계시장의 위협에 대한 전략, 전술적 해결책을 제안하는 책들이 넘쳐나고 있다. 나는 이러한 많은 책들을 읽으면서 한 가지 의문이 들었다. 이런 훌륭한 아이디어를 실행할 사람은 누구인가? 제품을 혁신하고 고객에 서비스를 제공할 사람은 누구인가? 우리가 동일한 사람들에 대해 얘기하고 있는 걸까? 절차 중심적이고 통제적인 경영진이 이러한 일을 할 거라 기대할 수 있을까? 딜버트식의 무기력함에 영향을 받은 직원들이 탁월함을 추구하고 창조적으로 변화를 이끌어내리라 기대할 수 있을까?

경쟁이 심화된 상황에서 직원과 조직은 최고가 되어야 하며, 고객에게 혁신적이며 차별화된 서비스를 진심을 다해 제공해야 한다. 짧게 말해 탁월함을 달성해야 하는 것이다. '일관성'으로는 이제 차별화를 이룰 수 없다. 일관성도 필요하지만 그것만으로는 충분하지 않다. 일관성은 흥미와는 거리가 멀다. 우리가 제공하는 것이 일관성뿐이라면 고객은 보다 흥미 있는 경쟁사를 선택할 가능성이 크다.

오늘날의 조직은 언제나 최고의 모습을 보여야 한다는 게 새로운 현실이다. 이를 위해 조직은 오직 하나, 직원의 탁월함에 의존할 수밖에 없다. 우리에게는 혁신과 창의력이 필요하며 감당할 수 있을 만큼의 위험도 필요하다. 그러나 이 중 어느 것도 상명하달식으로 내려오는 최고경영진의 결정으로 이루어질 수 없다. 결정은 반드시 직원 자신이 내린 것이어야 한다.

탁월함을 선택하지 않는 것은 평범함을 선택하는 것이다

탁월함을 성취하느냐, 아니면 아무것도 아닌 상태로 전락하느냐는 오늘날 모든 조직과 개인의 생존이 달린 선택의 문제다. '괜찮음'과 일관성만으로는 이제 아무것도 이루지 못한다. 탁월함을 달성하는 것이 성장과 성공을 이루는 유일한 기회인 것이다.

나는 이 책을 잠을 깨우는 전화이자 초대장이라 생각하고 썼다. 잠을 깨우는 전화로서 이 책은 위험을 경고한다. 아무것도 하지 않는 것은 비참한 평범함이란 결과를 낳는다. 이는 대부분의 사람들이 인식하거나 받아들이고 싶어 하지 않을 만큼 엄청난 부정적 영향을 우리 모두에게 미친다.

이 책은 일상의 삶에서 탁월함을 추구하라는 나의 개인적인 초대장이기도 하다. 매일 우리에게는 평범함과 탁월함 사이에서 의식적으로 선택할 기회가 주어진다. 평범함을 선택할 때마다 우리는 경쟁력을 강화하고 시장에서 승리할 기회로부터 멀어진다. 모든 선택은 조직과 개인이 자신의 능력을 최대한으로 발휘하여 성과를 최대로 높이고, 경쟁력을 강화하며, 시장에서 승리하고, 가능한 한 최고가 될 수 있는 기회로 봐야 한다. 오늘날에는 과거 어느 때보다도 개인의 선택이 중요해졌다. 탁월함을 위한 매일매일의 선택이 전반적인 탁월함의 능력을 높이며 직원 개개인의 매일매일의 선택이 쌓여 조직의 탁월함과 경쟁력을 높인다.

경쟁이라는 전쟁은 전쟁터에서 이루어지기 때문에 경영진이 아닌 모든 직원의 선택이 중요하다. 조직의 직원들이 내리는 탁월함을 위한 수백만의 매일매일의 선택이 모여 놀라울 정도의 차별화와 경쟁력을 이루어 낼 수 있다.

딜버트 스타일의 기업문화를 버릴 때가 됐다. 이러한 문화는 생산성과 경쟁력을 약화시킬 뿐이다. 모든 직원이 탁월함을 위한 매일매일의 선택을 할 수 있도록 이들에게 권한을 부여할 때가 됐다. 관리자는 절차에만 연연하지 말고 직원이 탁월함을 추구할 수 있도록 하는 데 집중해야 한다. 관리자는 직원에게 업무와 관련한 권한을 이양함으로써 직원이 능력을 발휘하고 변화를 이끌어낼 수 있도록 할 수 있다.

시급히 우리의 탁월함을 성취할 수 있는 능력을 되찾고 이를 매일 실천해야 한다. 탁월함에 관한 잘못된 생각들을 몰아내고 탁월함을 모든 사람이 어느 때나 실천할 수 있는 긍정적이고 사려 깊은 일상의 행동으로 재정의해야 한다. 그러려면 탁월함이란 소수만이 할 수 있는 인생의 단 한번뿐인 업적이란 잘못된 생각을 버려야 한다. 탁월함을 개인의 문제로 만들고 이를 개인이 실천해야 할 일로 정의해야 한다. 또한 매일매일의 선택을 일상적인 일로 만들고 모든 일에서 탁월함을 발휘해야 한다.

우선 탁월함에 관한 잘못된 생각들을 버리고 탁월함을 실천에 옮길 수 있다는 태도를 되찾아야 한다. 탁월함을 성취하기 위해 나아가는 길목에서 만나는 잘못된 생각과 장애물들이 앞으로 다루어질 것이다. 2장에서는 탁월함에 대한 잘못된 생각으로 인해 개인과 조직이 고객의 기대를 충족시키지 못할 수 있다는 것을 보여줄 생각이다. 탁월함에 관해 자기중심적으로 내려진 정의로 인해 조직과 고객은 서로 만날 수 없는 완전히 다른 길에 놓여질 수도 있다. 결과적으로 개인은 자신의 잠재력을 발휘할 기회를 놓치고 조직은 경쟁력을 잃게 된다.

탁월함을 성취하느냐, 아니면 아무것도 아닌 상태로 전락하느냐는 우리가 매일 직면하는 선택의 문제다. 의식적으로 탁월함을 선택하는 방법을 배울 때에만 성공의 기회는 열릴 것이다.

탁월함의 신화에 갇히다

탁월함의 우상

랜스 암스트롱

레오나르도 다빈치

밥 딜런

알버트 아인슈타인

듀크 엘링턴

앨 고어

캐서린 헵번

알프레드 히치콕

마이클 조던

마틴 루터 킹

에이브러햄 링컨

모차르트

폴 뉴먼

로자 파크스

루치아노 파바로티

파블로 피카소

엘비스 프레슬리

마틴 스콜세지

윌리엄 셰익스피어

테레사 수녀

스티븐 킹

존 레논

오프라 윈프리

타이거 우즈

우리 모두에게는 탁월함의 우상이 있다. 당신이 생각하는 우상도 위에 나열한 이들과 크게 다르지 않을 것이다. 당신이 생각하는 탁월함의 아이콘은 누구인가? 당신이 보다 높은 곳에 도달할 수 있게 힘을 주는 전설적 인물은 누구인가? 스포츠, 과학, 예술, 정치, 역사 등 분야에 관계없이 당신은 누구의 탁월한 업적을 존경하고 동경하는가?

비즈니스의 세계에서 우리는 기업의 탁월함과 관련한 우리만의 전설과 상징을 받아들여왔다. 많은 사람들이 사우스웨스트 항공, 스타벅스, 젯 블루, GE, 델, 구글, 리츠칼튼 호텔 같은 기업을 경외와 동경의 눈으로 바라본다. 이들의 엄청난 성공에 경탄을 금치 못하는 것이다. 마음속 깊이 우리는 이들처럼 되고 싶어 하면서도 그건 가능하지 않은 일이라 생각한다. 이들은 이길 수 없는 상대처럼 보인다. 어떠한 도전이나 문제도 해결할 수 있는 잔혹한 경쟁의 승리자로 보이는 것이다. 이들은 거의 이해가 불가능할 정도의 성취를 했다. 바로 이것이 문제의 시작이다.

> **많은 사람들이 탁월함을 인생의 단 한번뿐인 영웅적인 일로 생각한다. 극소수의 사람만이 할 수 있는 일로 우리가 그렇게 될 일은 없을 거라 믿는다.**

많은 사람들이 탁월함을 인생의 단 한번뿐인 영웅적인 일로 생각한다. 극소수의 사람만이 할 수 있는 일로 우리가 그렇게 될 일은 없을 거라 믿는다. 사람들은 종종 대단한 경외심으로 에베레스트 산 등반이나 올림픽 경기를 보며 이들이 탁월함의 최고 경지라 생각한다. 우리 중 누구도 빠른 시일 내에 에베레스트 산에 올라갈 계획을 세우거나 다음 올림픽 출전자격을 얻을 수 없기 때문에 이러한 것들은 평범한 우리와는 다른 '미친' 사람들이나 하는 일이 된다. 미친 사람들은 미친 업적을 이룰 수 있다. 이들은 평범한 사람이 아니며 많은 것을 희생하고서라도 목표를 달성하겠다는 이들의 강한 의지는 평범한 우리가 따라 하기는커녕 완전히 이해하기도 어렵다. 이 미친 사람들은 우리와 다르며 우리는 그들처럼 될 준비가 되어 있지 않다.

영웅적 사건과 탁월함 간에 연관성이 있다고 생각하게 되면서 우리는 최고를 향한 노력이 활발하게 이루어질 수 있는 곳으로부터 스스로를 멀리 떨어뜨리게 되었다. 우리는 이런 영웅적인 노력에 수반되는 어려움에 맞서 스스로를 희생할 준비도 되어 있지 않고, 능력도, 그럴 마음도 없기 때문에 탁월함을 달성할 수 없다는 결론에 이르게 된다. 영웅은 할 수 있는 일이지만 우리는 할 수 없다. 그들은 기꺼이 목표를 위해 참고 견디겠지만 우리는 못한다. 우리는 이러한 업적을 달성하는 데 필요한 희생을 견디지 못하게 태어났다.

바로 이것이 탁월함의 신화이다. 바로 자신이 숭배하는 탁월함의 우상 때문에 우리는 탁월함을 성취할 수 없는 것이다. 이게 무슨 역설적인 일인가!

사실 우리는 이러한 잘못된 생각에 사로잡혀 우리가 이룰 수 있는 가장 높은 경지의 성과를 달성하지 못한다. 탁월함의 기준을 너무 높게 잡아 노력도 하기 전에 꿈을 포기해버리는 것이다. 우리는 자신의 잠재력을 폄하하며 대중문화에 스며들어있는 탁월한 영웅의 모습에 사로잡혀 있다. 그 결과 무언가를 행동에 옮기기보다는 무기력한 상태에 빠지게 된다. 탁월함을 구경거리로 삼은 채 그저 멍하니 서서 바라보기나 할 뿐이다.

탁월함의 신화는 유명인 문화celebrity culture라는 면도 갖고 있다. 유명인, 즉 새로운 전설들을 추종하고 동경하는 것은 과학이고 예술이자 수백만 달러 가치의 비즈니스가 되었다. 타블로이드 신문에서부터 책, 인형, 옷에 이르기까지 우리는 새로운 전설과 관련된 제품을 구매하며 그들의 세상에 속하게 되었다고 느낀다. 하지만 사실 우리는 전설 말고는 그 사람 자체에 대해 아는 게 아무것도 없다.

전설의 비즈니스에서 '영웅'은 매일같이 만들어진다. 리얼리티 쇼를 통해 동경의 대상이 되는 새로운 전설적 인물들이 양산되고 있다. 리얼리티 쇼에 출연해 '해고'당하거나 투표로 밀려나기만 해도 갑작스

레 스타가 될 수 있다. 오늘날 모든 인기 리얼리티 쇼 참가자들은 하루 밤사이에 동경의 대상이 되고 마치 바보 같은 텔레비전 프로그램 하나에 출연한 것만으로 값을 헤아릴 수 없는 지식을 얻게 된 것 마냥 여기 저기에서 조언을 해달라는 초청을 받게 된다. 이런 사람들은 건방지게도 인간관계, 비즈니스, 정치 등 사람들이 그들에게 말씀을 내려주시길 바라는 모든 주제에 관해 자신의 의견을 적어 책으로 출판한다. 그리고 사람들은 인생에서 이룬 것이라고는 텔레비전에서 도널드 트럼프에게 '해고'당한 것 밖에 없는 23살짜리를 대상으로 한 이러한 상품들을 소비한다.

우리는 이렇듯 위험한 유명인 관련 상품에 영향을 받고 있으며 이는 자극제가 아닌 일종의 방패 역할을 한다. 우리는 이런 변명을 늘어놓는다. 너무 어려움이 커. 나는 절대 성공할 수 없을 거고, 시도하려면 어려움이 너무 많으니까 그냥 책이나 사보는 게 낫겠어.

탁월함에 관한 책을 읽는 것은 보다 효과적으로 일하는 법을 알기 위한 것으로 알고 있다. 그러나 탁월함을 구매하는 행위는 현실을 외면하는 방법일 뿐이다. 우리는 탁월함을 실천하는 것이 아니라 그 기념품만을 산다. 탁월함을 성취하는 일은 남에게 맡기고 진실을 외면하면서 기념품이나 사는 것이다. 진실은 이러한 탁월함의 신화가 우리의 상상력을 그릇된 방향으로 이끌며 우리가 더 높이 도달하도록 자극하는 것이 아니라 시도조차 해보지 않고 포기하게 만든다는 것이다. 멋지지 않은가? 우리는 탁월함조차 아웃소싱하고 있는 것이다.

우리가 탁월함의 우상을 동경할 때마다 탁월함의 신화는 우리 속을 파고든다. 우리는 이러한 사람들을 과도하게 동경하며 전설이라 일컫는다. 전설은 요정이야기에나 나오는 것이지 현실에 나오는 것이 아니며, 이야기책에나 어울리지 우리의 삶 속에서는 어울리지 않는다. 우리가 우상으로 생각하는 전설들은 우리의 상황과는 너무나 유리되어 있기 때문에 우리를 자극하지 못한다. 결과적으로 우리는 최선을 다하지 않게 된다. 탁월함이 성취할 수 없는 대상이 되면 우리는 아무런 자극도 받을 수 없다. 시도도 하기 전에 포기하게 되는 것이다.

우리 안에 스며든 딜버트 문화

성공의 비밀은 실패의 책임이 누구에게 있는가를 아는 것이다. 한 명의 승리자 뒤에는 수십 명의 패배자가 있게 마련이다. 당신은 이들 중 하나가 될 확률이 더 높다. 짙은 어둠이 지나고 나면 칠흑 같은 어둠이 찾아온다. 꿈은 무지개와 같아서 바보들이나 그것을 좇는다. 큰 집단에서 어리석은 사람들의 힘을 절대 과소평가하지 말라.

위의 인용구는 일의 '현실'을 알려주는 웹 사이트인 디스페어 닷컴Despair.com에서 제작, 판매하는 카드와 포스터에서 발췌했다. '의욕상실'을 전문적으로 다루는 디스페어 닷컴은 인간이 가진 의욕의 모든 요소와 노력을 조롱한다. 디스페어 닷컴 철학을 상징하는 물품으로는 중간에 가로 줄이 그어져 있고 "이 컵에는 물이 절반밖에 남지 않았다."는 어구가 쓰여 있는 '비관론자의 머그 컵'이 있다. 물론 이 중 몇 개는 아주 재미있다.

나는 딜버트도 재미있다고 생각한다. 스콧 아담스의 만화는 예전에

내가 다녔던 회사 중 몇몇과 매우 놀라
울 정도로 닮았다. 예전 상사를 정확하
고 자세하게 묘사하는 그의 능력에 탄
복하지 않을 수 없다. 딜버트와 BBC(현
재 NBC)의 TV 쇼 「더 오피스」에서부
터 디스페어 닷컴에 이르는 딜버트의
아류작들은 어리석은 기업의 모습을
코믹하게 그려냄으로써 사람들에게 위
안을 준다. 하지만 그게 전부일까?

세상에 무능한 사람들이 너무 많다고 느껴본 적 있는가? 나만해도 사실상
지금까지의 모든 직업에서 무능했다. 항상 그랬다. 그래도 언제나 월급은
받을 수 있었다. 심지어는 상을 받은 적도 있었다. 일을 제대로 하는 척하는
것은 실제로 일을 잘 하는 것보다 훨씬 쉽지만 똑같은 보상을 얻는다.
– 스콧 아담스

딜버트의 작가 스콧 아담스가 쓴 『You Don't Need Experience If
You've Got Attitude』에 나오는 이 말은 실제 일을 회피할 수만 있다면
회피하라는 것이다. 아무도 알아채지 못할 것이고 주변에는 온통 무능
력한 사람들뿐인데 뭐 때문에 노력하는가?

이런 심각한 사고를 하고 있다면 '탁월함'은 결코 가능성의 영역에
들어오지 못한다.

수년 동안 딜버트식 문화의 영역은 확장되어 왔다. 우리 모두는 여

러 방면에서 딜버트처럼 변해왔고 냉소주의의 전문가들은 그들의 복음을 전파해왔다. 그 중 많은 것들이 인터넷 유머의 형식으로 이메일을 통해 퍼져나갔다. 이러한 메시지들은 유명하며 이미 읽어본 사람도 한둘이 아니다. 고작 세 줄짜리 유머에 전달받는 이의 주소가 600줄이나 달려 있고 '꼭 읽어봐'라는 말이 덧붙여 있는 경우도 많다. 이따금씩 기업 세계의 평범함에 관한 5MB짜리 파워포인트 문서가 첨부되어 올 때도 있다.

딜버트와 유사한 책으로 코린 마이어의 『안녕 게으름Bounjour Laziness』이라는 유명한 프랑스 책도 있다. 이 책은 영어를 비롯해 다수의 언어로 번역되었다. 이 책은 근로자들에게 열심히 일하지 말라고, 아니 일 자체를 하지 말라고 말한다. 상사는 멍청하고, 조직은 고마워할 줄 모르며, 시스템은 직원들이 실적을 올리는 척 하면서 단지 살아남아 월급만 타가게 만든다고 묘사한다. 작가는 모든 행위가 시간과 노력 낭비라고 강조한다. 딜버트식 문화가 전 세계적으로 널리 퍼진 것이다.

이 시점에서 내가 유머감각이 부족하거나 농담을 이해할 줄 모르는 게 아닌가 하고 생각하는 사람이 있을 수 있다. 우리는 웃어넘길 수 있는 일은 극복할 수 있는 일이라고 배워왔다. 우리는 웃음이 최고의 명약이고 웃음과 함께라면 어떤 것도 다 이겨낼 수 있다는 말을 많이 들어왔다. 철학적으로 보자면 나는 웃음이 약자가 강자에게 맞설 수 있는 효과적인 무기이며 대체로 유머는 우리에게 이롭다고 생각한다. 나는 유머 자체에는 전혀 반대하지 않는다. 사실 내 친구 중에는 내가 재미있는 사람이라고 말하는 친구도 꽤 있다. 그렇다면 나는 왜 딜버트

류의 냉소적인 유머를 문제 삼는 것일까?

우리가 당면한 문제는 유머 자체가 아니다. 유머를 통해 인간은 새로운 관점을 얻고 힘든 시간을 견딜 수 있다는 사실에는 의문의 여지가 없다. 유머는 인간의 삶과 사회에서 중요한 역할을 한다. 여기서 논의하고자 하는 문제는 유머 전체가 아니라 부정적이고 인간의 의욕을 저하시키는 유머이다. 우리의 약점 또는 무능력을 강화시키는 유머는 탁월함을 성취하도록 자극하기보다는 문제를 영속화시키기 때문에 엄청난 악영향을 미칠 수 있다.

일과 관련해 우리가 갖고 있는 철학이 단지 최소한의 노력을 기울여 일로부터 벗어나는 것에 불과하다면 우리는 살아남는 데 급급하게 될 것이고 최소한의 업무수행을 일반적인 기준으로 받아들이게 되기 때문에 탁월함을 성취할 가능성이 사라질 것이다. 나는 단지 우리를 무력하게 만들고 탁월함을 성취할 수 있는 능력을 약화시키는 유머에 반대하고자 한다. 이로 인해 야기되는 피해는 상상하는 것보다 훨씬 심각하다.

얘기를 계속 진행해 나가기 이전에 한 가지는 분명하게 해두고 싶다. 나는 딜버트나 딜버트의 작가 스콧 아담스를 비난할 생각은 없다는 것이다. 그는 메시지를 전하는 사람에 불과하다. 우리는 메시지 자체에 대해 생각해야 한다. 이러한 책, 만화, 농담들은 탁월해지려고 노력하는 사람들에게 심각한 문제를 일으키는 딜버트 문화가 점차 만연하고 있음을 보여준다.

• 당신이 일하는 회사가 어리석고 당신이 모시는 상사가 멍청하다면 당신

은 뭐가 되는가?

- 왜 스스로를 이런 무능력한 상태로 몰고 가는가?
- 당신은 자신의 잠재력을 포기할 생각인가?
- 당신 주변에 만연한 무사안일주의에도 불구하고 회사가 성공할 수 있겠는가?

위의 질문들은 많은 면에서 조직과 리더들에게 똑같이 적용된다. 관리자 혹은 임원인 경우에는 다음의 질문을 생각해 보기 바란다.

- 만일 회사 벽 전체에 직원들이 직장의 모습과 똑같다고 여기는 딜버트 만화가 붙어 있다면 당신이 뭐가 될까?
- 팀을 만든다면 어떤 종류의 사람들을 선택할 것이며, 이들이 당신의 실적에 어떤 영향을 미칠까?
- 직원의 애사심이 딜버트에 나오는 캐릭터들과 비슷하다면 회사의 경쟁력은 어떻게 될까?
- 이런 직원들로부터 어느 수준의 실적을 기대할 수 있을까?
- 가장 중요한 문제로 직원의 업무수행에 대한 자발적 의지가 재무 목표를 달성하는 당신의 능력에 어떤 영향을 미칠까?

고백할 게 하나 있다. 나도 한때 딜버트에 중독된 적이 있었다. 딜버트 만화로 사무실을 도배하지는 않았지만 분명 프레젠테이션에 딜버트를 사용하긴 했다. 나는 한 컨퍼런스 주최자에게 부실한 콜 센터에 관한 딜버트 만화 저작권료를 지불하게 한 적도 있었다. 내가 딜버트를 발표할 때면 청중들로부터 웃음소리가 들리곤 했다. 마치 내가 자신들의 CEO를 대단히 자세하게 묘사라도 한 것처럼 청중은 웃음을 터뜨리고 고개를 끄덕이며 맞장구를 쳤다.

웃음은 모든 연사가 갈망하는 것이지만 얼마 지나지 않아 나는 이 만화가 자아내는 웃음으로 인해 탁월함을 성취하고자 하는 청중의 의지가 꺾이고 있다는 걸 깨달았다. 딜버트에 나타나 있는 조직에 대한 생각을 쉽게 받아들임으로써 내 발표를 듣고 있던 청중들은 책임감과 주인의식을 잃었다. 딜버트를 읽으면 읽을수록 사람들은 솔선수범하지도, 열심히 일하지도, 새로운 일을 시도하지도, 자신의 실적에 책임을 지려고도 하지 않게 될 가능성이 커진다. 메시지는 온통 무사안일주의의 환경에서 변화를 일으킬 능력이 없는 사람들에 대한 얘기뿐이다. 청중은 딜버트를 믿으며 딜버트에 순응한다. 그 결과 그들은 자신이 무능력하다고 생각하게 된다.

> 딜버트 문화는 사람들의 동기와 탁월함을 창조하고 달성할 수 있는 스스로의 능력에 대한 믿음을 약화시킨다.

내가 딜버트 중독으로 인해 장기간에 걸쳐 치러야 했던 대가가 너무 컸기 때문에 당장 눈앞의 청중으로부터 웃음을 짜낸 것이 이익이었다고는 말할 수 없다. 사람들은 이러한 농담과 변화를 이끌어내고 영향력을 발휘할 수 있는 자신의 능력을 맞바꾼 셈이다. 딜버트 문화는 사람들을 무력하게 만든다. 딜버트 문화는 사람들의 동기와 탁월함을 창조하고 달성할 수 있는 스스로의 능력에 대한 믿음을 약화시킨다. 이 중독으로 인한 피해가 컸기 때문에 나는 금단증상을 참아내야 했다.

딜버트 문화는 미봉책에 지나지 않는다. 중독자로서 우리는 그 잠깐의 냉소적 농담을 즐기기 때문에 중독을 끊지 못한다. 하지만 다른 미봉책처럼 우리는 탁월함에 대한 헌신과 그것을 실현할 수 있는 우리의 능력에 대한 믿음이 서서히 무너져 가는 것과 같은 장기적 영향을 무시한다. 딜버트 문화는 탁월함을 달성할 수 없다는 생각을 강화함으로써 탁월함에 관한 잘못된 생각을 심화시킨다.

딜버트 만화를 사무실 벽에서 즉시 제거하길 요구하고 딜버트에 전쟁을 선포하는 것만으로는 문제를 해결할 수 없다. 사실 그래 봐야 문제만 악화시킬 뿐이다. 온통 딜버트로 도배된 사무실이 옳지 않다고 생각하지만 절대 만화 속에서 비웃음의 대상이 되는 경영진이 이러한 만화를 제거하라고 명령해서는 안 된다.

효과적으로 딜버트를 제거하는 유일한 방법은 직원들이 만화에 나온 식으로 행동해서는 안 된다는 걸 깨닫게 하는 자연스러운 방법뿐이다. 당신은 스스로 탁월함을 위해 노력하는 모습을 보임으로써 딜버트를 부적절하게 만드는 환경을 조성할 수는 있지만 절대 명령을 해서는 안 된다.

탁월함의 신화를 부추기는 책들

서점에는 우수한 업무수행과 탁월함에 관한 책들이 넘쳐나고 있다. 우리는 엄청난 수의 이러한 책들을 소비함으로써 글쓴이들을 부유하고 유명하게 만들어주고 있다. 이러한 비즈니스의 영웅들은 자신들이 발견한 바를 크게 선전하면서 하룻밤 사이에 우리를 성공으로 이끌어준다고 하는 강연을 이어나간다. 문제는 어째서 이러한 정보들이 넘쳐

남에도 불구하고 우리의 전반적인 업무수행은 개선되지 않았느냐는 것이다. 『좋은 기업을 넘어 위대한 기업으로Good to Great』가 〈뉴욕 타임스〉의 베스트셀러 목록에 몇 주 동안 머물렀는가를 생각하면 지금쯤 GDP가 적어도 연간 2포인트씩은 상승했어야 했다.

탁월함에 관한 다양한 종류의 책들이 있지만 나는 그 중 가장 흔한 두 가지 유형에 대해 이야기하고자 한다. 첫 번째는 학문적으로 접근한 책이다. 이 유형의 저자들은 냉철한 시각에서 성공기업을 분석하고 '공통적'으로 나타나는 성공의 규칙을 찾는다. 불행히도 이러한 책을 읽는 사람들은 책에 제시되어 있는 엄청난 양의 아이디어에 압도되어 실행에 옮기기도 전에 포기해 버리는 경우가 많다. 과학적 접근방식을 이용한 이런 학술적인 책들은 독자에게 유용한 도구가 되기보다는 그동안 해온 연구를 총망라한 안내서에 그치는 경우가 많다.

특정기업에 효과가 있었던 아이디어는 해당기업의 DNA, 역사, 시장상황 등이 반영되어 있는 경우가 많기 때문에 다른 곳에서도 똑같은 결과가 나오리라는 보장이 없다. 이러한 책 중에는 다른 업무환경에는 적용시킬 수 없는 리더십 스타일을 제안하는 책도 있다. 독자들은 자신에 적합하지 않다는 것을 깨닫고 이러한 아이디어나 원칙들을 무시해버리게 된다.

일반적으로 이러한 학술적인 책들은 탁월함을 영웅적이거나 달성하기 어려운 것, 그리고 고위 경영진의 영역으로 묘사하기 때문에 탁월함에 관한 잘못된 생각을 심화시키는 효과를 낳는다. 조직과 개인이 무사안일주의를 버리도록 자극하기 보다는 변화를 이뤄낼 수 없는 무력한 존재로 스스로를 느끼게 하는 것이다.

한편 "나는 해냈습니다. 그러니 당신도 할 수 있습니다."식의 책들도 있다. 이러한 책들은 독자의 능력을 높여주겠다고 하지만 대개 그 반대의 결과를 낳는다. 우리들 대부분은 아마도 슈퍼스타 CEO나 사업가들이 지금 바로 성공을 이루어내는 일이 얼마나 쉬운지를 설명하는 책들을 읽었을 것이다. 이러한 책들을 읽으면 하룻밤 사이의 성공이 쉬운 일이라는 신화가 강화된다. 그러나 성공 이야기들을 자세히 살펴볼수록 우리는 그들이 우리와는 다르다는 사실을 깨닫게 되면서 무기력해진다.

"나는 해냈다"식의 책을 읽으면서 나도 그들과 똑같이 할 수 있다는 자신감이 든 적이 몇 번이나 되는가? 대부분의 독자들은 자신의 상황과 그들의 상황이 미묘하지만 분명하게 다르며 그들이 그 상황 속에서 남다른 기회를 얻었다는 것을 점차 인식하게 된다. 이러한 책들에 묘사된 놀라운 성공은 자신과는 너무나 멀리 떨어져 있는 것이어서 책을 읽는 사람들은 그저 손을 들어 버리게 된다. 과장되고 동떨어진 이야기들은 탁월함을 추구하는 데 거의 도움이 되지 않는다. 책에 나타나 있는 특수한 상황을 생각했을 때 이러한 책들은 기대만 꺾어 놓을 가능성이 크다.

학술적인 책이나 "나는 해냈다"식의 책은 우리가 탁월함의 신화로부터 벗어나는 데 도움이 되지 않는다. 오히려 반대로 우리를 그 신화 속에 가둘 뿐이다. 우리 마음속에는 이전 어느 때보다도 무능력의 태도가 공고히 자리잡고 스스로를 작고 보잘 것 없는 존재로 여기게 된다. 먼저 우리가 스스로의 능력을 믿지 않는다면 탁월함을 성취하고자 하는 열망과 능력도 발휘될 수 없다는 것은 분명하다.

우리에게 탁월함이란 어떤 것인가?

탁월함의 신화는 우리와 우리 자신의 위대함을 서로 떼어 놓는 환상에 지나지 않는다. 의식적으로 이러한 신화가 옳다고 생각하지 않더라도 탁월함을 달성하는 데 방해가 된다는 점은 동일하다.

사실 이러한 신화와는 달리 탁월함이란 기꺼이 최선을 다하고 우리가 지닌 잠재력을 극대화하는 것이다. 또한 우리에게 주어진 상황 하에서, 그리고 우리가 일하는 곳에서 우리의 기회를 극대화하는 것이다. 여기서 중요한 말은 '우리'이다. 탁월함은 우리 모두와 관련된 일이며 집단으로는 우리 모

가슴 속에 무언가가 벅차오르는 것이 느껴지면 그것이 바로 우리가 탁월함을 향해 나아가고 있다는 증거이다.

두가 한 일의 총합이다. 안락함의 영역을 넘어서고자 할 때마다 탁월함을 향해 나아간다. 가슴 속에 무언가가 벅차오르는 것이 느껴지면 그것이 바로 우리가 탁월함을 향해 나아가고 있다는 증거이다. 왜 굳이 열심히 일하지 않는지 평계를 대기보다는 누군가를 돕는 창의적인 해결책을 제시할 때 우리는 비로소 탁월함의 영역에 들어서게 된다.

탁월함의 신화에 나타나 있는 바와 달리 탁월함에는 아무런 기준이 없다. 한 사람에게 불가능할 정도로 어려운 일이 다른 사람에게는 쉬운 일일 수 있으며, 모든 사람이 에베레스트 산에 오를 수 있는 것은 아니지만 나름의 등반기록은 다들 경신할 수 있다. 모든 사람은 자신만의 탁월함 기준을 찾고 이를 위해 노력해야 한다. 이러한 개인별 기준의 공통점은 스스로 할 수 있다고 생각하는 것 이상을 성취하도록 돕는다는 것이다.

자신이 현재의 목표를 달성할 수 있는 능력을 갖고 있다고 생각된다면 목표를 너무 낮게 잡은 것이다. 실패하지는 않을까 두려운 마음이 생기지 않는다면 탁월함을 성취하기 위해 최선의 노력을 하지 않는 것이다.

탁월함이 매일매일 성취할 수 있는 것인가

"매일매일의 탁월함"이라는 말이 모순이라고 생각하는 사람도 있을 것이다. 우리는 탁월함이 자주 일어나는 일이 아니고, 우리 모두에게 자극을 주지만 빠른 시일 내에 또 일어나지 않을 인생에 한번 뿐인 일이라고 생각하게 만드는 환경 속에 살아왔다. 우리는 탁월함을 '엄청난 도전의 극복'이라고 생각하거나 비즈니스 차원에서는 고객의 수를 엄청나게 늘리는 획기적인 방안이라 생각할지 모른다. 이러한 것들도 분명 탁월함이지만 일상 속에서 탁월함을 실천할 수 있는 자신의 능력을 무시하는 건 심각한 실수다.

사실 일상 속에서 탁월함을 실천하면 인생의 큰 어려움에 미리 대비할 수 있다. 일상의 탁월함을 일종의 훈련으로 여기자. 탁월함을 실천하는 습관은 끊임없이 보다 더 높은 곳으로 사람들을 이끈다.

매일매일 우리는 진실의 순간, 즉 탁월함을 성취할 기회가 되는 선택과 마주한다. 나는 기본적으로 삶은 평범할 따름이며 탁월함이란 너무나 드물게 나타나기 때문에 일상의 일이 될 수 없다는 생각을 받아들이고 싶지 않다. 탁월함이 드문 일이 되도록 해서는 안 된다. 우리 모두는 마음만 먹으면 매일의 모든 상호작용에서 탁월함을 성취할 수 있는 능력이 있으며, 매일 친구든, 낯선 사람이든, 고객이든 모두에게 똑같이 탁월함을 보일 수 있는 기회가 있다.

"탁월함은 매일매일 성취할 수 있는 성질의 것인가?"라는 질문에 대한 대답은 "그렇다!"이다. 탁월함은 매일 실현할 수 있는 것이며 이는 개인의 선택에 달려있다. 탁월함이란 윗선에서 결정되는 것이 아니다. 탁월한 업무수행을 하지 못하는 것에 대해 신도, 상사도, 그외 다른 어떤 외부적 요인도 탓하지 마라. 탁월함이 너무 어렵다는 생각만 버리면 우리 모두는 탁월함을 달성할 수 있다.

탁월함의 신화를 타파하려면 먼저 탁월함을 재정의해야 한다. 다른 사람의 시각이 아닌 자기 자신의 능력을 기준으로 탁월함의 정의를 내릴 필요가 있는 것이다.

탁월함의 빈도도 수정되어야 한다. 탁월함이란 아주 드물게 나타나는 일이 아닌 일상의 일로 정의되어야 한다. 우리의 능력에 초점을 맞추어 탁월함을 다시 정의하고 탁월함을 '지금 그리고 항상' 일어나는 일로 생각함으로써 우리는 탁월함의 신화를 없애고, 우수한 결과를 달성하며, 개인으로서, 조직으로서 경쟁력을 강화하는 능력을 발견하는 면 여정의 첫발을 내디딜 수 있게 된다.

3장에서 우리 안의 잠재력을 발휘하려면 탁월함을 어떻게 정의해야 하는지 살펴볼 것이다. 그러나 다음 장으로 넘어가기 전에 먼저 한 가지 할 일이 있다. 다음에 나오는 탁월함 적성 검사를 통해 자신이 탁월함을 어떻게 인식하고 있으며 탁월함의 신화가 성공능력에 어떤 영향을 미치고 있는지를 파악해보자.

탁월함 적성 검사

다음의 문장에 1부터 5까지의 점수를 매기십시오.
(1 = '매우 그렇지 않음', 5 = '매우 그러함')

☐ 내가 다니는 회사의 전략은 경쟁력이 있으며 성공적이다.

☐ 나의 상사는 유능하고 존경 받는 리더이다.

☐ 나의 직장 동료들은 내가 탁월함을 추구할 수 있도록 나를 지지해 줄 사람들이다.

☐ 나는 탁월함을 성취할 수 있는 나의 잠재력을 최대한으로 발휘하며 살아가고 있다.

☐ 업무의 질이 높다는 칭찬을 많이 듣는다.

☐ 나는 내가 한 일의 결과를 직접 볼 수 있다.

☐ 내가 하는 일은 다른 사람에게 매우 중요한 영향을 미친다.

☐ 나는 내가 한 일의 결과에 전적으로 책임을 진다.

☐ 내가 하는 일은 단지 비즈니스만이 아닌 내 개인의 일이다.

☐ 나는 일을 하는 데 필요한 수단과 권한을 갖고 있다.

☐ 나의 조직에서는 사람이 기술보다 우선이다.

☐ 나는 항상 고객에게 더 많은 서비스를 제공하기 위해 노력한다.

☐ 의사결정이 고위급 임원에 의해 통제되지 않는다.

☐ 나는 항상 고객에게 옳은 일만 한다.

☐ 내 가치와 조직의 가치는 완전하게 일치한다.

☐ 나는 내가 한 일의 결과에 자극을 받는다.

□ 모든 사람은 우리 시대 최고의 업적을 달성한 사람들만큼 위대해질 가능성을 갖고 있다.

□ 나는 일상 업무 속에서 탁월함을 인식할 수 있다.

□ 탁월함은 일생에 단 한번뿐인 성취가 아니다.

□ 나는 옳은 일을 위해서라면 위험도 감수한다.

□ 위의 조항 모두에 해당한다.

점수:

20-49

당신은 탁월함에 관한 잘못된 생각을 갖고 있다. 당신이 탁월함을 달성할 수 없다고 생각하는 모든 핑계거리는 딜버트 공구함에 가지런히 정리되어 있다. 당신은 당신의 운명, 나아가 당신의 성취가 외부요인에 의해 결정된다고 생각하며 이러한 요인들로 인해 당신이 지닌 잠재력을 발휘할 수 없다고 믿는다. 다른 사람 때문에 잠재력을 발휘하지 못한다고 생각하면 일시적으로 위로는 될 수 있다. 하지만 지금 우리가 이야기하고 있는 것은 당신의 인생과 당신의 성취이다. 당신이 갖고 있는 생각들을 돌아보고, 당신 삶 속에 존재한다고 생각하는 장애물을 받아들일 방법을 찾아라. 그리고 탁월함을 달성하기 위해 노력하라.

50-79

당신은 탁월함을 달성하기 위해 노력하는 사람이지만 마음먹은 대로 일이 잘 되지 않는다. 좋은 소식은 당신은 자신의 잠재력을 파악하고 있는 사람이라는 것이다. 그러나 나쁜 소식은 탁월함을 성취하려는 당신의 방향이 잘못되었다는 것이다. 당신은 탁월함이란 무엇인지 다시 생각해보고 현재 존재하고 있다고 여겨지는 장애물이 실제로 얼마나 심각한 것인지 재평가해볼 필요가 있다. 다른 사람에게 의존하지 않고 프로젝트를 처음부터 끝까지 스스로 밀고 나가면 당신이 탁월함을 성취할 수 있는 사람이라는 것을 깨닫는 데 도움이 될 것이다. 스스로에게 기회를 주고 성공할 때까지 포기하지 마라.

80-100

당신은 안 된다는 생각을 거부하는 사람이다. 여러 어려움에도 불구하고 당신은 자신의 노력이 지니는 잠재력을 이해하고 탁월한 방식으로 이를 실현하기 위해 노력한다. 당신은 어려움이 있어도 좌절하지 않는 사람이다. 당신은 어려움을 충분히 인식하고 있고 그 속에서 변화를 이끌어내고자 노력한다. 당신은 다른 사람에게 미치는 영향에 자부심을 느끼고 있으며 탁월함을 성취함으로써 개인적 만족을 얻는다. 당신은 옳은 길을 가고 있다. 목표를 높여 보다 높은 차원의 탁월함을 달성하도록 하라. 앞으로도 좋은 성과를 유지하기 바란다.

03
고객을 만족시키지 못하는 이유

나는 아직까지 고객과 탁월함을 위해 헌신하지 않겠다고 하는 기업이나 직원을 만나본 적이 없다. 탁월한 서비스와 놀라움을 주는 고객경험에 대한 헌신은 수년 동안 기업의 중점사안이 되어 왔다. 나는 그동안 도중에 세는 것을 그만둘 정도로 이런 말을 너무 많이 들어왔다. 경영진은 기회가 있을 때마다 직원에게 그것을 전하고 또 전하며, 직원들의 노력을 장려하는 여러 방안을 만든다. 그러나 탁월함을 고취하는 모든 문구, 티셔츠, 캠페인, 프로그램에도 불구하고 우리가 제공하는 서비스의 질에 대한 고객의 실망은 커져가고 있다.

3년 전 나는 임직원의 이런 의지에도 불구하고 고객을 기쁘게 하지 못하는 근본 원인을 찾기로 결심했다. 나는 최선의 노력을 다하겠다는 다짐에도 불구하고 고객 충성도 면에서 실망스러운 결과만을 낳는 일을 반복하고 싶지 않았다. "왜 우리는 제대로 하지 못하는 것일까?"라는 질문이 내 머릿속을 떠나지 않았다. 나는 특별히 고객 서베이와 만족도 보고서에도 관심을 가졌다. 이러한 조사가 부족한 기업은 없었다. 사실 기업들은 고객이 원하는 바에 관한 엄청난 양의 통계분석과 그래프 자료를 축적해왔다. 내가 조사한 기업들은 자신들이 고객의 기대에 미치지 못한다는 것을 분명하게 인식하고 있었지만 분석 이후 아무런 개선도 하지 못했다. 무엇이 잘못되었는가는 알고 있었지만 자신이 아는 바를 행동으로 옮기지는 못한 것이다.

나는 2만 3천명이 넘는 사람들을 조사하면서 탁월함을 달성하고자 하는 기업의 의지와 현실 간에 차이가 존재하는 이유를 알아내고자 했다. 문제는 바로 탁월함에 대한 직원과 고객의 인식 차이에 있었다.

고객만족에 대한 직원들의 태도는 한 가지로 요약될 수 있었다. "고객만족은 매우 중요한 일이다. 하지만 그것은 내가 아니라 그들 사정이다." 여기에서 직원들이 고객만족에 대한 자신의 책임과 자신이 고객만족에 미치는 영향을 분명히 인식하지 못하고 있기 때문에 많은 기업이 탁월함을 달성할 수 있는 기회를 놓치고 있음을 알 수 있었다. 이는 직원이 직접적으로 고객을 응대하는 경우(영업, 고객 서비스)나 고객에 간접적으로 영향을 미치는 경우(운영, 법무 활동) 모두에서 분명하게 나타났다. 흥미롭게도 직원 대다수는 자신의 업무수행이 탁월한 정도에 이른다고 생각했다. 이는 직원들이 고객이 생각하는 탁월함이 아닌 자신들이 생각하는 탁월함에 따라 업무를 처리하고 있음을 보여준다.

> 고객만족에 대한 직원들의 태도는 한 가지로 요약될 수 있었다. "고객만족은 매우 중요한 일이다. 하지만 그것은 내가 아니라 그들 사정이다."

직원과 고객이 생각하는 탁월함에 어떠한 차이가 있는지 파악하기 위해 나는 경험차이분석Experience Gap Analysis(EGA) 연구를 고안했다. 이 연구는 미국과 유럽의 기업 7곳을 조사했고 이 기업들의 고객 1만 8,261명과 직원 4,827명으로부터 나온 2만 3,088개의 답변을 분석했다. 이 연구에서는 직원과 고객 모두에게 동일한 서비스를 놓고 점수를 매겨달라고 했다. 이 경우 직원은 서비스를 제공하는 사람 입장에서, 고객은 서비스를 제공받는 입장에서 답변하면 되는 것이었다. 이 연구에 참가한 고객과 직원들은 기업간 거래 제품, 비즈니스 서비스, 기업-소비자간 거래 제품을 비롯해 다양한 분야들을 대표했다.

이 연구에서는 '탁월한 서비스'에 대한 정의를 파악하고 다음에 나오는 4가지 면에서 고객의 경험을 측정할 수 있도록 고안된 동일한 질문지를 직원과 고객에게 나누어 주었다.

1. 능력Capabilities - 직원이 탁월한 서비스를 제공하는 데 필요한 수단과 권한을 어느 정도 보유하고 있는가? (예: 고객정보 열람 등)
2. 지식Knowledge - 직원이 고객의 비즈니스, 라이프 스타일, 어려움, 희망 사항 등을 얼마나 이해하고 있는가?
3. 의지Willingness - 탁월한 서비스를 제공하고자 하는 직원의 의지는 어느 정도인가? (예: 의무 외의 서비스 제공)
4. 태도Attitude - 직원이 고객과 맺는 관계의 정도와 질은 어떠한가? (예: 거만함, 서비스를 제공한다는 특권의식)

위의 4가지 측면은 고객과 직원이 상호작용하는 방식과 그러한 상호작용의 결과와 관련된 질문들을 통해 파악되었다.

직원과 고객의 인식 차이에서 알 수 있는 사실

경험차이분석 연구 결과 직원과 고객의 인식 간에 상당한 차이가 있었으며, 특히 '의지'의 경우 35.84퍼센트라는 가장 큰 폭의 차이를 보였다. 전반적인 고객의 답변과 비교했을 때 직원들은 동료에 비해 자신이 보다 훌륭한 서비스를 제공했다고 생각했고 자신의 서비스 수준을 과대평가하는 경향을 보였다. 공통적으로 직원들이 생각하는 탁월한 서비스의 기준은 고객의 기준을 고려하지 않았다. 특히 다음과 같은 놀라운 사실이 나타났다.

- 직원 중 79퍼센트가 '의무 이상', 고객이 기대하는 이상의 서비스를 제공한다고 답변한 반면 고객 중에 이러한 답변을 한 사람은 29퍼센트에 불과했다. 50퍼센트의 인식차가 있었다.
- 직원 중 75퍼센트가 자신의 서비스를 통해 고객의 삶에 변화가 생겼다고 답했으나 이에 동의한 고객은 29퍼센트에 지나지 않았다. 46퍼센트의 인식차가 있었다.
- 직원 중 88퍼센트는 자신이 상식과 분별을 갖고 고객과 상호작용을 한다고 답했으나 40퍼센트의 고객만이 이에 동의했다. 48퍼센트의 인식차가 있었다.

위의 조사를 비롯하여 여러 조사를 살펴보면 서비스에 대한 직원의 인식이 고객이 생각하는 바와 전혀 다른 경우가 많았다. 두 집단이 서로에 대한 기대가 전혀 일치하지 않았다. 일반적으로 고객의 답변을 기준으로 봤을 때 직원들은 자기평가에서 현실을 전혀 제대로 반영하고 있지 못했다.

"나는 의무 이상의 서비스를 제공한다."의 항목에서 인식의 차가 66퍼센트에 달한 기업도 있었다. 이 기업 직원의 약 90퍼센트가 자신이 의무 이상의 서비스를 제공한다고 답한 반면 이에 동의한 고객의 수는 24퍼센트에 불과했다. 이러한 차이는 직원들이 고객의 기대를 심각하게 잘못 이해하고 있음을 보여주었을 뿐만 아니라 상반된 두 개의 현실도 뚜렷히 부각시켰다. 서비스의 질을 판단하는 직원의 기준과 고객의 기준이 완전히 달랐다는 것이었다.

그러면 '의지'에서의 차이가 보여주듯이 엄청난 고객의 불만에도 불구하고 직원들이 자신의 서비스에 확신을 갖는 이유는 무엇일까? 단지 직원들은 건방지기 때문일까? 겸손함과 건방짐 정도를 측정한 '태도'에서 13퍼센트의 차이가 나타났다는 것은 이 문제가 직원의 건방짐과는 별로 관계가 없음을 암시한다. 일반적으로 고객은 직원이 건방지다고 느끼지 않았다.

'능력' 부문에서 평가된 수단과 권한의 부족 때문에 이러한 차이가 나타났을 수도 있다. 그러나 '능력'은 단지 17퍼센트로 그 차이가 가장 적게 나타났다. 고객(39퍼센트)과 직원(56퍼센트) 모두 필요한 문제를 당장 해결하기 위한 수단, 정보, 권한을 확보하는 데 개선의 여지가 있다고 보았다. 따라서 직원과 고객의 의견이 크게 다르지 않기 때문에 '능력'으로는 '의지'에 나타난 큰 폭의 차이를 설명할 수 없다.

우리는 '지식' 측면의 데이터를 분석하면서 '의지' 차이가 나타나는 이유를 밝혀냈다. 직원이 고객을 얼마나 잘 이해하고 있다고 생각하는 지도 포함되어 있는 '지식' 측면은 고객과 직원 간 차이가 두 번째로 컸다. 62퍼센트 의 직원이 고객의 비즈니스 문제를 잘 알 고 있다고 답한 반면 고객은 31퍼센트만 이 이에 동의했다.

> 직원들의 동기가 부족하기 때문이 아니라 고객이 어떠한 서비스를 원하는지 직원들 이 제대로 알지 못하기 때문에 탁월한 서비 스가 제대로 제공되지 못하고 있었다.

'지식' 부문에서 나온 다음의 통계자료를 통해 직원이 고객에 대해 기본적으로 얼마나 무지한지를 알 수 있었다.

- 직원 중 70퍼센트가 고객의 노력과 문제에 대해 잘 알고 있다고 답하였 지만 이에 동의한 고객은 29퍼센트에 불과했다. 42퍼센트의 인식차가 있었다.
- 직원 중 75퍼센트가 자신의 서비스가 고객에 어떠한 가치를 제공하는 지 잘 알고 있다고 했으나 이에 동의한 고객은 39퍼센트에 지나지 않았 다. 45퍼센트의 인식차가 있었다.
- 직원 중 56퍼센트가 자신이 해결해야 하는 비즈니스 문제를 잘 이해하 고 있다고 답했으나 이에 동의한 고객은 30퍼센트에 불과했다. 26퍼센 트의 인식차가 있었다.

직원들의 동기가 부족하기 때문이 아니라 고객이 어떠한 서비스를 원하는지 직원들이 제대로 알지 못하기 때문에 탁월한 서비스가 제대로 제공되지 못하고 있었다. 지식과 의지 측면의 추가 분석으로 만족할 만한 해결책을 제공받지 못했다고 주장하는 고객과 직원이 고객의 비즈니스, 어려움, 라이프스타일, 희망사항을 제대로 이해하지 못했다고 하는 고객 간에 긴밀한 연관관계가 있음이 밝혀졌다. (이러한 고객은 직원의 이해도가 높다고 답한 사람들에 비해 직원평가 점수가 현저히 낮았다.) 분명 이러한 직원은 자신들이 제공하는 제품과 서비스가 어떤 부분에서 고객의 라이프스타일에 적합한지, 자신들의 서비스가 고객에 어떤 영향을 미치는지 완전히 이해하고 있지 못했다. 이들은 고객의 바람과 희망사항을 파악하지 못했을 뿐만 아니라 서비스를 제대로 제공하지 못했을 경우 고객에 어떤 영향을 미치는지도 잘 알지 못했다. 자신의 행동이 미치는 영향을 완전히 이해하지 못한 직원은 자기가 생각하기에 '옳다고 여겨지는' 서비스에 맞춰 행동했으며 이는 보통 잘못된 생각인 경우가 많았다. 이러한 결과는 직원들이 자기 나름의 탁월함 기준에 따라 업무를 수행하며 이 기준은 고객의 기준과 크게 다르다는 사실을 보여준다.

> 자신의 행동이 미치는 영향을 완전히 이해하지 못한 직원은 자기가 생각하기에 '옳다고 여겨지는' 서비스에 맞춰 행동했으며 이는 보통 잘못된 생각인 경우가 많았다.

이러한 불일치는 직원의 태도나 동기와는 무관하며 고객에 대한 지식부족 및 명확한 인식부족과 관련이 깊다. 탁월한 서비스에 대한 기준이 분명하지 않은 상태에서 직원들이 자기 나름의 기준을 따르고 있기 때문에 책무를 제대로 이행하지 못하는 것이었다. 직원들은 고객을 제대로 이해하고 있지 못하기 때문에 고객의 기대를 충족시켜 줄 수 없다. '탁월함'은 추상적인 말이라 해석이 다양할 수밖에 없다. 오직 고객과 직원 모두가 탁월함이 무엇인가에 대해 의견을 같이할 때에만 탁월함이 성취될 수 있을 것이다.

"나는 내가 보다 뛰어난 서비스를
제공할 수 있길 바란다"

경험차이분석 연구 결과에 아예 희망이 없는 것은 아니다. 비록 직원들은 고객의 기대와 일치하지 못했지만 지금까지 해온 것보다 훨씬 더 많은 잠재력이 자신에게 있음을 인식하고 있었다. 직원의 60퍼센트가 "나는 내가 보다 뛰어난 서비스를 제공할 수 있길 바란다."라는 문항에 동의했으며 82퍼센트나 되는 직원이 이에 동의한 회사도 있었다. 그러나 의도만으로는 충분하지 않다. 오직 46퍼센트의 직원만이 "나는 고객의 문제를 해결하는 데 필요한 수단과 권한을 갖고 있다."라는 문항에 강한 긍정을 나타냈다. 이 두 문항은 직원들이 정말로 말하고자 하는 바를 분명하게 부각시킨다. 바로 고객을 만족시키는 직원의 능력은 필요한 수단과 정보, 권한이 있을 때에만 발휘될 수 있다는 것이다. 직원들은 고객에 보다 뛰어난 서비스를 제공하고 싶어 하지만 그러기 위해서는 상급자의 보다 큰 지원이 필요함이 나타났다.

자신이 고객의 기대수준보다 높은 수준의 서비스를 제공하고 있다고 답한 직원이 92퍼센트인 반면 동일한 답변을 한 고객의 수가 26퍼센트밖에 되지 않았던 한 기업의 부사장은 자기 회사의 경험차이분석 결과를 보자마자 "부끄러운 일이군요."라고 말했다. 그러나 이렇듯 차이가 크다고 해서 직원의 지적 수준이나 능력, 근면성이 떨어진다는 의미는 아니다. 이들은 다만 탁월한 서비스가 무엇이고 어떻게 달성해야 하는지를 몰라서 잘못된 방향으로 가고 있을 뿐이다. 이러한 큰 차이는 직원들이 고객이 아닌 자신을 중심으로 서비스에 접근하고 있으며 이렇듯 자기중심적인 조직은 고객만족을 위해 고안된 여러 프로세스를 제대로 활용하거나 고안, 지원하지 못한다는 것을 보여준다.

오늘날의 조직에 결여된 것은 탁월함을 달성할 수 있는 환경이다. 이는 탁월함에 대한 야심 찬 정의로 시작하여 고객에 대한 지식을 강조하고 직원에게 수단과 권한을 부여하는 탁월함의 문화를 말한다. 탁월함을 달성하기 위해 반드시 기업은 한 단계 도약할 필요가 있다. 경험차이분석으로 자기중심주의('나의' 이익, '나의' 이득)와 고객중심주의 사이에 큰 차이가 있음이 분명하게 드러났고 이는 항상 고객이 기대하는 이상의 서비스를 제공하는 문제와 관련된다. 고객이 진정으로 원하는 것이 무엇인지 이해하고 고객의 입장에서 탁월함이란 무엇인지 정의할 때 비로소 조직과 직원은 경쟁력 있는 탁월함을 성취할 수 있을 것이다.

탁월함이란 보는 사람에 따라 달라질 수 있다. 또 고객마다 탁월함에 대한 생각이 다를 것이다. 고객은 자신에게 주의를 기울여주길 바라며 자신의 필요사항, 바람, 희망 등이 고려되길 원한다. 그리고 무엇보다 고객은 자신의 문제를 효과적으로 처리할 수 있는 사람을 원한다. 고객은 축구공처럼 조직 여기저기로 보내지는 걸 매우 싫어한다. 경영진이 직원에게 최상의 고객 서비스를 제공할 수 있도록 방향을 제시하지 못한다면 "우리는 고객을 소중히 여깁니다.", "고객 서비스가 무엇보다 중요합니다." 등의 말은 그야말로 의미 없는 구호에 그치게 된다. 진정한 탁월함이 무엇인지 정의되어야 하고 모든 일의 중심에는 고객이 있어야 한다.

　고객의 입장에서 탁월함이 무엇인지 정의하는 것만으로도 한 단계 앞으로 나아갈 수 있다. 내부 프로세스를 바꾸려고 하기 보다는 먼저 고객이 바라는 바가 무엇인지에서부터 시작해야 올바른 방향에 들어설 수 있다. 4장에서는 탁월함이란 무엇인지 정의를 내리면서 매일 탁월함을 실천하기 위한 여행을 시작할 것이다.

EXCELLENCE EVERY DAY 04
고객의 입장에서 탁월함을 정의하라

전 영국총리 마가렛 대처는 이런 말을 했다. "권력자가 되는 것은 숙녀가 되는 것과 같다. 자신이 어떤 사람이라고 남에게 얘기하는 사람은 사실 그런 사람이 아니다." 대처의 메시지는 매우 명확하다. 말보다 행동이 더 크게 말하기 때문에 분명한 사실은 사람들한테 말할 필요가 없다는 것이다. 정말로 훌륭한 일을 했다면 그것에 대해 떠벌릴 필요는 없다는 것이다.

탁월함에도 똑같은 원칙이 적용된다. 탁월함을 실천하면 다른 사람도 곧 이를 알아챈다. 굳이 말로 나타낼 필요가 없다.

"탁월함이란 보는 사람에 따라 달라질 수 있다"는 말은 탁월함을 정의하는 데 있어서 반드시 인식되어야 하는 핵심원칙이며 이는 고객에게 우수한 서비스를 제공하는 것과 관계가 있다. 서비스를 받는 사람에 따라 서비스의 가치가 결정되기 때문에 우리는 고객의 기준에 맞춰 탁월함을 정의해야 한다.

기업들이 탁월함을 위해 노력하는 자신들의 모습을 선전하는 방식이 재미있는 거 같다. '완벽함을 향한 끊임없는 노력' 같은 거창한 슬로건을 사용하는 기업도 있고, 옥외 광고판, 텔레비전 광고, 지면 광고, 인터넷 등에 자기 기업의 고객만족도가 매우 높다고 자랑하는 기업도 있다. 하지만 우리는 그렇게 죽도록 광고만 볼 게 아니라 실제로 탁월한 서비스를 제공받았으면 하는 마음이 있지 않은가? 최소한 나는 그렇다. 탁월함에 대한 이런 광고는 사실 탁월함에 전혀 도움이 되지 않으며 기업이 탁월함을 실천하고 있다고 고객에 확신을 주지도 못한다. 이런 광고는 오직 고객의 기대를 높일 뿐이다. 따라서 고객의 요구가 커짐에 따라 기업만 더 큰 어려움에 처하게 된다. 일단 기준이 높아진 후에는 탁월함을 달성하고 기대 이상의 서비스를 제공하기가 어려워지기 때문이다.

진정으로 탁월함을 위해 노력할 생각이라면 그냥 행동으로 보여라.

하지만 우리 모두가 탁월함을 성취하려고 노력하는 동안 한 가지 큰 의문은 그대로 남아있다. 과연 탁월함이란 무엇인가라는 의문이다. 탁월함이란 어떤 것일까? 우리가 정의할 수 있는 것이기는 할까? 내가 생각하는 탁월함은 '남을 능가하는 상태나 자질, 조건, 즉 우월함'을 말하며 분명 '일관성'이나 '동등함'과는 다르다. 탁월함을 정의하는 업무수행의 수준은 이보다 높다.

나는 탁월함을 기대 이상의 것을 제공하는 능력이라 정의한다. 나에게 탁월함이란 단지 고객을 깜짝 놀라게 하는 능력일 뿐이다. 탁월함은 기대와 기준, 명령 이상의 것을 실현하는 기술이며 고객과 상급자,

그리고 바로 나 자신이 기대하는 것 이상을 성취하는 기술이다. 기대 이상의 것을 실현했을 때 당신은 서비스를 받는 사람을 위한 특별한 무언가를 만들어낸다. 개인적인 배려나 책임감을 발휘하고 인간미를 보여준다. 새롭고 불가능해 보였던 서비스를 달성함으로써 고객(그리고 때로는 나 자신)을 깜짝 놀라게 한다.

탁월함이 무엇인지 눈으로 직접 보고 싶다면 기쁨으로 놀란 고객의 눈을 들여다보면 된다. 고객의 얼굴은 감사의 마음으로 빛이 난다. 나의 서비스로 인해 고객은 기분 좋은 하루를 보내게 되었고 고객의 삶 속에는 희망의 빛이 드리워졌다. 이 감사의 미소를 잊지 마라. 이것이 바로 고객의 눈에 비친 탁월함의 모습이며, 이것이 바로 탁월함을 달성하면서 우리가 추구해야 하는 것이다. 이것을 실제로 보면 금세 알아차릴 수 있을 것이다.

탁월함이 무엇인지 눈으로 직접 보고 싶다면 기쁨으로 놀란 고객의 눈을 들여다보면 된다.

내가 한 행동의 결과에 영향을 받는 모든 사람이 고객이다. 탁월함은 외부 고객을 상대하는 사람에게만 해당되는 말이 아니다. 고객은 조직 내부, 외부 어느 곳에나 있다. 고객은 제품이나 서비스를 구매하는 사람만이 아니라 내가 한 행동에 영향을 받는 모든 사람을 뜻한다. IT 전문가라면 컴퓨터가 문제를 일으켰을 때 도움을 필요로 하는 모든 직원이 고객이 될 것이고, 인사부 직원이라면 기업의 문화를 익히고자 하는 신입사원이 고객이 될 것이며, 재무 전문가라면 예산을 맞추는 것을 어려워하는 신임 관리자가 고객이 될 것이다. 내가 하는 거의 모든 행동에는 영향을 받는 사람이 있고 이 사람들이 바로 나의 고객이다. 그리고 이들이 짓는 감사의 미소가 내가 실행하는 탁월함의 정의이다.

3장에서 논의한 바와 같이 우리는 탁월함에 대한 생각을 재정의하고 재구성할 필요가 있다. 탁월함이란 우리가 날이면 날마다 실천에 옮겨야 하는 일상의 일이다. 모든 사람이 탁월함을 실현할 수 있으며, 모든 행동이 탁월함을 실현할 기회다. 탁월한 서비스의 핵심은 타인에게 영향을 미쳐 그 사람의 삶을 보다 더 낫게 만드는 것이다. 사람들은 탁월함을 기억한다. 서비스의 영향이 크면 클수록 그 서비스는 오랜 시간 또렷하게 기억될 것이다. 따라서 높은 수준의 탁월함을 달성해야 한다.

탁월함은 기대 이상의 것을 실현하겠다는 목표를 세울 때, 사람들의 기대 이상으로 기준을 설정할 때, 그리고 사람들의 놀란 미소를 최종 목표로 삼겠다는 마음을 먹을 때 비로소 시작된다.

탁월함이냐 일관성이냐

우리는 탁월함과 일관성consistency을 혼동하는 경우가 많다. 일관성이란 서비스와 제품을 결점이 없는 상태로 최적화하는 것이다. '일관된' 제품이나 서비스를 제공함으로써 우리는 불만 요인을 제거하고 동질성을 획득한다.

일관성은 기껏해야 고객의 기대를 만족시키고 부정확한 주문을 없애는 일일 뿐이다. 일관성은 모든 제품이 동일한 품질을 지니도록 하는 일이며 제 때에 고객의 질문에 응대하는 일이다. 이는 절차에 깊게 의존할 수밖에 없기 때문에 절차는 업무의 주요 목표가 된다. 직원들은 단지 정교하게 짜여진 절차를 집행하는 사람에 불과한 것이다. 일관성이 중심이 되는 환경에서 절차는 직원보다 중시된다. 직원은 절차의 정의에 따라 자신에게 부과된 역할을 그대로 따를 뿐이다. 일관성은 최적화된 절차를 중시하기 때문에 직원 역할의 중요성은 간과된다. 일관성은 기껏해야 동질성을 달성할 수는 있지만 절대 기대 이상의 것을 성취하지는 못한다.

일관성은 기본적으로 단지 자신의 일을 하면 성취된다. 일관성 면에서 훌륭한 회사도 있고 평범한 회사도 있다. 일관성을 성취하는 것은 좋다. 하지만 동종업계의 기업 모두가 일관되게 형편없기 때문에 단지 기본적인 고객의 기대사항을 충족시키기만 해도 뛰어난 기업이 되는 게 아니라면 일관성이 탁월함이 될 수는 없다. 사실 일관성은 고객의 기대와 동등한 서비스를 제공하는 것이라 정의할 수 있다. 그것은 자리잡기에는 지루하고 흥미롭지 않은 장소이다. 아무도 일관적이기만 한 서비스를 칭찬하지는 않는다.

탁월함은 기대 이상의 것을 성취하는 것이다. 이것은 고객을 기쁨으로 놀라게 하는 것이다.

반면 탁월함은 기대 이상의 것을 성취하는 것이다. 이것은 고객을 기쁨으로 놀라게 하는 것이다. 탁월함은 단순히 고객의 기대를 충족시키는 데 그치지 않고 고객의 기대를 뛰어넘는 일이다. 당연히 이런 유형의 성취를 하려면 높은 목표를 세우고, 따뜻하고 정이 넘치는 인간관계를 맺으며, 서비스를 제공하는 내내 진심을 다해야 한다. 일관성과 탁월함의 가장 큰 차이는 사람과 절차의 역할이다. 탁월함이 성취되는 환경에서 절차는 단지 사람들이 더 나은 해결책을 찾을 수 있도록 돕는 수단에 불과하다. 책임을 지는 사람은 직원이며 직원의 판단에 따라 기존의 절차를 사용할 수도, 사용하지 않을 수도 있다. 절차가 목표달성에 도움이 된다면 사용할 것이고 그렇지 않다면 재량권을 발휘해 일을 처리하여 고객에게 기대 이상의 것을 제공할 것이다. 탁월함이 발휘되는 기업의 문화는 직원에게 재량권을 부여하며 업무처리뿐만 아니라 때로는 실수를 할 수도 있는 자유를 준다.

탁월함을 달성하려면 고객의 기억에 남을 만한 진심어린 서비스를 제공해야 하며 이러기 위해서는 직원의 감정적인 노력이 있어야 한다. 이는 절차로는 불가능한, 오직 인간만이 할 수 있는 일이다. 따라서 탁월함은 절차 개선의 문제가 아니다. 탁월함을 성취하기 위해 절차는 수단이라는 원래 자리에 갖다 놓고 사람에게 일을 처리할 수 있는 자유를 주어야 한다.

고객이 원하는 바를 예측하라

속성상 뭔가에 대응하는 것인 일관성과는 달리 탁월함은 서비스를 제공받을 고객이 무엇을 필요로 할지 예측하고 고객의 요청이 있기 전에 미리 이를 실행하는 일이다. 탁월한 서비스는 놀라움이 가미된 베푸는 마음이라 할 수 있다. 고객에 약간의 친절을 베풀었을 뿐인데 고객은 나의 사려 깊음에 놀라게 되는 것이다.

금전적으로 손해를 보거나 물건을 거저 줄 때만 베푸는 마음이 있는 건 아니다. 약간의 개인적 관심, 사려 깊은 말 한마디, 고객만족에 대한 진심어린 관심의 표현이면 충분하다. 생일축하 카드만 보내도 큰 인상을 남길 수 있다. 이런 간단한 표현을 할 기회를 활용하는 회사가 거의 없다는 게 놀라울 따름이다. 내 경험상 이는 절대 비용의 문제가 아니라 마음의 문제다.

일관성이 중시되는 환경에서는 고객이 요청한 바를 그대로 이행할 뿐이지만 탁월함이 중시되는 환경에서는 고객의 요구 이상을 제공함으로써 우리가 고객을 위해 얼마나 노력하는지를 보여준다. 또한 고객이 필요로 하는 바를 예측할 뿐만 아니라 고객이 무엇을 좋아하는지 기억하여 다음 요청이 있을 때 이를 제공할 수 있도록 미리 준비를 한다. 이런 사려 깊은 준비를 통해 고객은 자신이 뭔가를 사지 않을 때에도 우리가 고객을 생각하고 있음을 알게 된다.

고객을 놀라게 하는 방법에는 고객이 필요로 하는 바를 예측하여 고객이 그 필요를 알기도 전에 해결책을 미리 제공하는 것도 있다. 비즈니스의 역사에는 우리가 필요한 줄도 모르고 있었던, 다시 말해 탁월함을 추구하는 기업이 우리에게 제공하기 전에는 필요한 줄 몰랐던 제품과 서비스의 예들이 가득하다. 소니의 워크맨은 처음에 사전 소비자 테스트 단계에서 거부됐었다. 참가자들이 헤드폰을 머리에 쓰고 귀에는 음악이 울려 퍼지는 채로 거리를 활보하는 모습을 상상할 수 없었기 때문이었다. 하지만 소니는 어쨌든 제품을 출시하기로 했고 워크맨이 탄생한지 25주년이 되는 2004년 소니는 3억 번째 워크맨을 출하했다. 워크맨은 소니에 혁명적인 제품이었을 뿐만 아니라 소니의 대담한 독창성은 경이로운 애플 아이팟의 성공에까지도 영향을 미쳤다.

고객이 필요로 하는 바를 미리 예측하고, 베푸는 마음을 보여주며, 고객에 놀라움을 선사하는 일에 비용이 많이 소요된다고 주장하는 사람도 있다. 그러나 그 반대인 일관성에 대해 생각해보자. 일관성으로는 고객의 충성을 형성할 수 없을 뿐만 아니라 제품과 서비스를 범용품의 수준으로 떨어뜨리기 때문에 결국 가격압박에 가격을 내릴 수밖에 없게 된다. 반면 고객은 탁월함을 위해서라면 추가의 돈을 낸다. 바로 그만큼 탁월함이 드문 일이기 때문이다. 고객이 훌륭하다고 생각하는 제품과 서비스를 제공하여 고객의 충성을 이끌어내고 고객이 필요로 하는 바를 예측하는 방식을 통해 비즈니스를 한다면 영업과 마케팅 비용이 줄어들 것이다. 기업과의 거래에서 만족을 느낀 고객은 입에서 입으로 진심에서 우러나와 기업을 칭찬하는 메시지를 다른 사람들에게 전달할 것이다. 여기에는 수백만 달러짜리 광고예산이 필요치 않다. 우수한 서비스와 가치 실현을 위한 투자를 하느냐, 아니면 평범한 시비스를 제공해도 고객이 나시 나를 찾도록 광고에 투자를 하느냐는 양자택일의 문제다.

탁월함을 위한 투자는 강한 브랜드 인지도와 고객의 충성도를 높여 고객이 반복적으로 제품과 서비스를 이용하도록 하거나 자발적으로 기업의 홍보를 하도록 투자하는 일이다. 탁월한 서비스에서 비롯되는 관심과 열정을 생각하면 자금 문제가 별로 중요하지 않다는 걸 금세 깨닫게 될 것이다.

책임감이 탁월함의 핵심이다

책임감이란 프로세스만을 따르는 서비스와 반대되는 개념으로 타인을 향한 응대에 초점을 맞추는 일이다. 책임감의 영역에서 타인이란 서비스를 받는 사람으로 우리가 하는 행동의 결과에 영향을 받는 사람을 뜻한다. 『균열된 세상의 치유Healing a Fractured World』의 저자 조너선 색스는 이 책에서 '책임감'은 응대response와 능력ability의 조합으로 이루어진다고 했다. 응대하는 능력과 타인에 영향을 미치는 능력은 책임감의 중심이 된다. 따라서 이는 탁월함의 핵심이라고 할 수 있다. 자신의 행동에 책임을 질 때, 다른 사람에게 어떠한 결과를 가져왔는지를 기준으로 자신의 일을 바라볼 때 일의 중심은 변할 수밖에 없다. 개인의 책임감 없이는 탁월함도 있을 수 없는 것이다.

책임감은 사람의 문제이며 책임을 질 때 절차는 부차적인 것이 된다. 문제해결은 나의 몫이며 최종결정을 하는 것도 나다. 책임감은 결과의 문제다. 필요한 모든 행동을 취할 능력이 있더라도 결과가 만족스럽지 못하다면 그 응대는 실패한 응대가 된다. "수술은 잘 됐지만 환자는 사망했다."식이 바로 전형적인 경우다. 이러한 종류의 실패는 개인의 문제다. 솔직하게 이를 바라보면 최종목표를 위해 책임감을 발휘하기보다는 절차에 초점을 맞추었기 때문에 실패한 경우가 많다.

내가 처리해야 하는 모든 업무, 모든 요구사항, 모든 보고서, 모든 이메일은 다 동일한 입장에서 바라봐야 하는 것들이다. 모든 행동은 최종결과를 위해 어떤 행위들이 이루어져야 하는지를 기준으로 보지 말고 행동에 영향을 받는 사람에게 어떤 영향을 미치는지, 따라서 전체적으로 어떤 대응을 필요로 하는지를 기준으로 봐야 한다. 이것이 바로 책임감이며 결과를 전적으로 책임지는 것이다.

이 책을 읽는 사람이 기업을 이끌어 가는 사람이라면 직원의 주인의

> 책임감은 사람의 문제이며 책임을 질 때 절차는 부차적인 것이 된다. 문제해결은 나의 몫이며 최종결정을 하는 것도 나다.

식과 책임감을 어떤 식으로 키우는가? 많은 기업이 정확하게 정해진 절차대로 직원을 교육하면서 전혀 의도하지 않은 결과를 낳고 있다. 교육이 직원의 결과에 대한 책임감을 없애는 결과가 나타나게 된 것이다. 직원들은 자신이 할 일은 생각이 아니라 규칙을 그대로 따르는 것이라는 메시지를 받는다. 절차가 최적화되어 있을 땐 더 이상 생각은 필요 없고 절차를 따르기만 하면 된다.

"생각하지 말고 절차를 따르라"식의 메시지는 기업이 직원에게 전달하려던 메시지가 아니다. 하지만 불행히도 결과는 그런 식이다. 그런 생각이 의식 속에 되풀이하여 주입됨에 따라 직원들은 상식을 버리고 로봇처럼 규칙을 따르게 된다. 그리고 이들은 결과에 더 이상 책임감을 느끼지 않게 된다.

결과에 대한 책임의식 없이 규칙만을 따르면 결과에 신경을 쓰지 않게 된다. 이러한 직원은 단지 업무만을 이행하며 최종결과와 자신의 일이 다른 사람에게 미칠 영향은 염두에 두지 않는다. 결과란 최적화된 절차의 결과일 뿐이며 추상적인 절차에 달린 문제지 직원과는 관계가 없는 문제다. 직원은 자신이 해야 하는 특정 행동에 초점을 맞출 뿐이다. 조립라인의 노동자처럼 최종결과가 아닌 자신이 맡은 특정 부분이나 행위에만 책임을 지는 것이다. 직원은 "내가 내 일을 제대로 하는 이상 최종결과는 내 문제가 아니다."라는 식의 마음가짐을 갖게 된다. 남에게 책임을 돌리는 곳이 되는 것이다. 고객이 만족하지 못하는 이유는 절차 탓이거나 생산라인에서 제품이 잘못 만들어져서라고 항상 얘기한다. 미리 규정된 절차를 그대로 따르면서 전체 제품 공정의 극히 일부만을 시행하는 직원은 책임감을 갖지 않아도 된다.

탁월함을 달성하려면 질서를 원래의 자연스러운 상태로 돌려놔야 한다. 직원이 조종석에 앉고 절차는 목표달성을 위한 수단으로 인식되어야 한다. 관리자는 직원이 주도적이 되도록 해야 하며 이러한 우선순위의 변화를 인정하고 지원하면서 탁월함을 발휘할 수 있는 환경을 조성해야 한다. 고객을 완전히 이해하고 절차를 주도하는 응대 능력 없이는 결코 탁월함이 이루어질 수 없다.

직원 역시 업무의 결과가 자신의 책임임을 기꺼이 받아들일 마음의 준비가 되어 있어야 한다. 프로세스 뒤로 숨어서는 그 누구도 탁월함을 이룰 수 없으며 서비스를 받는 누군가의 존재를 인식하고 효과적인 응대에 초점을 맞추어야만 탁월함의 성취가 가능해진다. 고객에 초점을 맞추고 고객이 필요로 하는 사항을 완전히 이해하면서 업무의 결과에 완전히 책임을 질 때 탁월함을 달성할 수 있는 승리의 요소가 만들어진다. 이러한 양방향의 접근방식은 탁월함의 영역으로 진입하고자 하는 누구라도 효과적으로 이용할 수 있다.

인간적인 배려만큼 중요한 것은 없다

진심에서 우러나온 미소에 무슨 비용이 드는가? 매우 늦은 밤 호텔에 들어간 적이 있었다. 데스크 직원이 너무나 기계적으로 응대를 해서 직원에게 환하게 미소 지으면 1달러를 주겠다고 했다. 내가 원한 건 단지 미소였다. 그 직원은 내 말을 알아듣고 미소 지었다. 그리고 돈도 받지 않았다.

인간적인 배려는 아무런 비용 없이 강한 인상을 남길 수 있다. 인간적인 배려는 따뜻한 미소에서부터 고객의 이름을 부르는 일 또는 고객의 여행이 어땠는지, 시차적응 문제나 스트레스 등이 없었는지 물어보는 일 등 매우 다양한 형태로 이루어질 수 있다. 이는 인간적 연결을 의미하는 인간 대 인간의 제스처이며 고객이 편안함을 느끼고, 제대로 보살핌을 받고 있으며, 환영받고 있음을 느끼게 하는 행위이다. 기계가 아닌 진짜 사람으로부터 서비스를 받고 있다고 고객이 느끼는 모든 순간이 인간적 배려가 이루어지는 순간이다.

탁월함은 대규모 투자나 전략적 변화와는 무관하다. 오히려 고객 서비스와 고객만족에 대한 개인적 헌신을 보여주는 태도와 훨씬 관계가 깊다고 할 수 있다.

　　고객 서비스가 이루어지는 모든 상황에서 인간적인 배려는 탁월함에 매우 중요하다. 사람을 감동시키는 진정한 서비스는 고객의 인식에 강력한 영향을 미친다. 탁월함은 대규모 투자나 전략적 변화와는 무관하다. 오히려 고객 서비스와 고객만족에 대한 개인적 헌신을 보여주는 태도와 훨씬 관계가 깊다고 할 수 있다. 우리는 서비스를 제공할 수 있는 기회를 특권으로 생각해야 한다. 다른 사람을 돕는 것은 멋지고 만족스러운 경험이며 이러한 태도와 노력을 잘 활용하면 고객에게 인간적인 배려를 전달하고 개인적인 관계를 맺을 수 있다.

　　어린 시절의 꿈과 열망을 되돌아보면 모두에게는 사람들의 삶을 변화시키고자 하는 마음이 있었을 것이다. 나의 행동에 영향을 받는 사람 입장에서 일상의 업무를 바라보기 시작하면 곧 이런 어린 시절의 열망으로부터 그다지 멀리 벗어나지 않았음을 알게 될 것이다. 최고의 이상적인 목표가 아직 유효하고 생각보다 자신이 탁월함 실현에 가까이 있음을 깨닫는 것이다.

최근 한 해외여행에서 여권을 펼쳐 내 개인정보를 살펴본 항공사 직원과 출입국관리소 직원은 총 13명이었다. 그날은 내 생일이었지만 아무도 나에게 생일축하를 해주지 않았다. 이런 말에는 아무런 비용이 들지 않으며 CEO의 허락도 필요 없다. 단지 개인적인 관심만 있으면 되는 일이다. 고객 서비스는 업무를 처리하는 일과는 다르다. 내 앞에 있는 얼굴과 목소리가 살아 숨쉬는 인간의 것임을 깨닫는 과정이 여기에 필요하다. 슬프게도 대부분의 직원들은 눈앞의 업무를 끝내느라 그 앞의 사람은 마치 투명인간인 것처럼 대한다. 이들은 로봇처럼 업무를 처리하면서 자신의 인간미는 보여주지 않는 것이다.

탁월함을 달성하지 못하는 기업들은 대개 분기별 매출 할당량만을 중시하고 고객을 일련의 업무쯤으로 여긴다. 이들은 업무 뒤에 있는 사람을 인식하지 못하기 때문에 탁월함을 달성할 기회를 놓치고 만다. 업무 효율성만으로는 고객의 수를 늘리는 데 한계가 있지만 진심어린 서비스를 통해 고객의 수를 증가시키는 데에는 사실상 한계가 없음을 깨닫기만 한다면 이들 기업은 지금과는 상당히 다른 선택을 하게 될 것이다.

전체 서비스에서 인간적인 배려는 기업의 성공에 매우 중요한 요소가 될 수 있으나 여기에는 한 가지 조건이 있다. 제품이나 서비스가 고객의 기대에 미치지 못하면 어떠한 인간적인 배려도 이러한 문제를 해결할 수 없다. 마음이 담긴 서비스의 구축은 좋은 제품과 서비스의 기반 위에 인간적인 배려가 더해졌을 때에만 가능하다. 이는 누구나 할 수 있는 일이지만 오직 의지가 있을 때에만 가능한 일이다.

작은 배려가 차이를 만든다

아침 6시에 루이빌에서 뉴욕으로 가는 40석 규모의 작은 비행기에 탑승했다. 나는 비행기 시간에 맞추려고 새벽 4시에 일어났기 때문에 잠이 덜 깬 상태였다. 놀랍게도 다이안이라는 승무원이 활기찬 모습으로 환하게 웃으며 나를 반겼다. "이런 이른 시간에 어떻게 이렇게 활기차세요?" 나는 그녀의 활기찬 태도가 믿겨지지 않는다는 듯 말했다. 승객 모두가 편안하게 여행을 할 수 있도록 노력하는 걸로 보아 다이안은 이른 비행기를 타려고 동트기 전 잠자리에서 일어나는 일이 누구에게나 힘든 일임을 분명히 알고 있었던 것 같다. 비행기가 뜨기 전 비행 안내 방송을 하면서 다이안은 쓰여 있는 원고를 읽는 대신 자기 나름의 설명을 했고 금연에 대한 이야기를 할 때조차도 농담을 섞어가며 말을 했다. 음료를 서비스할 때에도 다이안은 15개월 된 아기와 함께 탄 젊은 엄마와 이야기를 나누었다. 또한 15A석에 앉은 승객과는 승객이 읽고 있던 책에 대해 이야기를 나누었고 모두가 가능한 한 편안함을 느낄 수 있도록 최선을 다했다.

비행기가 뉴욕에 다다르자 다이안은 맨해튼 상공을 나는 동안 보이는 여러 장소를 가리키며 관광안내인 역할도 해주었다. 다이안은 진심으로 고객을 대했으며 자신의 일을 직업이 아닌 사명으로 여겼다. 바로 이 때문에 다이안은 일관성이 아닌 탁월함을 실현할 수 있었다.

이러한 작은 배려가 차이를 만든다. 이는 자신이 가진 최상의 능력을 끌어내어 이를 다른 사람과 공유하는 것이다. 다이안의 미소에서처럼 더 많은 것을 공유하면 할수록 더 많은 것을 갖게 된다. 진심어린 미소에는 아무런 비용도 들지 않으며 연쇄반응을 일으킨다.

탁월함은 다음에 나오는 ABC처럼 단순하다.

• 타인이 필요로 하는 바를 예상한다(Anticipate needs)
• 베푸는 마음을 갖는다(Be generous)
• 타인을 보살핀다(Care)

진심어린 미소는 일종의 베푸는 마음이다. 나의 생각과 관심을 다른 사람과 기꺼이 공유하는 것은 다른 종류의 베푸는 마음, 즉 '인간적 배려를 베푸는 마음'이다. 이러한 유형의 베푸는 마음은 돈을 주고 살 수 없는 것으로 오직 주는 사람의 마음에 달려있다. 출장이 잦은 나는 항공사들은 여행하는 동안 승객이 편안함을 느낄 수 있도록 보살피는 사업을 하는 것이라고 항상 생각해왔다. 실망스럽게도 대부분의 항공사는 이러한 종류의 서비스를 이해하지도, 제공하려고 노력하지도 않는다. 너무나 많은 사람들이 자신의 항공업을 이륙과 착륙의 반복이라 생각하고, 그러한 프로세스의 연료 효율성을 관리함으로써 이윤을 내는 사업이라 여긴다.

다이안은 CEO로부터 탁월함을 달성하는 방법이 무엇인지 지시를 들을 필요가 없었다. 고객 서비스의 중요성을 강조하고 인간적으로 행동하는 방법이 무엇인지 설명하는 25센티미터 두께의 매뉴얼도 필요 없었다. 다이안은 자신의 경험으로부터 승객이 동트기 전의 비행을 힘들어한다는 걸 알고 있었고 자신의 재능을 살려 고객이 기대한 것 이상의 서비스를 제공했다.

탁월함은 개인적 선택의 문제이다

탁월함이 무엇인지 정의하기는 어렵지만 서비스를 받는 사람은 탁월함을 보면 이게 탁월함이라는 사실을 금방 안다. 우리는 누군가가 기대 이상의 친절을 베풀면 이를 감사히 여기며 잊지 않는다. 또한 친절하게 대해 준 사람에게 똑같은 친절을 베푼다. 직원에게 탁월함을 추구하도록 자극하고 장려하는 일은 아무리 강조해도 지나치지 않다.

적합한 수준에 그치지 않고 이를 넘어서며, 결과에 책임을 지고, 진심으로 고객을 생각하며, 놀랍고 기분 좋은 결과를 낳는 일은 모두 고객 지향의 기업이 이루어내는 탁월함의 중요한 측면이다. 조직으로서, 개인으로서 우리는 탁월함을 단순한 일관성을 훨씬 넘어서는 자질이라 정의할 필요가 있다. 경쟁자를 따라잡는 것만으로는 충분치 않다. 우리는 우리만의 독특한 탁월함의 능력을 보여주는 특별하고 기억에 남을 경험을 고객에 선사해야 한다.

> 탁월함은 다른 사람이 아닌 내가 한 행동에 의해 결정된다. 또한 탁월함은 미래에 내가 할지도 모르는 일이 아닌 오늘 지금 내가 하는 행동에 의해 결정된다.

탁월함은 프로세스가 아닌 결과impact가 중심이 된다. 탁월함은 우리가 만족스럽게 끝낸 모든 기계적인 업무들의 총합이 아니다. 또한 잘 쓰인 매뉴얼이나 업무 지시서로부터 나오는 것도 아니다. 탁월함이란 우리가 일을 어떻게 처리하느냐에 달린 문제다.

궁극적으로 탁월함이란 보는 사람의 눈에 따라 달라질 수 있고 탁월한 서비스에 고객이 놀라는 모습을 보면서 자신이 탁월함을 실현했음을 알게 된다. 탁월함은 다른 사람이 아닌 내가 한 행동에 의해 결정된다. 또한 탁월함은 미래에 내가 할지도 모르는 일이 아닌 오늘 지금 내가 하는 행동에 의해 결정된다.

탁월함은 영웅과 관련된 문제가 아니라 나와 관련된 문제다. 이는 지금 내게 주어진 기회에 어떤 선택을 하느냐의 문제다. 이는 개인적 선택의 문제다.

이제 탁월함을 정의했으니 이를 실천하는 부분으로 넘어갈 것이다. 매일매일의 선택은 탁월함을 달성하고 우리의 업무수행 능력을 극대화할 수 있는 수단이다. 이러한 선택이란 무엇이며 우리는 그것들을 어떻게 이루어지게 할 것인가?

05

한 번에 하나씩 탁월함을 실천하라

화가 난 고객과 통화 중이다. 고객은 눈앞에서 부당한 대우를 받고 당신 회사에 실망한 상태다. 당신은 고개를 열심히 끄덕거리며 고객의 말을 경청한다. 당신 생각에도 부당한 대우였고 아무도 그런 취급을 받아서는 안 된다는 생각이 든다. 당신은 고객의 심정이 어떠할지 충분히 이해가 된다. 당신도 그런 입장에 처해본 적이 많고 당신이 고객이래도 똑같은 식으로 반응했을 거 같다. 마음속 깊이 당신은 고객의 말이 맞고 고객에 그런 대우를 해서는 안 된다는 걸 안다. 하지만……

하지만 당신에게는 고객에 옳다고 생각하는 바를 실행에 옮길 권한이 없다. 어떤 식으로 처리되어야 하는가는 잘 알고 있지만 권한 밖의 일이거나 승인을 받으려면 엄청난 노력이 필요하다. 회사 매뉴얼에 따라 책임을 질 수 없다는 내용의 이미 정해진 답변을 해야 하며 의미 있는 해결책은 제시할 수 없다. 하지만 규칙이나 절차가 적절하지 않거나 불분명한 경우가 있다. 또는 상황에 비슷하게나마 맞아 떨어지는 가이드라인이 전혀 없는 경우도 있다. 이제 어떻게 해야 할까?

이것이 바로 진실의 순간이다. 고객의 입장에서 볼 때 당신은 충분한 시간을 들여 자신을 대하지 않는다. 고객이 극도로 화가 나 있는 상태에서 무관심한 대답이나 쓸데없는 변명은 문제를 악화시킬 뿐이다. 고객에게 이순간은 단 하나뿐인 진실의 순간으로 고객이 당신에게 기꺼이 감사의 마음을 표하게 할 수 있는 유일한 기회다.

진실의 순간은 언제, 어떻게 매일매일의 선택을 이용할 수 있는가를 보여주는 최고의 예다. 우리는 심할 정도로 상황에 맞지 않는 규칙을 고수할 수도 있고 아니면 고객에 옳다고 생각하는 바를 실천할 수도 있다. 이것이 바로 일관성과 탁월함 사이의 선택이며 비논리적인 변명 뒤에 숨느냐, 아니면 차이를 만들어낼 서비스를 제공하느냐 사이의 선택이다.

동료 직원이 되었든 고객이 되었든 간에 관계없이 사람들과 맺는 모든 상호작용에서 우리는 매일매일의 선택에 직면한다. 당신은 어떻게 할 것인가? 매뉴얼에 굴복할 것인가, 아니면 규칙을 새로 쓸 것인가? 로봇처럼 행동할 것인가, 아니면 다른 사람이 날 대해줬으면 하는 식으로 다른 사람을 대할 것인가? 책임감을 발휘할 것인가, 아니면 남 탓만 할 것인가?

모든 회사에는 뒤에 숨을 수 있는 시스템이 있기 때문에 '시스템'만을 탓할 수도 있다. 하지만 하루 종일 남 탓만 하며 하루를 보내고 밤에 잠을 이룰 수 있을까?

매일매일의 선택은 탁월함의 핵심이다. 옳은 선택은 탁월함의 능력을 강화시킨다. 매뉴얼을 그대로 따르며 회사 핑계를 대는 선택은 탁월함의 입지를 약화시킬 뿐이다.

탁월함을 선택한다는 것은 객체가 아닌 주체가 됨을 의미한다. 무력하게 있기 보다는 자신의 힘을 발휘해 무언가를 이루겠다는 선택을 하는 것이다. 객체일 때 우리는 명령을 듣고 맹목적으로 규칙을 따른다. 그러나 주체로서의 우리는 마음과 머리, 그리고 일을 처리하는 데 필요한 모든 자원을 사용한다.

우리는 모두 스스로에게 자신이 탁월함을 위한 매일매일의 선택을 하고 있는지 물어봐야 한다. 여기에는 다음과 같은 예가 있을 수 있다.

- 오늘 받은 20~50통의 이메일: 책임을 다른 사람에게 떠넘기고 이를 완전히 무시할 것인가, 아니면 책임감을 갖고 최선을 다해 처리할 것인가?
- 힘든 업무를 맡은 연구원: 정답을 찾아낼 때까지 최선을 다하는가, 아니면 일이 잘 안 풀린다고 해서 금방 포기하는가?
- IT 기술자: 직원의 컴퓨터 문제를 해결해 주기 위해 모든 일을 하는가, 아니면 사용자가 컴퓨터를 잘못 다루어서 고장 났다고 핀잔을 주듯 말하는가?
- 안내 데스크 직원: 방문객이 환영 받는다는 느낌을 느낄 수 있게 하는가, 아니면 별 관심 없이 방문객을 대하는가?
- 회의를 할 때: 뭔가 기여를 하려고 노력하는가 아니면 동의하지도 않고 실행에 옮길 생각도 없는 제안에 그저 고개를 끄덕이는가?

- HR 전문가: 개인적인 문제가 생긴 직원을 도와줄 방법을 찾는가, 아니면 어쨌든 회사의 책임이 아니라는 이유로 관심을 두지 않는가?
- 영업 사원: 고객의 문제에 가장 적합한 해결책을 찾으려 하는가, 아니면 고객의 필요에 부합하지 않는다는 걸 알면서도 제품만 팔려고 하는가?
- 보험사 직원: 어려움에 처한 고객의 보험료 청구를 신속하게 처리하려고 노력하는가, 아니면 '원래 있어야 할' 맨 끝자리에 그대로 놔두는가?

우리는 모두 매일매일의 선택에 직면한다. 우리는 매일 모든 인간관계에서 단순히 규칙에 따라 최소한의 노력만을 기울일 것인가, 아니면 탁월함을 위해 노력할 것인가 하는 기로에 선다. 앞에 것을 택하면 아마 꽤 효과적으로 나의 책상으로부터 문제를 치워버릴 수 있을 것이다. 하지만 분명 고객을 기쁘게 할 수는 없다. 선택은 무관심이냐, 아니면 차이를 만드느냐이다.

평범함은 탁월함과는 달리 선택이 필요 없다. 탁월함을 발휘할 기회를 저버리는 즉시 평범함이 선택된다. 탁월함을 추구하지 않으면 평범함은 절로 생기는 것이다. 의식적인 선택이 필요 없는, 즉 그저 아무런 선택을 하지 않을 때 선택되는 게 바로 평범함이다. 탁월함을 선택하지 않으면 자동으로 탁월함에 반대되는 선택을 하게 된다는 의미다. 고객으로부터 걸려온 전화에 고객의 상황에 맞지도 않는 오래된 규칙을 읊어댄다면 탁월함에 반대되는 선택을 하는 것이다. 다시 말해 평범함으로 가는 길에 한 발 더 내딛으며 탁월함의 길로부터 한 발 더 멀어지는 것이다.

선택권이 없다면 잡무일 뿐이다

관리자에게 직원이 선택권을 갖게 되는 것은 상상만 해도 두려운 일일지 모른다. 많은 경우에 이는 통제력의 상실을 의미할 수 있다. 직원의 행동을 통해 조직의 미래가 결정된다는 걸 깨달으면 전통적인 직원과 관리자 역할이 뒤바뀔 수밖에 없게 된다. 직원이 선택권을 갖게 되면 혼란만 가중될 뿐이라 생각할지도 모르지만 사실 혼란은 대개 관리자가 좋든 싫든 일어나게 마련이다. 직원이 선택권을 갖게 되면 조직에 긍정적인 기여를 하게 된다는 사실을 받아들이고 이를 장려하면 할수록 매일매일의 탁월함을 더 빨리 실현할 수 있을 것이다.

직원은 상명하달식의 업무를 잡무라 여기는 경우가 많다. 이러한 업무는 자신이 선택한 일이 아니기 때문에 하기가 싫고 업무의 핵심이 무엇인지 파악되지 않는 경우가 많다. "묻지 말고 그냥 해." 식의 업무에 반감을 갖는 건 인간적이다. 일을 하기 싫어하는 마음도 이해가 된다. 선택의 자유가 없는 상황에서 이러한 종류의 업무는 열정과 책임을 다해 처리되기 보다는 건성으로 처리된다. 그리고 그 결과는 탁월함의 정반대다.

업무를 처리하기 위해 매일매일의 선택을 하면 완전한 책임감도 따라온다. 이는 잡무와는 반대되는, 말 그대로 선택이다. 이러한 결정은 전적으로 내가 한 선택이기 때문에 열정도 포함된다. 자신의 선택이 실패하길 바라는 사람은 없다. 이는 단지 비즈니스가 아닌 나 자신의 문제가 되는 것이다. 위에서 내려온 명령이 아니라 내가 한 선택일 때 결과에도 관심을 갖게 된다. 따라서 직원에게 선택권을 주면 업무에 대한 책임의식이 높아질 뿐만 아니라 업무의 질 또한 향상된다.

모든 업무에 직원의 찬성과 동의가 필요하다는 의미일까? 물론 아니다. 그러나 위에서 할당된 모든 업무에는 "왜?"라는 질문의 답이 있어야 한다. 대부분의 관리자들은 이러한 과정을 빼먹는다. 전체 그림을 보지 못하고 행동의 목적이 무엇인지 알지 못하는 상태에서 직원은 업무를 선택이 아닌 잡무로 본다. 그러므로 상명하달식의 명령과는 상반되는 열린 대화를 하나의 절차로 만들면 직원들이 선택을 할 수 있게 되어 그 결과 업무를 잡무로 보지 않는 큰 효과를 거둘 수 있을 것이다.

완전히 이해가 되고 올바르게 관리만 된다면 직원이 내리는 매일매일의 선택은 위협이 아니라 탁월함을 실현하겠다는 약속이 된다. 이러한 약속에는 개인적 헌신과 열정이 들어있고 그것은 마지못해 건성으로 업무를 수행하려는 마음이 사라지게 한다. 일관성은 일을 잡무로 여기며 마지못해 처리해도 달성될 수 있다. 하지만 탁월함에는 직원의 선택으로만 가능한 개인적 헌신이 필요하다.

반드시 매일매일 선택을 해야 하는가?

"매일매일, 하루 종일 선택을 해야 하나요?" 사람들은 묻는다. 항상 선택을 해야 한다는 건 피곤하고 때때로 아주 어려운 일일 수 있다. 단순하게 절차를 따르는 편이 훨씬 쉽다. 물론 잠시 동안 인간적 존엄성과 성장을 포기할 마음이 있다면 얼른 선택을 멀리해라. 선택을 하지 않는 데에는 대가가 따르며 아무것도 선택하지 않는 상태란 존재하지 않는다. 아무런 선택을 하지 않을 때마다 정반대의 선택을 하는 것과 마찬가지의 효과가 나타난다. 이는 오늘의 탁월함 달성을 방해하는 선택, 책임을 지지 않으려는 선택, 다른 사람에게 배려를 하지 않으려는 선택, 다른 사람에게 영향을 미치지 않으려는 선택이다. 또한 탁월한 성과를 보이기보다는 마지못해 일을 하는 시늉만 하겠다는 선택이다.

"어떻게 매번 올바른 선택을 할 수 있을까요?" 사람들은 묻는다. 자신의 상식대로 하면 된다. 다른 사람을 위해 옳은 일을 하는 데 초점을 맞춘다면 그게 고객이 되었든, 직장 동료가 되었든 간에 바른 선택을 할 수 있게 된다. 그저 다른 사람이 나에게 해주길 바라는 대로 다른 사람을 대하면 탁월함을 위한 선택을 하게 되는 것이다. 일을 처리하는 과정에 책임감을 느끼고 다른 사람을 배려한다면 그게 바로 바른 선택이다. 또 업무를 기계적으로 처리하지 않고 다른 사람에게 미칠 결과에 초점을 맞춘다면 그게 바로 바른 선택이다. 미리 정해져 있는 행동 목록이 아닌 마음 속 열정을 따른다면 탁월함을 위한 선택으로 다른 사람에게 긍정적인 영향을 미칠 수 있을 것이다.

20년을 걸려 이룬 하루아침의 성공

자신의 힘으로 위대한 업적을 이룬 사람들과 성공에 대해 이야기를 나누다 보면 한 가지 재미있는 공통점을 발견하게 된다. 많은 사람들이 획기적인 순간 또는 사건을 언급하면서도 한편으로는 매일 같이 내렸던 선택에 대해서도 이야기를 한다는 것이다.

올림픽 출전 선수는 많은 유혹을 이기고 완벽한 경기를 하여 승리하겠다는 욕망에 집중한다. 매일 선수는 재미있게 놀고 싶은 마음과 자신의 목표를 위해 훈련을 해야 한다는 마음 사이에서 선택을 해야 한다. 달성된 탁월함의 수준 즉, 금메달을 땄느냐 못 땄느냐의 문제는 하나의 엄청난 기회보다는 선수가 매일 같이 내렸던 선택과 관련이 더 깊다. 선수가 탁월함을 위해 내린 모든 선택들이 탁월함의 발판이 되기 때문이다. 벽돌쌓기처럼 매일매일의 선택은 탁월함의 능력을 강화시키고 달성할 수 있는 한계를 높인다. 그러다 보면 어느 날 문득 매일매일의 선택이 천성처럼 변해있는 걸 알게 된다.

이것이 바로 매일매일의 선택을 통해 달성되는 탁월함의 공통적인 모습이다. 우리는 가만히 앉아 큰 전환점이 오길 기다릴 수도 있고 아니면 오늘 당장 그 전환점이 나에게 올 수 있도록 노력을 시작할 수도 있다. 우리는 운이 없어 인생에 큰 돌파구를 마련할 수 없다고 불평만 하고 있을 수도 있고 아니면 나 자신의 운명을 스스로 개척할 수도 있다. 매일매일의 선택은 탁월함을 위한 훈련과도 같다. 이는 모든 시행착오가 다른 사람에게 영향을 미치는 진짜 삶 속의 훈련이다. 매일 탁월함을 위한 선택을 하면 할수록 나의 탁월함 수준은 높아지고 탁월함을 위한 능력도 강화된다.

하루아침의 성공의 형태로 탁월함이 찾아오길 기다린다면 다시 생각해봐야 할 것이다. 하루아침의 성공에는 하루아침의 탁월함과 마찬가지로 훈련과 노력이 필요하다. 매일매일의 선택으로 더 높은 탁월함을 달성할수록 성공을 위한 자신의 능력은 강화되고 하루아침의 성공과도 조금씩 가까워질 것이다.

탁월함은 자신으로부터 시작된다

우리 마음속 가장 깊은 곳에 자리 잡은 두려움은 우리가 뛰어난 사람이 아니면 어쩌나하는 마음이 아니다. 우리는 우리가 대단히 강한 힘을 갖고 있을까봐 두려워한다. 우리가 가장 두려워하는 것은 우리의 어둠이 아니라 빛이다. 우리는 스스로에게 묻는다. 내가 영리하고 매력적이며 재능이 넘치고 멋진 사람일 수 있을까? 사실 우리가 어떤 사람은 못 되겠는가? 우리는 신의 자손이다. 작은 마음을 가져서는 세상에 아무런 도움이 되지 않는다. 주변 사람들이 불안감을 느끼지 않도록 스스로를 움츠리는 건 현명한 일이 아니다. 우리는 우리 안에 있는 신의 은총을 세상에 보이기 위해 태어났다. 이는 우리 중 몇몇에게만 해당되는 얘기가 아니다. 은총은 우리 모두에게 있다. 우리가 우리의 빛을 발할 때 우리는 자신도 모르게 남들도 똑같은 일을 하게 한다. 우리가 우리의 두려움으로부터 자유로워질 때 우리라는 존재는 자동으로 다른 사람까지 자유롭게 할 것이다.

- 넬슨 만델라의 1994년 취임사 중에서

넬슨 만델라의 말을 인용하는 것보다 나의 생각을 더 잘 표현할 방법이 없을 것 같다. 탁월함은 우리 자신으로부터 시작된다. 그렇다. 우리 자신다. 우리의 상사나 우리의 CEO가 아니다. 농구선수도, 정치가도, 올림픽 메달리스트도 아니고, 헐리우드 배우도, 소방관도, 우리가 생각하는 모든 종류의 '영웅'도 아니다. 그것은 우리 자신으로부터 시작된다. 우리는 탁월함, 우리 자신이 갖고 있는 탁월함의 주인이다. 우리는 우리가 직면하는 매일매일의 기회를 통해 탁월함을 발휘할지, 말지를 결정하는 결정권자다. 아무도 우리를 위해 이러한 결정을 내려줄 수 없다. 개인으로서

> **만약 일관성에 종속되게 되면 우리는 언제든 교체 가능하고 절차에 종속된 존재가 된다.**

우리는 각자 자신만의 기술과 능력을 갖고 태어났다. 우리 자신만큼 우리가 맞닥뜨린 어려움을 극복할 자격을 갖춘 사람은 없다. 우리만의 능력과 기술을 통해 우리만의 방식으로 우리에게 주어진 기회를 받아들이고 이용할 수 있다. 이는 오직 우리만이 할 수 있는 일이다.

정해진 업무 지침에 따라 모든 행동을 하며 맹목적으로 규칙을 따르는 일관성의 덫에 빠지기는 쉬운 일이다. 일관성을 유지하면 우리의 행동은 객관적으로 수치화할 수 있고, 예측이 가능하며, 쉽게 남들이 따라 할 수 있다. 만약 일관성에 종속되게 되면 우리는 언제든 교체 가능하고 절차에 종속된 존재가 된다. 우리는 멀지 않은 미래에 완전 자동화가 될 절차를 실행하는 사람으로 전락한다. 일관성은 누구의 인생

이나 경력에서도 위대한 순간이 되지 못한다. 일관성으로는 서비스를 받는 이에게 이익이 되도록 즉석에서 뭔가를 해줄 수 없고 배려를 발휘하거나 상대를 고려한 행동을 할 수도 없다. 일관성은 오직 우리로부터 탁월함을 달성할 수 있는 우리만의 능력과 경쟁력을 앗아갈 뿐이다. 이렇게 되면 우리는 쓰고 버릴 수 있는 존재로 전락한다.

반면 탁월함이 달성되는 곳에서는 절차가 아닌 사람이 주도를 한다. 절차는 단순히 업무의 수단일 뿐이며 상황에 맞지 않으면 탁월함을 달성할 수 있도록 상황에 맞게 절차를 변화시킬 수 있는 재량권이 사람에게 있다. 업무를 처리하는 것은 사람이며 결과를 결정하는 것도 사람이다. 상대에 따라 다른 서비스를 제공하기 때문에 결과도 다르다. 이렇듯 탁월함을 발휘하는 사람은 없어서는 안 되는 사람이 된다.

탁월함은 자기 자신이 아닌 서비스를 받는 이에게 초점을 맞추는 아주 작은 행동으로도 시작될 수 있다. 파티에 갔다고 생각해보자. 모든 손님이 술을 마시고 웃으며 즐거운 시간을 보내고 있다. 유일한 문제는 내가 아는 사람이 하나도 없다는 거다. 파티에 도착한 이후 술을 몇 잔 마시고 아몬드를 좀 집어 먹고 나니 벽지처럼 눈에 띄지 않는 존재가 되어 있었다. 사람들이 어울려 있는 곳으로부터 멀리 떨어진 벽에 기대서서 사람들을 쳐다보고 있으려니 외롭고 처량한 느낌이 든다. 갑자기 누군가가 크게 미소 지으며 "안녕하세요. 저는 데이비드라고 합니다."라고 자신을 소개한다. 그에게는 친근함이 넘쳐났다. 대화가 시작되었고 갑작스레 나는 더 이상 혼자가 아니게 되었다. 낯선 사람의 무리 속에서 단 하나의 미소가 상황을 바꾸어 놓은 것이다.

우리는 모두 사람들의 주목을 끌지 못하는 파티나 모임에 가본 적이 있다. 사람들은 대개 그러한 경우 당황하게 되고 모르는 사람과 대화를 시작하려고 하지 않는다. 이제 앞의 이야기를 생각해보자. 상황을 완전히 바꾸어 놓은 데이비드는 말 그대로 끔찍한 경험이 되었을지도 모르는 이 파티로부터 나를 구해주었다. 아무도 그에게 나와 얘기하라고 하지 않았다. 그는 단지 나의 상황을 알아차리고 뭔가 자신이 할 수 있는 일을 했을 뿐이다.

이런 호의를 받은 나는 그런 행동의 가치와 그것이 내 기분을 얼마나 좋게 했는지를 잘 안다. 나는 비행기 승무원의 업무가 사실은 외로움과 관련이 있다고 생각한다. 어떤 비행기를 타도 땅콩과 물은 준다. 하지만 혼자 일 때문에 비행기를 탔을 때 진심어린 관심과 배려를 보여주는 항공사는 거의 없다. 간단하지만 진심어린 배려만으로도 이러한 상황을 완전히 다르게 바꾸어 놓을 수 있다. 아는 사람이 아무도 없는 상황에서는 간단한 배려로도 따스한 마음을 느끼며 기쁜 하루를 보낼 수 있다.

비행기에서 내가 잠든 사이에 나에게 담요를 덮어주었던 루프트한자의 승무원 클라우디아가 잊혀지지 않는다. 그 일은 클라우디아가 꼭 해야 하는 일이 아니었다. 아무도 클라우디아에게 담요를 덮어주라고 하지 않았다. 하지만 클라우디아는 선택을 했고 간단한 행동으로 자신의 행동을 기계적인 일관성의 수준에서 인간애의 차원으로 끌어 올렸다. 클라우디아는 그냥 나를 못 본 척 할 수 있었을 것이다. 하지만 클라우디아는 탁월함을 발휘할 기회를 놓치지 않고 큰 차이를 만들어냈다. 인간애가 탁월함이다. 그리고 인간애를 타인에게 기꺼이 발휘하는 마음이 우리를 탁월함의 정점으로 이끌어 준다.

종이 클립과 퍼즐 조각

임원 교육을 할 때면 다음에 나오는 게임을 종종 하곤 한다. 우리는 각각의 임원에게 종이 클립 한 무더기와 두 개의 퍼즐 조각을 나눠준다. 그러고 나서 전부를 한 데 쌓아올리라고 한다. 그러면 사람들은 자연스럽게 종이 클립은 클립끼리 쌓아 올리고 퍼즐은 퍼즐끼리 같이 놓는다. 이 때 참가자들에게 종이 클립이 몇 개정도 될 거 같으냐는 질문을 한다. 참가자들은 굳이 개수를 세면서 클립을 쌓지 않았기 때문에 대강의 수를 말한다. 우리가 클립을 몇 개 숨겨도 참가자들은 거의 알아차리지 못한다. 하지만 퍼즐을 맞추라고 하면 한 조각이 없어진 걸 금세 알아차린다. 우리는

> 오직 직원들이 "나는 중요한 사람이야"라는 마음가짐을 받아들일 때에만 기업은 탁월함을 발휘할 수 있다.

참가자들에게 퍼즐을 액자에 넣어 벽에 걸라고 한다. 이러면 결국 잃어버린 조각은 그다지 중요하지 않은 것이 된다. 하지만 참가자들은 조각이 없어져서 퍼즐이 완성되지 않았다고 하면서 우리의 말을 따르려고 하지 않는다. 이 때 우리는 없어진 조각 대신 지금 갖고 있는 퍼즐과 똑같은 모양의 퍼즐을 주겠다고 한다. 조각 맞추기 퍼즐에서는 어떤 조각 대신 다른 조각을 쓸 수 없기 때문에 이는 아무런 소용이 없다. 모든 조각은 각자 특징을 갖고 있으며 퍼즐을 완성하는 데 없어서는 안 되기 때문이다.

우리가 임원들에게 말하고자 하는 바는 직원들이 자신을 큰 퍼즐의 없어서는 안 될 조각이 아니라 얼마든지 대체가 가능한 클립처럼 느낄 때가 많다는 것이다. 자신이 대체 가능한 종이 클립처럼 느껴질 때 직

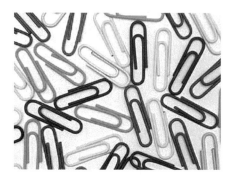

원들은 탁월함을 실천하겠다는 생각 없이 업무를 수행하게 된다. 직원들은 기계적으로 업무를 수행할 뿐 탁월함을 실천하지 않는다. 자신이 조직에 없어서는 안 될 존재이며 각자가 기여하는 바가 다 다르고 중요하다는 걸 직원들이 깨달을 수 있도록 인식을 전환시킬 필요가 있다. 각 개인의 독특하고 대체될 수 없는 탁월함 없이는 조직은 결코 완전해지지 못한다. 오직 직원들이 "나는 중요한 사람이야"라는 마음가짐을 받아들일 때에만 기업은 탁월함을 발휘할 수 있으며 이러기 위해서는 관리자와 임원의 태도와 업무방식이 바뀌어야 한다. 나쁜 인식을 깨뜨리는 데에는 두 가지가 필요하다. 우선 직원은 상사가 자신을 가치 있고 탁월함을 성취할 수 있는 사람이라 느끼게끔 할 때까지 가만히 기다리지 말고 먼저 자기 내면으로부터 이러한 생각을 시작해야 한다. 오직 미소 하나면 무관심의 바다에서 탁월함을 시작할 수 있다는 걸 잊지 말아야 한다.

매일매일의 선택이 세계 기아 문제를 해결할 수 있을까? 물론 불가능할 것이다. 하지만 누군가의 배고픔은 해결할 수 있다. 조너선 색스Jonathan Sacks가 쓴 『균열된 세상의 치유』를 읽던 중 미국 인류학자

로렌 아이슬리Loren Eiseley의 이야기를 인용해 놓은 글을 봤다. 한 노인이 새벽녘에 해변을 걷다 한 젊은이가 밀물에 밀려온 불가사리를 하나씩 집어 바다로 다시 던지는 것을 보았다. 노인은 젊은이에게 다가가 왜 불가사리를 던지는지를 물었다. 젊은이는 이대로 불가사리를 내버려두면 아침 햇살에 죽고 만다고 했다. "하지만 이 해변은 몇 킬로미터나 되고 불가사리도 수천 마리는 있을 걸세. 자네는 불가사리 모두를 구할 수 없을 거야. 그런데 이런 일을 해봐야 무슨 소용인가?" 젊은이는 손에 든 불가사리를 한 번 보고 안전한 파도 속으로 던졌다. "이 불가사리한테는 소용이 있겠죠." 젊은이가 대답했다.

30년 경력의 베테랑 CEO도 이제 첫 직장에 들어온 21살짜리 신입사원도 항상 매일매일의 선택에 직면한다. CEO로서 내려야 할 결정과 우편물 담당 직원으로서 내려야 할 결정이 분명 다르지만 직면하는 문제는 동일하다. 바로 탁월함을 통해 다른 사람에게 좋은 영향을 미칠 것인가, 아니면 그저 가만히 중간이나 갈까 하는 문제다. 조직 내에서 어떤 역할을 하든, 과거 얼마나 많은 반짝이는 아이디어로 결실을 맺었던 관계없이 모든 사람은 탁월함을 위한 매일의 새로운 선택에 직면한다. 내가 내리는 모든 결정에 따라 고객의 감정이 달라진다. 탁월한 서비스를 제공하여 고객을 기쁘게 할 수도 있고 평범한 서비스를 제공하여 고객을 실망시킬 수도 있다. 오늘의 나는 탁월함을 위해, 평범함으로부터 멀어지기 위해 내리는 결정만큼만 훌륭해진다.

관리자는 매일 이중의 선택을 해야 한다. 우선 개인으로서 직원들과 동일한 매일매일의 선택을 해야 하는 한편 관리자로서 직원을 어떻게 관리해야 할지에 대해서도 선택을 해야 한다. 탁월함을 실천할 수도 있고 통제 프로세스에 몸을 맡길 수도 있다. 직원에게 재량권을 부여하여 실수를 용인할 수도 있고 철저한 통제 하에 복종을 강요하면서 자발적인 노력을 억누를 수도 있다. 선택은 나의 몫이다. 그리고 선택의 끝에는 언제나 나의 선택에 영향을 받는 사람이 존재한다.

> 어느 누구도 우리 대신 선택을 해줄 수 없다. 매뉴얼을 그대로 따르면서 이것이 내가 선택한 거라 말하지 마라.

이것이 바로 매일매일의 선택의 핵심이다. 한 명의 고객 또는 한 명의 직원에게 차이를 만들어주는 것 말이다. 이런 차이를 만들기 위한 행동을 함으로써 우리는 탁월함을 향해 나아가게 된다. 한 번에 하나씩 선택을 하다보면 탁월함을 실현할 수 있는 능력이 시간이 지날수록 점차 강해진다는 걸 느끼게 될 것이다. 그리고 기억해라. 어느 누구도 우리 대신 선택을 해줄 수 없다. 매뉴얼을 그대로 따르면서 이것이 내가 선택한 거라 말하지 마라. 탁월함은 매일매일의 선택을 하는 나에게 달린 문제다.

앞서 말한 바와 같이 절차는 궁극적인 목표가 될 수 없다. 절차는 수단으로만 사용되어야 한다. 상황에 맞는 절차는 그대로 따르면서 탁월함을 달성하기 위해 인간적인 배려를 더하면 된다. 그러나 기존의 해결책으로는 문제가 해결되지 않을 때도 많다. 이러한 경우 직원은 매일매일의 선택으로 탁월함을 실천해야 하고 그에게는 고객의 특별한 요구사항에 맞게 고객을 만족시킬 수 있는 재량권이 보장되어야 한다.

탁월함이 개인의 선택 문제이기 때문에 이를 관리하는 일은 대단히 까다로울 수밖에 없다. 직원에게 탁월함을 선택하라고 명령할 수는 없다. 직원이 스스로 원해야 하는 것이다. 강요하고, 위협도 해보고, 부탁도 해보고, 간청을 해봐도 결국 그들이 선택해야 할 몫이다. 탁월함이 결국 직원의 선택이라는 점은 권력의 이동을 의미하고 이는 모든 관리자들에게 심각한 도전이 되고 있다. 어떻게 과거의 경영수단으로 직원이 탁월함을 선택할 수 있도록 할 것인가? 상명하달식의 채찍과 임금이라는 당근도 여기에서는 통하지 않는 것처럼 보인다. 탁월함은 경쟁력과 혁신으로 가는 관문이며 우리에게는 가능한 한 많은 경쟁력과 혁신이 필요하다. 따라서 직원이 탁월함을 위해 노력할 수 있도록 우리의 의사소통, 관리 방식을 변화시켜야 할 이유는 이전 어느 때보다 강력하고 분명해 보인다.

당근이나 채찍 없이 무슨 수로 사람들이 탁월함을 위한 매일매일의 선택을 하도록 할 것인가? 이 문제는 기존 경영수단이 점차 먹히지 않는 환경에서 경영상의 어려움을 어떻게 처리해야 할지를 다룬 6장의 중심내용이다. 경영과 관리자의 역할이 무엇인지를 다시 정의하기 위한 글이라 생각하며 다음 장을 읽어주길 바란다.

조직의 탁월함은 어떻게 이루어지는가

콜 센터 직원은 평균 하루에 40건, 1년이면 1만 건의 전화를 처리한다. 이러한 전화는 매년 직원에게 찾아오는 수천 개의 매일매일의 선택 기회 중 하나다. CEO가 결정한 사항은 직원들이 매일 내리는 이런 선택에 거의 영향을 미치지 않는다.

직원 수가 20명 정도 되는 평균적인 콜 센터의 경우 탁월함을 위한 매일매일의 선택이 적어도 연간 2백만 개는 된다. 탁월함과 평범함을 놓고 선택해야 하는 일이 2백만 개나 된다는 뜻이다. 2백만 개의 선택에서 모두 탁월함을 달성하기로 한다면 기업의 명성이나 실적은 강화될 것이고 평범함을 선택하기로 한다면 기업의 평판은 악화될 것이다. 기업의 총 가치는 모든 직원이 내린 매일매일의 선택을 전부 합한 것과 같다.

다른 상황에서의 예를 들어봐도 결과는 동일하다. 은행 직원 한 명은 평균적으로 하루에 30명의 고객을 상대한다. 이것만으로도 이 사람이 갖는 매일매일의 선택 기회는 1년에 6천5백 개에 달한다. 지점 당 10명의 직원이 있고 은행에 1천 개의 지점이 있다고 가정하면 선택 기회는 연간 6천5백만 개가 된다. 어떤 광고나 브랜드 홍보도 이런 선택의 결과를 바꿀 수 없다. 선택에 따라 은행은 탁월하다고도, 평범하다고도, 나쁘다고도 인식될 수 있다. 은행과 고객이 맺는 관계의 힘은 이 자율 경쟁력이 아니라 직원이 매일 내리는 선택에 있다.

객실 500개짜리 호텔의 안내 데스크 직원이 매일 체크인, 체크아웃하는 손님의 수는 평균적으로 100명이다. 이는 직원이 근무시간 동안 선택할 수 있는 매일매일의 선택 기회가 100개라는 뜻이다. 1년 동안 직원 한 사람에게 주어지는 기회만 2만5천 개가 된다. 손님이 호텔에 느끼는 고객 충성도는 마케팅 전문가들이 만드는 이미지나 마케팅 상품보다는 이러한 선택과 직접적으로 관련이 있다. 어떠한 마케팅 노력도 고객을 직접 대하는 직원이 내린 옳지 못한 선택을 무마시킬 수 없으며 어떠한 광고도 탁월함을 위한 매일매일의 선택보다 비즈니스에 더 큰 긍정적 영향을 미칠 수 없다.

매일매일의 선택은 매일 내부 고객 및 외부 고객 앞에서 이루어지며 주로 직원회의, 이메일 교신, 전화 대화 등 한 사람이 다른 사람을 도와주는 상황에 많다. 어떤 행동에 영향을 받는 사람이 있을 때마다 매일매일의 선택도 있게 마련이다.

조직의 진정한 힘은 탁월함을 창조하여 스스로를 차별화하고, 그 결과 강한 고객 충성도를 형성하고, 고객이 다시 찾아오게 하며, 상품과 서비스에 프리미엄을 형성하는 능력이다. 이러한 힘은 직원이 내리는 수백 개의 매일매일의 선택이 어떠하냐에 따라 달라진다. 중요한 것은 기업의 전반적인 탁월함은 직원이 매일매일의 선택을 통해 추구하는 탁월함의 총합과 같다는 것이다. 직원이 매일같이 내리는 선택보다 기업의 힘을 잘 측정할 수 있는 기준은 없다. 탁월함을 달성하면 할수록 고객의 충성도는 강해지고 사업규모나 이윤도 커진다. 반면 탁월함에 대한 직원의 노력이 약하면 전반적인 실적도 약해질 수밖에 없다. 이는 조직의 힘을 바라보는 새로운 시각이며, 직원들이 탁월함을 위한 매일매일의 선택을 하고 고객의 기대를 뛰어넘도록 이끌고 동기를 부여하려면 새로운 방법이 필요하다.

직원이 매일같이 내리는 선택보다 기업의 힘을 잘 측정할 수 있는 기준은 없다.

이러한 상향식 조직에 대한 정의는 오늘날 대부분의 조직이 생각하는 바와 정반대다. 하향식 조직은 힘, 강점, 브랜드를 추상적 개념이라 생각하며 직원들과 그다지 관련이 없는 것으로 본다. 직원은 큰 조직이란 개념에 보조적인 역할을 할 뿐이다. 이러한 사고방식에 따라 생각하면 모든 직원이 회사를 떠나더라도 브랜드에는 아무런 영향을 미치지 않는다. 브랜드에 따라 직원이 결정되는 것이지 직원이 브랜드에 영향을 미치지는 않는다고 생각하기 때문이다. 상향식 조직에서는 직원의 특성과 성과에 의해 조직이 정의된다. 직원에 따라 조직의 모습이 달라지며 조직의 자산을 만들어내는 것도 직원이다. 브랜드의 힘과 명성에 따라 조직의 가치를 평가하는 경영, 마케팅 이론도 있지만 이러한 종류의 자산은 사실 전적으로 직원과 그 직원들이 탁월함을 위해 어떠한 선택을 하느냐에 달려있다. 탁월함을 추구하고자 노력하는 직원을 잃으면 그만큼 기업은 약화된다. 단지 직원 하나의 나쁜 서비스로 기업 전체가 약화될 수도 있다. 기업은 매일매일의 선택을 통해 기업의 임무, 가치, 목표, 전략 그리고 전반적인 정의에 활력을 불어넣는 직원 없이 존재할 수 없다.

사실상 직원 하나마다, 매일매일의 선택 하나마다 기업의 힘이 만들어진다. 기업의 힘은 일단 달성하고 나면 계속해서 효력을 미치는 획기적인 사건 하나로 만들어지지 않는다. 그것은 직원이 하는 매일매일의 선택에 따라 보다 높은 수준에 도달하는 지속적인 과정이다. 기업의 성공은 기업 브랜드의 힘에 대한 연례 조사로 측정되는 것이 아니라 기업에 다니는 사람들이 매일 어떻게 일하느냐에 따라 측정된다. 대부분의 기업이 그럴듯하게 만들어진 연례 보고서에서 자기 기업이 직원을 위해 최선을 다하며 직원 복지를 증진시키기 위한 많은 노력을 기울이고 있다고 내세우지만 사실 직원을 가장 중요한 자산으로 생각한다는 게 어떤 의미인지 제대로 이해하고 있는 회사는 거의 없다.

"항상 진심으로 미소를 지어야 합니다"

모든 기업에는 다른 직원을 훨씬 뛰어넘는 독보적인 직원이 있다. 많은 사람들이 이러한 직원은 예외적인 존재라고 말한다. 하지만 보통을 뛰어넘고자 하는 마음가짐을 일반적인 것으로 만들 수는 없을까?

기존 경영학의 시각에서 볼 때 이 물음에 대한 답은 분명하다. 탁월함은 명령할 수 없다는 것이다. 명령으로 이룰 수 있는 것은 기껏해야 일관성과 절차 효율성뿐이다. 이런 사고방식을 갖고 있는 기업은 탁월함의 문화를 창조하고 육성할 준비가 되어있지 않다. 이들의 경영 모델은 순응을 중심으로 디자인되어 있기 때문에 업무 재량권도 보장되지 않는다.

직원에게 배려하는 마음을 가지라고 명령할 수 없다. 그들이 스스로 그런 마음을 먹어야 한다. 직원에게 강제로 진심 어린 미소를 짓게 하려고 시도해봐야 인위적인 미소만이 나타날 것이고 고객은 이를 금방 알아차릴 것이다.

일단 탁월함의 문화를 육성하기로 결심한 대부분의 경영진이나 조직은 자신이 미지의 세계에 발을 들여놨음을 알게 된다. 우선 자신이 바라는 결과가 나타나도록 명령을 내릴 수 없다는 점에서 이들은 통제권을 상실했다고 할 수 있다. 다음으로 이들은 목표를 달성하기 위해 새로운 수단을 써야 한

> 직원에게 배려하는 마음을 가지라고 명령할 수 없다. 그들이 스스로 그런 마음을 먹어야 한다.

다. 본질적으로 이들은 설득의 기술을 공부하고 연습해야 한다. 또한 직원에게 재량권과 심지어는 실패할 수 있는 여지를 보장하는 환경, 직원이 탁월함을 달성하도록 장려하는 환경, 탁월함을 달성한 직원에게는 그만한 보상을 하는 환경을 조성하여 직원이 탁월함을 실천할 수 있도록 해야 한다. 진심 어린 미소는 경영진과 임원진이 이러한 환경을 조성하기 위해 최선을 다할 때 절로 나타날 것이다.

과거 경영수단들의 효과가 떨어짐에 따라 기업은 경쟁력을 유지하는 데 심각한 어려움을 겪게 되었다. 사실 하향식, 군대식 경영 모델에 효과적이었던 많은 수단들이 이제는 완전히 부적절하게 되었고 돌칼이나 곰 가죽만큼이나 구식이 되었다. 기존의 경영수단은 인간의 존엄성과 탁월함이 아닌 일관성과 절차, 결과를 관리하도록 만들어졌다.

"하지만 임금이라는 수단은 어떠한가?" 관리자들은 묻는다. "우리는 직원에게 일을 한 대가로 돈을 준다." 하지만 돈으로 직원의 시간과 노동력은 살 수 있어도 직원의 탁월함은 살 수 없다. 즉, 임금으로 일관성 있는 업무는 살 수 있을지 모르지만 탁월함은 살 수 없다는 뜻이다. 임금을 받기 위해 근로자들은 정해진 요구사항에 따라 기계적으로 일은 하더라도 마음은 집에 두고 올 수도 있다.

임금으로 직원에게 꾸준히 시킬 수 있는 일은 다음과 같다.

- 의자 위에 앉아있기
- 전화 받기
- 정해진 서류 작성하기
- 이메일 읽고 답하기
- 회의에 참석하기
- 고객과 대화하기
- 지출 내역서 작성하기
- 휴가 가기
- 메모 읽기
- 매뉴얼 읽기
- 안전 규칙 지키기
- CEO가 하는 말 경청하기
- 제 시간에 출근하기
- 연례 행사 참석하기

위와 같이 반드시 해야 하는 일 외에 임금으로 탁월함을 살 수는 없다. 탁월함은 책임감과 직접적인 관련이 있으며 이는 자발적인 행위다. 탁월함을 추구할 마음이 있는 직원은 탁월함을 추구할 것이고 그러고 싶지 않은 직원은 조금도 그러한 모습을 보이지 않을 것이다.

조사에 따르면 탁월한 업무수행에 대한 헌신으로 이어지는 일에 대한 개인적 만족과 성취감을 충분히 느낀다고 생각하는 근로자의 수는 불과 30퍼센트에 불과하다. 대부분 근로자의 일에 대한 태도는 '중립' 또는 '부정적'이란 범주에 들어간다. 이들은 일의 도전을 통해 만족감을 얻기보다는 단지 돈이 필요해서 회사에 다닌다.

경영진은 자신들 마음대로 직원에게 뭐든 시킬 수 있다는 환상에 빠져있다. 현실은 다르다.

이는 임금을 통해 직원을 통제할 수 있다고 믿고 싶어 하는 많은 경영진에게 받아들이기 힘든 현실이다. 이러한 경영진은 자신들 마음대로 직원에게 뭐든 시킬 수 있다는 환상에 빠져있다. 현실은 다르다. 사실 임금으로 살 수 있는 것은 하루 총 8시간의 근무시간과 회사 출퇴근 시간에 불과하다. 다른 모든 것은 직원의 선택에 달려있다.

관리자가 직원에게 창의적 사고를 하고 매년 35개의 혁신적 아이디어를 생각해내라고 명령할 수 없듯 탁월함을 실행하라고도 명령할 수 없다. 창의력과 혁신은 탁월함과 마찬가지로 직원이 원할 때에만 가능하다. 직원이 탁월함을 자신의 것으로 소화하고, 탁월함을 위한 회사의 진정한 노력을 이해하며, 탁월함을 위한 노력이 갖는 가치를 인식할 때에만 탁월함은 결실을 맺을 수 있는 것이다.

직원이 자신의 잠재력을 모두 발휘할 수 있도록 에너지를 부여할 새로운 방법을 알아야 할 때다. 일관성과 효율적인 절차, 말 잘 듣는 직원이 목표라면 과거의 방법을 답습해도 괜찮다. 하지만 탁월함을 목표로 한다면 상명하달식의 경영수단과 방법은 효과가 없다. 이제 새로운 경영 모델이 필요한 때다.

권리만을 주장하는 직원

몇 년 전 제프라는 직원을 채용한 적이 있었다. 그는 젊고 야망이 강한 MBA 졸업생이었다. 제프는 나와 동료들에게 꽤 깊은 인상을 주었다. 그는 우리가 그동안 찾고 있던 그런 태도를 지닌 것처럼 보였다. 면접이 진행되는 동안 제프가 한 질문은 모두 적절한 질문이었고 그는 우리 일에 진심으로 관심이 있는 듯 했다. 그의 이력도 완벽했다. 회사에 쉽게 적응할 수 있도록 그의 이전 경력에 고려해 완벽하게 걸맞을 만한 간단한 업무를 맨 처음 그에게 맡겼다. 그 일을 통해 자신이 회사에 도움이 되는 사람이라고 느껴서 회사를 편안하게 생각하길 바랐다. 1주일 후 그의 업무수행이 전혀 기대에 미치지 못하고 우리가 원래 생각했던 바와 전혀 일치하지 않는다는 게 느껴지기 시작했다. 다시 제프와 마주앉아 업무를 설명하고 어떤 식으로 수정해야 할지 논의했다. 그러나 1주일 후에도 문제는 사라지지 않았고 우리가 얘기한 모든 일들이 다 무시되고 있었다. 성과 없이 이러한 문제가 4주 동안 계속되었고 우리는 심각한 얘기를 나누기로 했다.

자신의 일에 내가 점점 불만을 느끼고 있다는 걸 알고 있었던 제프는 자신이 먼저 얘기할 기회를 달라고 했고 나는 그러라고 했다. 그는 이렇게 말을 시작했다. "저에게도 욕구가 있습니다. 제가 느끼기에 여기서 저의 감정적 욕구는 충족되고 있지 못합니다. 저는 따뜻함과 감정적인 지지가 필요합니다. 제 감정적 욕구가 충족될 만큼 충분한 시간을 주시지 않은 것 같습니다." 그는 고용된지 얼마 지나지도 않아 그렇게 빨리 프로젝트를 맡지 말았어야 했으며 '새로운 환경에 적응'할 수 있도록 6개월 내지 8개월의 정도는 큰 업무를 맡지 않는 게 '일반적'이라고 했다.

제프가 수려한 말솜씨로 전하고자 한 바를 이해하는 데에는 시간이 좀 걸렸다. 그는 자신이 그 자리에 걸 맞는 사람이라는 확신을 갖고 있었고 그의 욕구가 해소될 때까지 진짜 업무나 프로젝트를 맡아 압박을 느끼지 않도록 시간을 달라고 했다. 많은 생각 끝에 나는 제프가 책임감 없이 우리 회사에 들어왔다는 걸 깨달았다. 그는 오랜 기간 회사에 기여한 바가 큰 직원이나 느낄 법한 권리의식을 갖고 있었다. 제프는 일반적으로 '노력을 해야 얻을 수 있는' 권리의식을 첫날부터 기대하고 있었던 것이다.

이것이 바로 권리만을 주장하는 직원들의 세계다. 이들은 탁월함 excellence이 아닌 권리entitlement를 뜻하는 'E'를 원한다. 이러한 직원은 책임을 질 준비가 되어 있지 않기 때문에 자신의 책임을 남에게 전가하기 급급하다. 몇몇 헤드헌터와 이야기를 나눈 끝에 나는 제프의 경우가 특이한 게 아니라 일반적인 현상이라는 사실을 알았다.

무기력한 직원으로 인해 골머리를 앓고 있는 많은 기업에 또다시 새로운 문제가 나타나고 있다. 전체 직원의 연령대가 높아지고 자질을 갖춘 신입사원이 부족해짐에 따라 우리의 어려움은 한층 더 심각해지고 있다. 베이비붐 세대가 은퇴하면서 그 자리를 진짜 베이비들이 채우고 있으며 책임감이 사라진 자리에 권리의식만이 만연하고 있다. 그 결과 탁월함을 달성하고 사업을 차별화하는 조직의 역량이 엄청나게 떨어지고 있다. 기꺼이 책임을 받아들이고자 하는 사람들이 없다면 조직은 우수한 결과를 달성할 수 없을 것이다. 새로운 경영방식을 개발하고 탁월함을 장려함에 있어 우리는 상대가 그 어느 때보다 만족시키기 어려운 사람들이라는 걸 깨달아야 한다.

고용 및 선발 기준은 탁월함을 달성할 수 있는 직원의 선발에 초점이 맞추어져야 하며 동시에 권리만을 주장할 지원자는 솎아내야 한다. 열등한 지원자로부터 적절한 사람을 구별할 새로운 방법이 개발될 필요가 있다. 얼마나 순종적으로 규칙을 따르느냐는 개인이 내리는 매일매일의 선택이 조직의 미래와 경쟁력을 결정하는 시대에 점차 중요하지 않은 문제가 되어가고 있다. 고객에게 서비스를 제공하고 고객을 만족시키겠다는 마음, 조직의 사명을 자신의 사명처럼 생각하는 마음, 탁월함을 달성하고자 하는 개인적 노력이 이전 어느 때보다도 중요하다. 자발적으로 노력하는 마음 없이 요구만을 늘어놓는 직원을 고용하면 그들의 일에서 탁월함을 기대할 수 없다. 채용 과정에서 권리만을 주장하는 듯한 모습을 보이는 사람을 구분하여 솎아내는 것이 기업의 탁월함에 매우 중요하다. 기꺼이 책임을 지려는 사람을 찾는 것이 이전 어느 때보다 중요하기 때문에 이러한 지원자를 찾고자 하는 경쟁이 갈수록 치열해지고 있다.

에이미와 존이라고 하는 두 명의 직원이 있다고 생각해보자. 둘 다 그간의 업무기록이 있다. 에이미는 마감기한을 어긴 적이 없었고 항상 기대 이상으로 프로젝트를 완수했다. 에이미는 신뢰할 수 있는 직원이다. 존의 업무 결과도 예측이 가능하다. 자신에게 주어진 모든 프로젝트에서 그는 마감기한을 어긴 적이 없었지만 기대 이상의 성과를 보인 적도 없었다. 에이미에게서 받은 보고서는 그 즉시 상사에게 보낼 수 있지만 존의 보고서에는 항상 추가작업이 필요했다. 다음 번에 중요한 프로젝트가 생기면 누구에게 맡기겠는가? 물론 에이미일 것이다. 하지만 프로젝트는 자신에게 맡기면서도 존을 해고하지 않는 걸 보면서 에이미는 '중간 정도만 하는 게 이익'이라고 여기게 될 것이다.

탁월함의 문화를 장려하기 위해서는 적절한 직원을 고용하는 데 그쳐서는 안 된다. 옳지 않은 직원은 반드시 내보내야 한다.

탁월함의 문화를 장려하기 위해서는 적절한 직원을 고용하는 데 그쳐서는 안 된다. 옳지 않은 직원은 반드시 내보내야 한다. 몇몇 직원의 실망스러운 업무실적을 눈감아 주면 우수한 직원에게 영향을 미쳐 그들을 아래로 끌어내리는 결과를 낳게 된다. 아니면 우수한 직원들은 탁월함에 대해 그만한 보상이 주어지는 다른 곳으로 가버릴지 모른다.

책임감 없는 세대

그동안 자신의 일에 책임감이 없는 '와이 세대Generation Y' 근로자에 대한 많은 글들이 나왔다. 그렇다. 이 젊은 세대는 모호한 태도를 갖고 있는 것처럼 보인다. 하지만 요사이 이러한 태도는 특정 세대에만 국한되지 않는다. 냉소주의가 만연함에 따라 이러한 태도도 직장 내에 점차 번지고 있다. 나는 점차 증가하고 있으며 그 형태를 규정하기 어려워지는 이 집단을 '와이 세대Generation Why'라 부른다. 왜 내가 그 일을 해야 하며 그래봐야 나한테 무슨 도움이 되냐는 뜻이다.

이는 작은 의미상의 변화가 아니다. '와이 세대'는 연령이 아닌 생활 방식을 기준으로 정의내릴 수 있다. 이 세대에는 출생년도와는 관계없이 "왜 내가 신경 써야 하지? 왜 내가 최선을 다해야 하지? 왜 내가 군이 탁월함을 달성해야 하지? 왜 내 시간을 쏟아야 하지?"를 알고 싶어 하는 모든 냉소적이고 회의적인 직원들이 속한다.

따라서 이제 관리자들은 왜라는 질문에 타당한 이유를 대야 하는 새로운 어려움에 직면했다. 많은 관리자들이 오랫동안 왜 또는 무엇을과는 반대되는 개념인 어떻게, 언제에만 신경을 써왔기 때문에 이러한 어려움에는 대비가 되어 있지 않다.

'와이 세대' 근로자들과 관계를 형성하고 이들의 업무 성과를 극대화하는 것은 그러한 행동의 논리와 큰 그림을 파악하는 능력을 통해서만 가능하다. "그냥 해"라는 식의 접근방식은 이제 통하지 않는다.

대화를 통해 왜라는 질문에 대답하는 데 시간이 오래 걸릴까? 분명 그렇겠지만 결과를 생각하면 그만한 시간과 노력을 투자할 가치가 있다. 직원들이 점점 더 권리만을 주장하는 추세 속에서 그들에게 최선을 다하도록 동기를 부여하는 일은 말처럼 쉽지 않다. 직원들은 탁월함을 달성하기 위한 매일매일의 선택을 하기 전에 왜 그런 노력을 해야 하는지 납득시켜달라고 한다. 우리는 직원에게 탁월함을 선택하는 것이 그들의 개인적인 목표에도 합치한다는 걸 보여주기 위해 직원과 함께 그들에게 돌아가는 이익에 관한 대화를 나눠야 한다.

올바른 환경을 조성하는 데 성공한 관리자, 즉 직원이 탁월함을 선택할 수 있도록 동기를 부여할 수 있는 관리자가 시장에서도 승리할 것이다. 우리도 그들 중 하나가 될 수 있다. 왜의 힘을 이용함으로써 우리는 직원의 적극적인 참여를 유도하고 탁월함을 위한 매일매일의 선택에 필요한 책임감을 직원에게 불어넣을 수 있다.

탁월함은 명령할 수 없다

탁월함과 관련된 경영의 기본원칙이 점차 변해감에 따라 완전히 새로운 경영수단이 필요하게 되었다. 과거의 경영수단에서는 '통제'가 핵심이었다. 절차는 직원의 업무를 통제하기 위해 만들어졌다. 관리자는 전적으로 절차에 입각해서 업무수행을 바라봤으며 이를 통해 관리자는 직원들의 업무 수준을 일정하게 유지할 수 있었다.

탁월함이 중시되는 환경에서는 이와 완전히 반대로 권력이 임원에서 직원으로 분명하게 이동했다. 탁월함은 직원의 선택 문제다. 절차는 필요할 때 쓰는 수단에 불과하며 절차에 적절하게 맞아 떨어지는 문제가 생기면 직원은 그 절차에 따라 고객을 만족시켜야 한다. 그러나 문제에 맞는 절차가 없는 경우 직원은 고객의 상황에 맞는 대처를 해야 한다. 이러한 상황에서 직원은 가장 중요한 자산이며 절차는 부차적일 뿐이다. 주된 목표는 절차를 준수하는 것이 아니라 고객을 만족시키고 완전한 서비스를 제공하는 것이기 때문에 어떻게 절차를 사용할지, 심지어 절차를 사용할지 말지도 직원의 선택에 달려있다.

이런 생각을 받아들이기 어렵다고 하는 사람도 있을 것이다. 식스 시그마와 린 생산lean manufacturing 운동이 확고하게 자리 잡았으며 여기에 찬성하는 컨설턴트와 실제 이를 실천하는 사람도 수십만에 이른다. 이러한 운동을 신봉하는 사람들은 절차를 엄격히 지켜야 한다고 강하게 주장한다. 하지만 직원들에게 재량권이 없다면 그것은 적실성이 떨어지는 획일적인 모델일 뿐이다. 고객마다 자신만의 개성을 중시하고 개인별 맞춤 서비스를 원하는 추세이기 때문에 획일적인 방법은 정답이 될 수 없다. 따라서 우리는 직원의 권한을 강화시켜야 한다.

관리자는 직원을 해고할 수 있다. 하지만 그가 가진 힘은 그게 다다. 관리자는 직원이 원하지 않는 한 직원에게 탁월함을 실천하라고 할 수 없다. 탁월함은 순전히 직원의 선택에 달린 문제다. 순종에서 재량에 따른 업무 수행으로의 극적인 권력 이동은 새로운 상향식 경영의 개념을 반영한다. 이제는 위에 있던 모든 것들이 아래로 이동했고 아래에 있던 모든 것들이 위로 이동했다.

> **탁월함은 절차처럼 위에서 아래로 제도화될 수 없다. 뛰어난 업무수행이 꽃필 수 있는 토양을 만들어주는 방법으로만 제도화될 수 있다.**

탁월함의 세상에서는 직원의 의지가 중요하다면 문제는 직원의 의지를 제도화할 수 있냐는 것이다. 근본적으로 직원의 선택에 따라 달라지는 탁월함을 실제로 관리할 수 있을까? 답은 "그렇다"이지만 과거의 방법으로는 안 된다. 탁월함은 절차처럼 위에서 아래로 제도화될 수 없고 뛰어난 업무수행이 꽃필 수 있는 토양을 만들어주는 방법으로만 제도화될 수 있다.

탁월함을 장려하고 지원하는 환경을 조성하는 것이 조직에서 탁월함을 일상으로 만드는 길이다. 농구 코치가 경기장에서 선수에게 승리하라고 명령할 수 없듯 관리자도 탁월함을 이루라고 명령할 수 없다.

코치는 선수들을 지도하고 생산적인 환경을 제공할 수 있지만 결국 팀의 성적은 각 선수에게 달려있다. 결과를 이루는 것은 팀인 것이다. 마찬가지로 광고회사 임원은 크리에이티브 디렉터에게 반짝이는 아이디어를 생각해내라고 명령할 수 없다. 재미있고 아이디어를 자극하는 환경을 조성할 수는 있지만 결과는 전적으로 직원의 선택인 것이다. 직원이 영감을 얻으면 반짝이는 아이디어는 저절로 나온다. 아마 너무 많은 아이디어가 나와 회사가 계속 따라가기가 어려울 정도가 될지도 모른다. 그러나 노력할 의사가 없는 직원에게서는 아무리 오랫동안 회의를 한다고 해도 탁월한 아이디어가 나올 가능성이 희박하다.

탁월함은 상명하달식 경영과 반대되는 개념이며, 탁월함을 추구하는 관리자라면 반드시 직원과 상호작용을 할 때 그것을 인식해야 한다. 구식 상사가 되기보다는 직원이 탁월함을 달성할 수 있는 환경을 조성하고 직원을 설득하는 존재가 되어야 한다는 의미이다. 탁월함을 관리할 수는 없지만 심고 가꾸며 잘 자라게 하는 일은 가능하다. 적절하게 조성된 환경에서라면 탁월함은 저절로 성장한다. 관리자의 역할은 직원이 기계적인 업무에 집중하도록 하는 것에서 자연스럽게 자신의 잠재력을 최대한으로 발휘할 수 있는 환경을 조성하는 것으로 변화해야 한다.

탁월함이 직원 자신에게도 도움이 된다고 설득하는 일은 관리자가 새롭게 맡아야 하는 역할에 중요한 부분을 차지한다. 탁월함을 통해 보다 훌륭하고 만족스러운 사람이 될 수 있는 이유를 납득시키기 위해서는 조직의 목표를 위해 노력하는 것뿐만 아니라 조직이 갖고 있는 탁월함의 잠재력을 깨닫게 하는 먼 길을 가야 한다. 이러한 설득은 직원에 자극을 주는 일부터 시작된다. 직원은 자신의 일이 어떤 식으로 차이를 만들 수 있는지 알 필요가 있다. 또 자신의 행동이 고객에 미치는 긍정적 영향에 초점을 맞추는 것이 매우 효과적일 때가 많다. 자신의 일이 다른 사람에게 어떤 영향을 미치는지를 이해하면 동기가 자극되고 심지어 매우 반복적인 업무까지도 자부심과 개인적 만족을 주는 일로 바뀔 수 있다. 직원은 스스로 자신 안에 있는 탁월함을 발현하는 일이 얼마나 가치 있는 일인지 알아야 한다. 강한 임무를 부여하고, 그것에 대해 이야기를 나누며, 차이를 만들어내는 직원의 능력을 보여줌으로써 탁월함을 위한 매일매일의 선택이 이루어질 수 있는 비옥한 토양을 조성할 수 있다.

탁월함의 실행에 관해 직원을 지도하는 일이 쉽지 않을지 모르지만 그 보상은 엄청날 것이다. 누구나 권위 체계를 세우고 임금이라는 수단을 이용해 다른 사람들이 그것을 따르도록 할 수는 있다. 하지만 반드시 해야 하는 일 이상을 하도록 영감과 자극을 주려면 엄청난 담력과 요령, 배려가 필요하다. 누군가에게 매일 탁월함을 달성하도록 강제할 수 있는 프로세스는 없다. 오직 사명의식을 가진 리더이자, 최고 설득자이며, 코치이자, 교육자인 당신만이 그것을 할 수 있다.

탁월함은 기업가적 정신을 필요로 한다

상향식 경영 구조에 대해 연구하던 중 흥미로운 사실을 알아냈다. 회사가 크면 클수록 개인이 뭔가 영향력을 미칠 수 있다는 생각이 줄어든다는 것이다. 역으로 작은 조직일수록 개인은 자신의 영향력을 미칠 수 있는 힘이 강하다고 느꼈다. 기업의 규모와 개인의 영향력은 마치 한 사람이 뭔가를 얻으면 다른 사람이 그만큼 잃는 제로섬 게임처럼 작용하는 듯 했다. 상대적으로 직원 수가 적고 시장에서의 인지도도 거의 없는 신생기업이 갖는 탁월함의 능력은 거의 무한대다. 직원이 느끼는 책임감과 뭔가 가치 있는 일에 기여하고자 하는 열정은 탁월함을 위한 강력한 힘을 만들어낸다. 직원들은 자신이 뭔가 영향력을 미칠 수 있다고 생각할 때 기꺼이 기쁜 마음으로 탁월함을 위한 매일매일의 선택을 한다. 이러한 직원에게 변명이란 없다. 변명을 하겠다는 생각조차 머리 속에 떠오르지 않는 것이다.

회사 규모가 커지고 굳건해짐에 따라 시장에서의 위치는 강화되고 이 위치가 성공에 중요한 요소가 된다. 이러한 성장기 동안 직원 수는 늘어나고 기업이 점차 '대기업'의 자리에 오르게 되면서 직원들은 자신이 점점 작아지는 걸 느낀다. 한때 회사의 성공이 자신의 어깨에 달렸다고 생각했던 많은 사람들이 자신을 점차 복잡해져가는 프로세스의 일부처럼 느끼기 시작하고, 한때 기꺼운 마음으로 받아들였던 책임감도 날이 갈수록 작아지는 걸 느낀다. 이들은 회사가 변했다고 생각한다. 자신이 회사의 성공에 기여했는데도 아무도 고마워하지 않는다고 느낀다. 자신이 없어도 회사는 계속 성장할 것 같은데다 회사 임원들은 여기에 대해 신경도 쓰지 않는 것처럼 보인다. 곧 이런 직원들은 자신이 회사의 성공에 일부라는 생각을 하지 않게 되고, 그 결과 다른 선택, 즉 쉬운 선택을 하게 되며, 자신이 어떤 식으로 일을 하든 아무도 알아차리지 못한다는 걸 알게 된다. 회의에서나 사람들이 모인 장소에서나 이제 더 이상 회사를 만든 사람들이 어떤 업적을 세웠는지에 대한 이야기가 나오지 않는다. 대신 브랜드가 얼마나 강하며 주식상장으로 얼마나 많은 돈을 벌지에 대한 얘기만이 나온다.

회사의 중심은 탁월함으로부터 브랜드라는 추상적인 힘으로 옮겨 갔다. 회사 경영진은 지금 이 자리에 올 수 있게 한 것이 무엇인지 잊었다. 바로 탁월함을 위한 직원들의 매일매일의 선택 말이다.

몇몇 회사에서는 수익에만 집착하는 사람들이 경영을 맡게 됨에 따라 이러한 변화를 의식적으로 추구하고 있다. 이런 재무 귀재들은 회사경영을 맡기 전까지 수년간 재무제표와 그래프를 통해 조직을 관찰해왔다. 이들은 고객을 상대한 일 없이 대부분의 시간을 홀로 일해 왔다. 이들의 영향력이 커짐에 따라 기업은 점차 숫자 덩어리로 간

> **기업의 경영진들은 브랜드라는 추상적인 개념을 직원의 성취보다 중요시하는 것이 어떤 악영향을 미칠지를 깨닫지도 못하고 있다.**

주되고 있다. 이들은 새로운 정책과 규정을 지키라고 한다. 이런 관리자에게 비즈니스의 핵심은 직원의 축적된 경험이 아니라 프로세스 최적화를 통해 달성되는 재무 성장률이다.

사람에서 브랜드로의 중심 이동이 별다른 의식 없이 이루어지고 있는 기업도 있다. 이러한 기업의 경영진은 브랜드라는 추상적인 개념을 직원의 성취보다 중시하는 것이 어떤 악영향을 미칠지를 깨닫지도 못하고 있다. 이들은 의도하지 않은 결과에 대하여 모르고 있을지도 모르지만 그렇다고 해서 심각한 결과가 달라지지는 않는다.

그것이 의식적으로 이루어지든 아니든 피해는 같다. 브랜드 인지도가 높아지고 기업의 수익이 늘어남에 따라 직원은 자신이 별로 중요하지 않은 존재라고 느끼기 시작한다. 이러한 현상은 탁월함을 위한 기

업의 역량에 직접적으로 부정적인 영향을 미친다. 브랜드가 최종목표이자 전부가 되면 직원은 브랜드의 성공에 어느 정도 자부심을 느끼면서도 자신의 업무는 부차적이고 어쩌면 별로 중요하지 않은 요소라는 생각을 하게 된다. 이 시점에서 직원은 자신이 통제할 수 없는 요소들이 기업과 자신의 운명을 좌지우지한다고 느끼게 된다. 이들이 절차를 중심으로 업무를 처리하고 탁월함보다는 일관성을 선택함에 따라, 그 축적된 영향은 느리지만 분명하게 회사가 장기 성공을 위해 믿고 의지했던 바로 그 브랜드의 힘을 약화시키기 시작한다.

고객 충성도를 높이는 특별한 요인인 진정한 지적 자산은 개개 직원들의 탁월한 업무수행이며 그러한 노력들의 축적된 영향력이다.

상향식 경영구조를 발전시키려고 하는 데 있어 브랜드와 브랜드의 상대적인 강점을 재정의하는 것은 매우 중요하다. 이는 광고회사에 의해 추상적으로 측정된 내용이 아닌 직원이 내리는 매일매일의 선택을 기준으로 정의되어야 한다. 많은 관리자들이 생각하는 바와 달리 브랜드의 성공은 고객의 브랜드 인식을 창의적으로 좌우하는 문제가 아니다. 이는 광고비나 회사 마케팅 프로그램의 창의성을 반영하는 것도 아니다. 성공적인 브랜드란 탁월함으로부터 나오는 참된 경험의 문제다. 이는 직원 모두의 업무와 직접적인 관련이 있다.

우리는 직원의 업무수행을 조직의 중심이라는 올바른 위치로 되돌려놔야 한다. 지금 기업이 무엇을 지적 자산으로 여기든 간에 그 정의는 확대될 필요가 있다. 고객 충성도를 높이는 특별한 요인인 진정한 지적 자산은 개개 직원들의 탁월한 업무수행이며 그러한 노력들의 축적된 영향력이다. 수천 개의 매일매일의 선택을 통해 강한 브랜드가 만들어지고 오래도록 지속된다. 그와 같은 브랜드는 광고회사나 마케팅 담당자가 제시하는 약속이나 인식의 문제가 아니다. 이런 브랜드는 회사의 직원과 그들의 반복적이고, 놀라움을 주는, 자발적인 탁월함의 결과물이다. 이러한 탁월함의 실행을 어떻게 관리하느냐가 상향식 경영 구조의 핵심이다.

우리는 모두 필요는 발명의 어머니라고 배웠다. 세계의 위대한 혁신 중에는 어떤 사람이 필요한 것을 찾을 수 없어서 자신이 직접 개발하게 된 것들이 있다. 소규모 기업은 규모가 작기 때문에 창의성과 혁신의 수준이 높다. 지난 50년 동안 많은 위대한 기업가들은 직원 수가 10명이 채 되지 않았을 때 가장 효율이 높았다고 말했다. 소규모 기업은 대기업 경쟁업체보다 자원이 부족할 지도 모르지만 대신 민첩성, 창의성, 혁신이 넘쳐난다. 소기업 경영진은 다른 대안이 없기 때문에 직원을 개인으로 대하며 탁월함을 발휘할 수 있는 환경을 조성한다. 이들에게는 힘든 시기를 견뎌낼 수 있게 하는 강한 브랜드가 없고 핵심 직원이 경쟁업체로 가더라도 영향을 받지 않는 강한 수익 흐름도 없다.

하지만 소기업에는 소기업만의 장점이 있다. 소기업 관리자들은 상향식 경영 패러다임에 잘 맞는 특징을 갖고 있다. 이들은 자원이나 절차보다는 개인의 노력이나 창의력에 의존함으로써 보다 성공적으로 탁월함을 달성한다.

직원에 힘을 불어넣어줄 수 있는 모든 기회를 활용하면서 기업가적 집단으로서 팀을 이끈다면 직원의 탁월함을 자극할 수 있을 것이다. 여러 제약이 있는 상황에서 한정된 자원으로 일을 하는 것은 소기업 관리자나 대기업 관리자나 마찬가지다. 둘 다 업무 조건에 영향을 미치지만 자신이 통제할 수 없는 내, 외부의 요인을 갖고 있다. 사명에 강한 초점을 맞추는 것은 모든 사람을 일치시켜 장애물을 넘어서도록 할 것이다. 기업가 정신을 받아들이고 직원에게 초점을 맞춤으로써 직원을 리드하고 영향을 미칠 수 있다. 대기업 경영진도 팀을 평범함에서 탁월함으로 이끄는 데 필요한 상향식 경영기술을 개발할 수 있다.

모든 한계와 어려움을 창의적인 해결책을 만드는 데 도움을 주는 촉매라고 생각하자. 즉, 혁신을 일으키고, 근본원칙을 변화시키며, 고객에 탁월함을 선사할 수단과 방법을 제공하는 도전이라 생각하자. 위대한 혁신은 필요와 부족으로부터 생겨났다는 걸 잊지 말아야 한다.

"우리는 무조건 합니다"

HP에서 일하는 동안 나는 항상 직원들에게 타인의 삶에 미치는 영향에 초점을 맞출 필요가 있다고 말했다. 우리는 우리의 업무수행을 검토하고 모두가 따라야 하는 새로운 규칙을 만들었다. 이 중에는 고객의 모든 요청에 2시간 안에 응대하기도 있었다. 대기업이었음에도 불구하고 자원이 극도로 부족한 상태였기 때문에 이는 쉽지 않았다.

당시 HP의 CEO였던 칼리 피오리나는 내 밑에서 일하던 빌에게 2시간 내 응대 규칙에 대해 의문을 표했다. "어떻게 그게 가능하죠? 불가능한 목표인데요." 피오리나가 물었다. 빌의 대답은 "우리는 무조건 합니다we just do"였다. 그에게 그 규칙은 세상에서 가장 자연스러운 일이었다. 그는 절차나 제약에 대해 신경을 쓰지 않았다. 그는 왜 그 규칙이 중요한지 잘 알고 있었고 그에 따라 행동했다. 그에게는 10센티미터가 넘는 두께의 전략 계획서가 없었다. 그가 갖고 있었던 것은 우리가 해야 할 일이 쓰인 명함 크기만 한 얇은 종이가 전부였고 이 카드는 우리 팀 전원이 갖고 다니던 카드였다.

독일 지멘스의 한 부서에서 HP 소프트웨어를 테스트해보고자 했던 적이 있었다. 테스트를 하려면 서버를 임대해야 했다. HP에서 20년을 일한 베테랑 직원 에릭은 HP 브뤼셀 지사의 직원으로 지멘스 프로젝트를 전담하고 있었다. 그는 여러 차례 시도도 해보고, 간청도 하고, 압력을 가해봐도 지멘스가 원하는 시간 안에 임대 서버를 구할 수가 없었다.

에릭은 매일매일의 선택에 직면하게 되었다. 그는 노력했지만 소용이 없었다고 말하며 늦어져서 죄송하다는 사과로 쉽게 일을 해결할 수 있었다. 그의 노력에도 불구하고 시스템상의 문제로 제시간 안에 임대가 불가능했다고 할 수 있었다. 하지만 고객을 위해 최선을 다하고자 했던 에릭은 탁월함을 위한 선택을 했다. 그는 브뤼셀에 있는 회사 서버 중 하나를 비행기에 실어 독일로 가져와 지멘스 직원에게 건넸다.

고객을 위한 일을 해야겠다는 생각에만 사로잡힌 에릭은 출장 승인을 요청하거나 HP 내부자산을 고객에 임대하겠다는 허락도 받지 않았다. 그는 단지 탁월한 서비스를 제공하겠다는 자신의 강한 신념대로 행동했다. 그는 자신이 비슷한 상황일 때 다른 사람이 자신에게 해주었음 하는 식대로 어려움을 처리했을 뿐이었다.

빌과 에릭 모두 우리 팀이 탁월함을 위해 헌신하기로 선언하기 전까지는 이런 일을 해본 적이 없었다. 둘 다 HP에서 오랫동안 일했지만 이렇게 극도로 위험한 일은 감히 할 생각도 못했다. 이들은 항상 회사 정책을 준수하고 회사와 팀의 목표를 충실히 이행한다는 점에서 높은 점수를 받아온 성실한 직원이었다. 탁월함을 달성할 기회가 주어지고 탁월함을 위한 환경이 조성되자 이들은 자신도 탁월해질 수 있다는 걸 알게 되었다. 이것은 탁월함의 능력 문제가 아니라 자신이 가진 능력을 활용, 강화, 육성해주는 환경을 만났느냐의 문제다. 빌과 에릭은 누가 명령해서가 아니라 자신이 원했기 때문에 탁월한 서비스를 제공할 수 있었다. 같이 일할 수 있어 내게 큰 행운이었던 이러한 직원에게 탁월함은 개인의 문제, 즉 스스로 내릴 수 있는 매일매일의 선택 문제가 되었다.

탁월함이 사람들에게 명령할 수 있는 성질의 것이 아니라는 걸 깨달은 나는 입장을 변화시킬 수밖에 없었다. 나는 상사라기보다는 도움을 주는 지원자가 되었고 이를 자랑스럽게 생각했다. 나는 부서의 탁월함은 모든 직원의 업무수행이 쌓여 이루어진다는 걸 깨달았다. 모든 상호작용에서 탁월함을 실천하고 서비스의 수준을 높이겠다는 매일매일의 선택이 부서 전체의 업무수행에 직접적으로 반영되었다. 우리는 스스로를 하향식 브랜드가 아니라 상향식 업무수행 팀으로 생각하기로 했다. 우리는 매우 뛰어난 서비스를 제공하겠다는 개인들의 총 결심만큼 탁월해졌다. 그 결과 나는 직원들이 고객에게 탁월함을 제공할 수 있도록 지원하면서 기존의 업무 방식을 바꿔야 했다.

탁월함과 설득의 기술

탁월함을 달성할 수 있는 조직의 잠재력을 극대화하려면 먼저 더 이상 임금에 초점을 맞추지 말아야 한다. 직원 누구나 얼마든지 임금을 더 많이 주는 일자리를 찾을 수 있다. 임금을 더 주는 대신 업무량을 줄인다고 해도 직원 중 누구에게도 의무 이상을 달성할 동기를 부여하지 못할 것이다. 이들에게 동기를 부여하려면 상향식 경영을 도입해야 한다. 아니 더 정확히 말하자면 더 이상 관리는 그만두고 탁월함을 장려하는 분위기를 조성해야 한다.

오랫동안 기본적인 경영수단이라 생각되어왔던 많은 경영수단이 오늘날에는 탁월함을 저해하는 수단이 되었다. 이러한 낡은 수단으로 일관성은 달성할 수 있을지 몰라도 탁월함은 아니다. 탁월함을 달성하려면 직원이 무언가를 할 수밖에 없어서 하는 것이 아니라 진심으로 하고자 하는 동기가 부여됐기 때문에 해야 한다.

> 자신의 관리 스타일을 평가하려면 스스로에게 한 가지 질문만 하면 된다. "직원들이 나를 믿고 따라야 하는 이유는 무엇인가?"

딜버트의 작가 스콧 아담스는 말했다. "가장 무능한 사람이 경영진이 된다. 그 이유는 아무도 그들에게 중요한 일을 맡기고 싶어 하지 않기 때문이다." 이 말은 많은 직원이 상사를 어떻게 보고 있는지를 적절하게 표현했다. 그것은 또한 당신이 낡은 경영 패러다임의 일부일 때 직원들이 당신에게 어느 정도의 충성심을 보이는지를 나타낸다. 직원들이 이런 태도를 지니고 있다면 혁신에서부터 훌륭한 고객 서비스, 탁월한 경영, 리스크 관리에 이르는 기업의 목표 또는 중요한 전략적 목표가 달성될 가능성은 거의 없다. 누가 조직에서 가장 무능한 사람을 위해 일하거나 그런 사람의 말을 따르려고 하겠는가?

자신의 관리 스타일을 평가하려면 스스로에게 한 가지 질문만 하면 된다. "직원들이 나를 믿고 따라야 하는 이유는 무엇인가?"

만일 이 질문에 대한 대답이 권력이나 지위라면 과거의 수단을 사용하고 있는 것이다. 한편 직원의 성공을 돕고 직원에게 잠재력을 극대화하여 탁월함을 이룩할 수 있는 환경을 제공하기 때문이라는 답이 나온다면 직원을 관리하는 것이 아니라 장려하고 있는 셈이 된다. 기업은 앞으로 직원의 순응이나 복종을 이용하여 경쟁력을 갖추려고 해서는 안 된다. 직원은 훌륭한 일을 하고 싶어서 하게 만드는 리더를 필요로 한다. 이는 스콧 아담스의 생각과 정반대다.

직원들이 원하는 일을 하도록 이끌고 그 일을 잘하도록 만드는 사람은 탁월함을 길러내는 사람이다. 탁월함을 달성하기 위해서는 무능한 사람이 아닌 가장 유능한 사람이 필요하다. 또 동료에게 자연스럽게 존경 받는 사람이 필요하다. 어떤 관리자라도 부하 직원이 두려움을 갖도록 할 수 있지만 존경을 받는 경우는 상대적으로 드물다. 따라서 "직원이 나를 믿고 따라야 하는 이유는 무엇인가?"란 질문에 가장 강력한 대답은 "나를 존경하고 나의 능력을 존경하기 때문에"이다.

나는 직원을 위해 서비스한다. 직원은 나의 지도를 받는 일이 가치 있다고 여긴다. 직원은 내가 그들의 일에 가치를 더하고 그들이 자신의 능력을 뛰어넘을 수 있도록 도움을 주기 때문에 나를 믿고 따른다. 직원에게 용기를 불어 넣고, 너그럽게 실수를 용인하며, 직원이 탁월함을 발휘할 수 있도록 도움을 준다면 어느 상황에서나 모든 사람이 나를 신뢰할 것이다.

7장에서는 직원을 위해 서비스한다는 게 어떤 의미이며 이를 올바르게 하기 위해서는 어떤 리더십 기술이 필요한지 살펴볼 것이다.

직원을 어떻게 탁월함으로 이끌 것인가

탁월함을 달성하려면 경영 스타일을 완전히 바꿔야 한다고 앞서 말한 바 있다. 이 말이 진짜 의미하는 바는 무엇일까?

하향식 관리자는 최종 결정자이자 문제 해결자의 역할을 한다. 직원에게 일을 어떤 식으로 처리해야 할지 일일이 지시를 내리고 일어날 수 있는 모든 질문에 답변을 마련한다. 많은 직장에서 이런 경영방식을 채택, 장려하고 있다. 하지만 문제는 이렇게 되면 직원은 행동범위가 좁아지고 스스로 생각하지 않게 된다는 거다. 이들은 상사에게 모든 문제에 대한 해결책과 결정을 내려달라고 한다. 그 결과 직원은 더이상 탁월함을 위한 매일매일의 선택을 하지 않게 된다.

항상 주변을 탁월함으로 가득 채우는 리더는 해결책을 내놓는 기계와는 정반대다. 이들은 직원이 결정을 내리고, 위험을 감수하며, 그 과정에서 탁월함을 성취할 수 있도록 허용하고 장려한다. 이런 관리자는 대답이 아닌 질문을 하기 위해 존재한다. 이들은 직원에게 해결책을 마련할 수 있는 권한을 부여함으로써 스스로 모든 문제를 처리하는 '훈련'을 시킨다. 이런 리더는 질문에 답을 내는 일은 자신이 할 일이 아니라고 생각한다. 이들의 역할은 직원이 책임지고 일을 처리할 수 있도록 권한을 부여하는 일이다.

직원에 대한 서비스를 하면서 이런 수준의 노력을 하려면 한 가지 중요한 장애물을 인식해야 한다. 바로 자존심ego이다. 그렇다. 자존심은 리더십에 필요한 요소다. 자존심은 많은 리더에게 보다 큰 책임감을 느끼게 하는 원동력이다. 그러나 통제범위를 벗어난 자존심은 분명 관리자의 효과성effectiveness을 해친다. 마음 속 깊이 리더의 자리에 불안을 느끼는 관리자는 주변 사람들에게 이래라저래라 하면서 자존심을 유지하려 한다고 한다. 이는 최악의 하향식 경영이다. 안정감이 결여되어 되어 있고 권력 집착적이고 자존심이 강한 관리자는 절대 직원에게 서비스를 제공하겠다는 마음가짐을 받아들이지 못하기 때문에 탁월함을 장려하지 못한다.

반면 자신감 있는 리더는 긍정적인 자존감으로 직원과의 관계를 형성한다. 이런 관리자는 남을 돕는 역할에 편안함을 느낀다. 이들은 직원을 돕고 지원하는 것이 나약함의 상징이 아니라 일종의 특권이라 생각한다. 또 권력 유지보다는 영향력을 높이는 데 노력을 기울인다. 이런 서비스 자세는 탁월함의 동기를 부여한다.

HP에서 관리자로서 직원들에게 서비스하는 나의 역할은 직원들과의 관계에서 항상 핵심 요소였다. 나는 이를 특권으로 여겼다. 나는 처음부터 새로 갖게 된 힘이 너무 매력적이라고 생각했다. 대부분의 사람은 최고의 자리에 오르고 나면 영광스런 기쁨에 잠시나마 사로잡히게 마련이다. 하지만 곧 이제 훨씬 더 큰 조직의 성공이 나의 손에 달려 있게 되었다는 걸 깨달으면 이 '영광'은 큰 책임감을 의미하게 된다. 일을 제대로 처리하기 위해 우리는 자기중심적인 생각에서 벗어나 직원들이 고객 서비스에 전념할 수 있도록 도움을 주기 시작해야 한다.

HP에서 일하는 직원들의 서번트servant로서 나는 다음의 5가지 핵심 요소로 나의 역할을 정의했다.

1. 직원들이 현실에 안주하지 않는 목표를 설정하게 하기
2. 업무 방해요소 제거하기
3. 업무에 필요한 수단 제공하기
4. 실수도 할 수 있는 여지를 제공하기
5. 탁월함을 인정하고 칭찬하기

직원들이 현실에 안주하지 않는 목표를 설정하게 함으로써 나는 직원들에게 도전의 계기를 제공했다. 직원들은 새로운 목표를 받아들이면서 처음에는 두려워했지만 곧 이런 도전을 통해 스스로의 능력을 보여주고자 하는 타고난 욕망을 이용할 수 있게 되었다. 자신이 목표를 달성할 만한 능력을 갖고 있는지 회의를 느끼는 직원에게는 우선 시도를 하도록 했다. 성공했을 때 이는 형용할 수 없는 기쁨을 가져다 준다. 나도 '더 많은 것, 더 훌륭한 것'을 달성할 수 있다는 걸 알게 되는 게 가장 큰 보상이고 이는 그동안 어떠한 대가를 치렀던 간에 그 모든 노력을 상쇄하고도 남는다.

오래전부터 직원들이 자신의 능력을 과소평가하는 경향이 있다는 걸 알았다. 가끔씩은 일부러 그러는 직원도 있다. 현실에 안주하는 것은 쉽고 노력이 들지 않는다. 그리고 쉽게 성공할 수 있다. 하지만 이런 안주는 지루하고 지루함은 탁월함으로 이어지지 않는다. 현실에 안주하지 말고 도전하라고 하면 직원들은 정신을 바짝 차리고, 적극적으로 변하며, 뭔가 새로운 것을 실현할 가능성에 신이 난다. 새로운 도전은 직원의 자신감을 북돋아주고 탁월함을 위한 노력을 강화시킨다.

훌륭한 관리자는 직원이 할 일을 대신해 주는 것이 아니라 스스로 해결하기 힘든 장애물을 제거해줌으로써 직원이 높은 목표를 달성할 수 있도록 도움을 준다.

훌륭한 관리자는 직원이 할 일을 대신해 주는 것이 아니라 스스로 해결하기 힘든 장애물을 제거해줌으로써 직원이 높은 목표를 달성할 수 있도록 도움을 준다. 기업의 복잡한 절차는 매우 열정적으로 노력하는 직원까지도 무력하게 만든다. 직원은 여러 목표나 규칙이 서로 상충하여 탁월한 실적을 달성하는 일이 거의 불가능해 보이는 상황에 처하는 경우가 많다. HP에서 '복잡한 절차 제거 총책임자'의 역할을 자처함으로써 나는 직원이 고객에 집중하고 최대한으로 자신의 능력을 펼칠 수 있도록 그들을 해방시켰다.

복잡한 절차 제거 총책임자 역할이 관리자의 역할 중 가장 중요한 일이라고 오랫동안 생각해왔지만 2006년 전 세계 고객경험 연구를 하기 전까지는 그 역할이 얼마나 중요한지 깨닫지 못했다. 전 세계의 마케팅, 고객 서비스 리더 수백 명을 대상으로 하는 이 연례 연구는 고객경험과 그것의 직원경험과의 연관성에 대해 설문조사를 한다. 우리의 질문은 기업 환경 내에서 할당된 업무를 수행하는 직원의 능력 및 책임감을 이해하는 데 초점이 맞추어졌다. 지난 3년간 조사에서는 평균적으로 설문에 응한 경영진 중 30퍼센트만이 고객 서비스를 위한 수단과 권한을 직원이 갖고 있다는 데 동의했다. 수단과 권한이 없는 상태에서 직원들은 탁월함을 위한 매일매일의 선택을 할 수 없다.

직원에게 탁월함을 성취하는 데 필요한 수단과 정보를 제공하지 않으면 사실상 탁월함을 달성하기가 불가능할 뿐만 아니라 회사가 직원 업무의 가치를 높이 평가하지 않는다는 실망스러운 메시지를 직원에게 전달하게 된다. 필요한 수단과 정보가 부족하면 직원은 현명한 결정을 내릴 수 없고 예상된 위험을 감수할 수도 없게 된다. 이들은 자신의 판단이 옳은지 알 수가 없다. 그 결과 직원은 자신의 결정으로 고객 불만과 같은 문제가 될 상황에 처하지 않기 위해 규정만을 따르게 된다. 직원의 탁월함을 일깨워주려는 관리자는 복잡한 절차를 제거하고 직원에게 필요한 수단과 정보, 권한을 제공해야 한다.

다음의 이야기는 필요한 수단을 제공하고 직원이 실패의 위험을 무릅쓰고라도 결정을 내릴 수 있도록 하는 것이 얼마나 강한 힘을 갖는지 잘 보여준다.

여름 산타가 된 버진 아틀란틱 승무원

항공사의 '특별 서비스'는 호텔 침대 베개 맡의 초콜릿만큼이나 드물어지고 있다. 항공업계 전체가 수익성을 높이기 위해 안간힘을 쓰고 있는 상태에서 오늘날의 항공사들은 비용을 최소화할 수 있는 부분이라면 어디에서나 돈을 절약하려고 한다. 그 결과 문제를 해결하고 실수가 발생했을 때 너그러운 모습을 보이려는 항공사의 의지가 사실상 거의 사라졌다. 다행히도 항상 예외는 있는 법이다.

버진 아틀란틱의 비행기를 타고 런던으로 가던 중 어떤 문제가 발생했을 때 이를 적극적으로 해결하려는 놀라운 사람을 보았다. 난 비행기 이륙 후 일을 하려고 준비를 하고 있었다. 전자기기를 사용해도 된다는 방송이 나오자마자 노트북의 전원을 켰다. 몇 분쯤 일을 하고 있는데 비행기 승무원이 와서 이렇게 말했다. "손님, 비행기의 오락기기가 작동하지 않습니다. 불편을 끼쳐드린 점 진심으로 사과드립니다. 대신 75파운드 상당의 면세품을 드릴까요? 아니면 자주 사용하시는 계정에 1만 마일을 적립해드릴까요?"

처음에는 농담인 줄 알았다. 하지만 놀랍게도 그 제안은 진짜였다. 승무원은 승객 하나하나에게 같은 질문을 했다. 항공사가 그 문제를 얼마나 진지하게 생각하는지 알고 싶은 마음에 면세품을 달라고 했다. 쉽게 가기 어려운 외딴 곳에 있는 면세점 쿠폰이나 주지 않을까하고 생각했다. 하지만 승무원은 면세점 카탈로그를 주면서 아무거나 고르라고 했다. 나는 깜짝 놀랐다. 산타클로스가 버진 아틀란틱 승무원 옷을 입고 나타난 것 같았다.

호기심이 발동한 나는 승무원에게로 가 말을 걸었다. 나는 승무원이 이번 비행을 끝으로 회사를 그만두거나 될 대로 되라는 심정으로 이런 선심을 썼을 거라 생각했다. 승무원은 승객 모두에게 면세품이나 마일리지를 제공기로 한 건 자신의 결정이었다고 했다. 이코노미 클래스 승객은 3천 마일이나 25파운드 상당의 면세품을, 이코노미 플러스 승객은 5천 마일이나 35파운드 상당의 면세품을, 비즈니스 클래스 승객

은 1만 마일이나 75파운드 상당의 면세품을 선택할 수 있었다.

"이거 규칙대로 하신 겁니까? 매뉴얼에 나와 있는 절차인가요?" 나는 물었다.

"아니오." 승무원은 미리 정해진 규칙을 따른 게 아니라고 설명했다. 승무원은 회사가 알려준 지식에 따라 현명하게 상식적인 결정을 내린 것이었다. 고객의 불만은 해결 비용을 고려하지 않아도 건당 최소 25파운드의 처리비용이 든다는 사실과 마일리지 적립이 가장 비용이 적게 드는 보상방법이라는 걸 승무원은 알고 있었다. 이런 지식을 이용하여 기내 오락기기가 고장 난 상황에서도 고객을 실망시키지 않을 뿐만 아니라 기쁨까지 주는 적극적인 해결방안을 마련할 수 있었다. 좌석 등급에 따라 고객을 세분화함으로써 고객에 따라 적절한 서비스를 제공할 수 있었고 면세품 또는 마일리지 중에 선택을 하라고 함으로써 한 가지 선택만을 놓고 택할지 말지만을 정하라고 할 때보다 고객의 선택의 폭을 넓힐 수 있었다.

이 항공사 직원은 지식을 통해 탁월함을 실현할 수 있는 힘을 지니게 됐다. 일반적인 대응방식은 이랬을 것이다. "죄송합니다. 불만이 있으신 고객께서는 저희 고객서비스 센터에 전화하시기 바랍니다." 하지만 그 승무원은 문제를 회피하지 않고 결정을 내렸다. 자기 때문에 생긴 문제가 아니었음에도 책임을 지고 해결책을 마련한 것이다. 그 승무원은 사무적인 문제에 집중하는 대신 자신이 다른 사람, 즉 고객에 미치는 영향에 초점을 맞췄다. 승무원은 배경지식이 있었고 자신의 결정이 경제적으로 현명한 결정이라는 확신을 갖고 있었기 때문에 일을 제대로 처리할 수 있었다. 이런 지식이 없었다면 승무원은 상투적인 답변만을 되풀이했을 것이다. 또 틀림없이 수백 명의 승객이 짜증을 냈을 테고 항공사에는 이런 선물을 나눠줄 때보다 훨씬 더 많은 비용이 소요됐을 것이다.

근무가 끝날 무렵 그 승무원은 비행일지에 자신의 결정에 대해 기록했고 버진 아틀란틱 경영진은 바로 이를 승인했다. 이 이야기는 직원에게 적절한 수단과 정보, 권한을 제공하는 것이 직원으로 하여금 정보를 바탕으로 결정을 내리고, 위험을 피하며, 기회를 극대화할 수 있도록 하기 때문에 비즈니스 측면에서 현명한 조치임을 보여준다. 가장 중요한 것은 이를 통해 직원들은 현실과 타협하지 않고 보다 높은 목표를 세울 수 있는 자유를 누리게 된다는 것이다.

고객의 입장에서 보라

3장에서 경험차이분석에 대해 설명하면서 대다수의 직원이 고객이 기대하는 바가 무엇인지 제대로 이해하지 못해 탁월함을 달성하지 못한다는 말을 했다. 이런 직원들은 고객을 나름의 바람과 꿈이 있는 인간으로 보기보다는 재화와 서비스를 구매하는 대상으로 보는 경향이 있다. 이들은 자기 생각대로 서비스를 제공한다. 하지만 이런 생각은 대개 고객이 생각하는 탁월함과 일치하지 않는다. 흔히 말하듯 고객은 드릴이 필요한 게 아니라 7센티미터의 구멍이 필요한 것이다. 탁월함은 기능적인 특징만을 전달하는 게 아니라 진심을 다해 문제를 완전히 없앨 결정을 내리는 것이다. 이는 인간적인 배려심을 갖고 문제를 해결하는 것이며 그다지 큰 노력이 들지 않는 과정이다. 고객은 이런 높은 수준의 서비스를 금세 알아차리고 감사해한다.

인식의 차이를 해결하기 위해 맨 처음 해야 할 일은 탁월함이 고객의 눈에 어떻게 비치는가를 정의하는 일이다. 고객의 입장에서 탁월함의 기준은 무엇인가? 탁월함이 실제로 의미하는 바는 서비스를 제공하는 직원이 아닌 고객의 기대에 맞춰져야 한다. 고객의 기대에 기초한 정의를 내림으로써 적절한 기준이 수립될 수 있으며 이를 통해 올바른 해결방안도 마련될 수 있다. 관리자는 이런 정의의 단계를 이행하면서 모든 직원이 고객 및 고객이 기업의 제품 또는 서비스와 어떻게 상호작용하는지를 보다 잘 이해할 수 있게 지원하는 특별교육 프로그램을 만들어야 한다.

> 탁월함이 실제로 의미하는 바는 서비스를 제공하는 직원이 아닌 고객의 기대에 맞춰져야 한다.

탁월함은 추상적인 개념이기 때문에 사람에 따라 해석이 달라진다. 고객의 바람, 꿈, 생활방식, 탁월함에 대한 기대 등에 초점을 맞춘 교육 프로그램으로 직원들은 고객의 눈을 통해 탁월함을 바라볼 수 있게 된다. 이런 프로그램은 고객이 기업의 제품 및 서비스를 통해 해결하고자 하는 문제를 직접적으로 다루어야 한다. 고객의 전반적인 생활방식을 각각의 직원에게 교육하여 직원이 서비스를 차별화하고 고객에 맞춤식 서비스를 제공할 수 있게 해야 한다. 또한 고객이 중요하게 여기는 인간적인 배려를 직원으로부터 받고 있다고 느끼게 할 수 있어야 한다.

직원은 고객을 돈이 든 지갑이 아니라 요구와 감정을 갖고 있는 진짜 사람으로 인식해야 한다.

오늘날 대부분의 직원교육 프로그램은 기능적인 기술은 다루지만 고객마다 각기 다른 특징이 있으며 고객이 필요로 하는 사항, 바람, 꿈 등을 인식하는 게 얼마나 중요한지는 교육하지 못하고 있다. 이런 것들이 바로 누군가로 하여금 제품과 서비스를 구매하고 사용하게 하는 요소이다. 이는 단순히 사무적인 기능과는 반대로 고객의 생각에 가장 큰 영향을 미치며 고객이 경쟁업체보다 우리의 제품과 서비스를 선호하게 만든다. 기존의 교육은 모든 고객을 제품과 서비스라는 측면에서 '획일적'으로 바라보며 동일하게 취급했다. 하지만 직원이 고객의 다양성을 인식하지 못하면 고객의 매우 다양한 니즈에 대응할 기회를 잃게 된다.

탁월함을 달성하려면 겉모습만을 보지 말고 진심으로 고객을 이해해야 한다. 여기에는 고객이 '어떤 하루'를 보낼 지 머릿속으로 그려보고 이를 이해하는 훈련과 실제적인 경험이 필요하다. 직원은 고객의 업무 압박과 좌절, 희망, 꿈, 두려움을 가슴으로 이해해야 한다. 오직 고객의 모습이 완전하게 그려졌을 때에만 직원은 융통성 있게 고객이 필요로 하는 바를 충족시킬 수 있다.

교육은 기능적인 '기술 훈련'에서 명실상부한 고객교육 과정으로 변화되어야 한다. 직원은 고객을 돈이 든 지갑이 아니라 요구와 감정을 갖고 있는 진짜 사람으로 인식해야 한다. 이런 변화가 일어나기 전에는 탁월함이 갖는 잠재력과 힘을 직원들이 완전히 이해할 거라 기대할 수 없다.

권한은 책임을 수반한다

권한부여empowerment는 낯선 경영개념이다. 모든 관리자는 자신이 직원에게 권한을 주고 있다고 장담하지만 권한을 부여받았다고 느끼는 직원은 아무도 없다. 이러한 현상이 나타나는 이유는 '권한부여'가 두 집단에 다른 의미를 지니기 때문이다. 나는 권한을 스스로 문제를 파악하고 해결할 수 있는 힘이라 생각한다. 직원이 상사의 승인 없이 문제를 해결할 결정을 내

> 직원들의 일반적인 생각과는 달리 권한부여는 마음대로 돈을 쓸 수 있는 자유가 아니다. 이는 책임감의 문제다.

릴 수 없다면 그는 권한을 이양 받지 않은 것이다. 이런 상황에서 직원은 상사의 말을 받아 적기만 하는 비서나 다름없다.

직원들의 일반적인 생각과는 달리 권한부여는 마음대로 돈을 쓸 수 있는 자유가 아니다. 이는 책임감의 문제다. 권한부여는 돈을 멋대로 써도 된다는 허가와는 다르다. 결정을 내릴 수 있는 권한은 이러한 결

정에 대한 책임을 수반한다. 책임감이 없는 권한부여는 방종이다. 이런 현실을 인식한다면 많은 직원들이 권한부여를 받지 않겠다고 할 것이다. 이러한 사람들은 업무의 권한을 갖는 데 필요한 책임의 준비가 되어 있지 않은 것이다.

"멍청한 직원들에게 규칙을 따르게 하는 게 뭐가 잘못입니까?" 한 경영진 세미나에서 이런 질문을 받았다. 나는 용기 내어 질문을 한 그 사람에게 경의를 표한다. 왜냐하면 그 사람은 내 말을 들으면서 예의 바르게 고개를 끄덕이지만 내 얘기를 실천할 생각은 전혀 없었던 많은 다른 관리자들의 생각을 입 밖으로 끄집어냈기 때문이다. 그들 중에는 분명 실제로 '멍청한 직원들이 규칙을 따르게 하는' 식의 경영모델이 옳다고 생각하는 사람이 있었을 것이다. 이러한 타입의 관리자는 순종적이고 자기 생각이 없는 직원을 고용하는 게 사업을 이끌어나가는 최고의 방법이라 확신한다.

관리자가 진정으로 직원에게 권한을 부여하기 싫어하는 이유는 통제 문제와 관계 있다. 많은 관리자들은 자기보다 열등하다고 생각되거나 혹은 단지 믿을 수가 없는 사람들에게 통제권을 맡기는 걸 불편하게 여긴다. 이러한 관리자 중 일부는 분명히 책임을 질 능력이 없는 사람들을 고용해서 직원의 능력이 부족하니 자신이 '더 크고 현명한' 영향력을 미쳐야 한다고까지 말한다. 대개 관리자들은 자신이 맨 위에 있고 '규칙을 따라야 하는 멍청한 사람들'이 아래에 있는 하향식 경영구조를 매우 편안하게 느낀다.

따라서 '멍청한 직원들에게 규칙을 따르게 하는 것'이 뭐가 잘못이냐고 물을 수 있다. 우선 진짜 그들이 멍청하다면 애초에 이들을 고용해서 회사 돈을 낭비하지 말아야 한다. 직원의 업무는 매일 정해진 업무시간 내로 한정되고 이들은 이 시간 동안 일상적인 업무와 예외적인 활동이라는 두 가지 형태의 업무를 수행한다. 예외적인 일을 처리할 때 직원들은 규칙이나 절차로는 해결이 안 되는 문제를 해결함으로써 부가가치를 창출해낸다. 직원은 '규칙에 예외적인' 상황에서 창의성과 배려를 발휘한다. 이런 종류의 상황은 리더십, 위험감수, 창의성, 혁신 등을 보여줄 기회이기 때문에 직원의 경력에 가장 훌륭한 순간이 된다. 규칙을 따르는 멍청한 직원들은 해당사항이 없는 얘기다.

한편 일상적인 업무도 있다. 이 부분에서 직원들은 부가가치를 창출하기보다는 실수를 저지르는 존재일 뿐이다. 진짜로 일상적인 업무라면 자동화 시스템이 인간보다 훨씬 더 정확하게 일을 처리한다. 일상적인 업무에서 규칙만을 따르는 멍청한 직원들은 인간적인 배려를 더할 수 있는 모든 기회를 놓치게 될 것이고 그 결과 탁월함을 통한 기업의 차별화에 실패하게 될 것이다.

따라서 분명 일상적인 업무이든 예외적인 업무이든 간에 규칙을 따르는 멍청한 사람들로는 차별화된 서비스를 제공할 수 없다. 순종적인 업무 환경을 조성하면 생각 없이 규칙만을 따르는 업무방식을 장려하게 되고 직원의 잠재력을 이용할 기회를 놓치게 된다. 시간이 지날수록 이런 환경은 지적으로 우수한 직원들로부터 동기부여와 차이를 만들어내는 능력까지 빼앗는다.

직원의 진정한 가치는 예외적인 상황을 처리하고 일상적인 업무에 탁월함을 더하는 데 있다. 점차 문제에 대한 맞춤식 해결책을 요구하는 고객이 늘어남에 따라 예외적인 상황의 수도 빠르게 증가하고 있다. 고객의 요구에 따른 맞춤식 해결방안이 획일적인 해결책의 자리를 대신하고 있는 것이다. 예외적인 상황의 처리는 직원의 전체 업무 중에서 점차 중요한 부분이 되고 있으며 바로 이 때문에 직장에 로봇이 아닌 인간이 필요한 것이다. 점차 처리해야 할 예외적 상황의 수가 늘어남에 따라 규칙만을 따르는 멍청한 사람을 채용하는 것은 탁월함이란 목표에 비생산적인 일이 되고 있다. 우리는 침착하게 결정을 내리고 어려운 문제를 해결할 수 있는 사람이 필요하다. 다시 말해 우리에게는 멍청한 사람이 아니라 특별한 사람이 필요한 것이다. 시간을 들여 이런 특별한 사람을 찾는 한편 이렇듯 많은 예외적인 상황을 처리하면서 탁월함을 실현할 수 있으려면 그만큼 특별한 관리와 진정한 권한부여가 이루어져야 함을 잊지 말아야 한다.

직원에 대한 권한부여 문제를 논의할 때 바탕에 깔린 전제는 모든 인간이 보다 많은 책임을 지길 원하고 기꺼이 자신이 한 일에 책임을 지려한다는 것이다. 하지만 그렇지 않은 경우도 많다. 옳지 않은 사람을 고용하거나 탁월함을 장려하는 환경을 조성하지 않으면 직원은 원래 맡은 일 외의 다른 책임을 지려고 하지 않을 것이다. 기계적인 업무 완수에만 초점을 맞추는 직원이 큰 책임을 지는 데 관심이 있을 리가 없다. 보다 큰 책임을 맡는 일은 보통 선택의 문제이며 위에서 명령한다고 되는 일이 아니다.

승진을 하는데 한 가지 조건이 따르는 상황을 가정해보자. 당신은 부하직원 중 하나를 뽑아서 맡기되 여태까지 당신이 해오던 업무에 아무런 차질 없도록 해야 한다. 직원 중 얼마나 많은 사람이 이러한 조건을 충족시킬 수 있을까? 당신과 똑같은 임금을 원하겠지만 당신과 같은 수준의 책임감을 가지려고 노력할까? 오직 탁월함에 초점을 맞추고 탁월함을 장려하는 환경에서만 이러한 유형의 조건이 충족될 수 있다. 단순히 직원에 대한 권한부여의 원칙만을 이야기해서는 누구나 권한부여를 받아들일 거라 장담할 수 없다. 상향식 경영 패러다임을 사용하는 관리자로서 해야 할 역할은 이러한 종류의 행동을 장려하는 환경을 만드는 것이다. 다행히도 이는 탁월함을 장려하는 환경과 동일한 환경이다.

실패를 허용하라

"우리 회사에서는 모두가 올바른 결정을 내릴 권한을 갖고 있습니다."

한 관리자 내게 한 이 말은 권한부여의 문제점을 아주 잘 보여준다. 나는 독자들이 이 문장에서 말이 안 되는 점을 발견했기를 바란다. 모든 직원이 올바른 결정을 내릴 권한을 갖고 있다고 했다. 분명 그들은 옳지 않은 결정을 내릴 수 없는 것이다.

뉴욕 양키스의 감독이 선수들에게 이렇게 말했다고 상상해보자. "지금부터 무조건 홈런만 쳐. 그렇지 않으면 쫓겨날 줄

> 어떤 재능을 갖고 있든 선수가 자신의 잠재력을 모두 발휘하려면 먼저 실수가 용인되어야 한다.

알아." 야구를 비롯한 스포츠 상황에서 이런 요구가 얼마나 말이 안 되는지는 쉽게 알 수 있다. 게임이란 원래 불확실한 것이다. 공을 치러 타석에 오르는 횟수가 많을수록 홈런을 칠 확률도 높아지고 기회가 적을수록 성공할 확률도 떨어진다. 실수는 게임의 일부다.

선수 중에는 홈런을 한번도 치지 못하는 선수도 있을 수 있다. 하지만 어떤 재능을 갖고 있든 선수가 자신의 잠재력을 모두 발휘하려면 먼저 실수가 용인되어야 한다.

비즈니스라는 게임의 세계에서 우리는 기본 규칙을 바꾸려고 한다. 65퍼센트의 실패율을 보이는 야구선수가 결국 프로에 진출하게 된다는 사실을 생각해본 적 있나? 그렇다. 3할 5푼의 타율이면 메이저리그에서도 거의 엄청난 수치다. 하지만 이는 65퍼센트는 공을 치지 못한다는 뜻이다. 그러나 우리는 직원에게 85퍼센트, 90퍼센트, 심지어는 95퍼센트의 성공을 하라는 목표를 설정하는 경우가 많다. 이런 종류의 기대가 우리의 탁월함에 어떤 영향을 미칠까? 우리는 직원에게 실수는 지나치게 위험하며 자칫 잘못하면 치명적인 결과를 낳을 수도 있다는 메시지를 보내고 있다. 이런 환경에서 조직은 평범함에 머무를 수밖에 없다. 사람들은 기회를 잡는 행위나 실수의 위험이 있는 일을 두려워하게 될 것이고 그 결과 아무것도 하지 않게 될 것이다. 그들은 중대한 결정을 뒤로 미룰 것이고 조직은 그 과정에서 중요한 기회를 놓칠 것이다. 실수를 저지르지 않으려 하는 조직의 전반적인 업무는 탁월함이 아닌 평범함에 뿌리를 내린다.

잠시 동안 당신의 조직이 실수에 어떻게 대응하는지 생각해보자. 직원들은 실수가 허용된다고 생각할까? 직원들은 당신의 기대치가 인간적으로 가능하다고 생각할까?

실패를 허용하는 문제는 단지 직원에게 너그럽게 대하라는 문제가 아니다. 이는 직원이 위험을 감수하고, 안전한 환경에서 새로운 것들을 시도하며, 탁월함을 달성할 수 있도록 하는 보다 큰 문제이다.

'최고의 실수'상

어떤 독일 대기업의 부서와 일을 하는 동안 나는 '이달의 실수'라 부르는 프로그램을 통해 회사가 얼마나 탁월함을 위해 노력하는지 보여주자는 제안을 했다. 이달의 직원을 선정할 때와 같은 원리에 따라 회사가 그 달에 최고의 실수를 한 직원에게 상을 주는 프로그램이었다. 회사의 임원이었던 칼은 내 아이디어가 마음에 든다고 하면서 이를 실행에 옮겼다. 어느 날 직원 중 하나가 저녁 늦게 고객으로부터 전화를 한 통 받았다. 고객은 그 직원의 권한 밖에 있는 요청을 했다. 결제를 받을 관리자가 옆에 아무도 없었기 때문에 그 직원은 위험을 감수하고 고객에게 그대로 해드리겠다는 약속을 했다. 다음날 몇 가지 규정 상의 문제 때문에 그 약속은 지킬 수 없다는 사실이 밝혀졌다.

> 직원의 실수를 축하할 때에는 아무런 조치를 취하지 않았거나, 주의를 제대로 기울이지 않아 생긴 실수가 아닌 정당한 실수에만 초점을 맞춰야 한다.

이 직원은 고객에 최선을 다했고 위험을 감수하고서라도 고객을 만족시키고자 했다. 그래서 칼은 작은 파티를 열어 그 실수를 축하했다. 그 직원은 상품권을 상으로 받았고 회사는 행사를 기념하는 특별 케이크도 주문했다. 많은 직원들이 이 일을 믿을 수 없어 했다. 실수를 축하하는 파티를 상상해본 적이 없기 때문이었다. 그러나 동시에 직원들은 이 곳이 실수가 환영받는 곳이라는 강한 메시지를 받았다. 적정한 위험을 감수하고 고객에 최선을 다하는 한 어떤 실수도 성공으로 가는 과정의 일부로 존중받을 거라는 메시지였다.

직원의 실수를 축하할 때에는 꾸물거렸거나, 아무런 조치를 취하지 않았거나, 주의를 제대로 기울이지 않아 생긴 실수가 아닌 정당한 실수에만 초점을 맞춰야 한다. 우리는 최선을 다하려는 마음, 시간과 자원을 기꺼이 들이고자 하는 마음, 개인적 위험도 감수하는 용기 및 그 밖에 다른 긍정적인 행동이 나타나있는 실수에 상을 주길 원한다. 관리자로서 우리가 해야 할 일은 성공과 탁월함의 결과를 낳을 수 있는 이러한 유형의 업무를 장려하는 일이며 여기에는 다소의 실수는 용인하는 자세가 필요하다. 실수를 저지르지 않으려다 발생하는 비용이 훨씬 클 수 있다. 간단히 말해 실수가 없는 세상은 탁월함이 없는 세상과 같기 때문이다.

탁월함을 인정하고 포상하라

탁월함을 인정하고 포상하는 일은 까다로운 일이다. 적절한 포상은 보다 높은 목표를 달성하려는 동기를 널리 자극할 가능성이 크지만 잘못된 포상은 사람들을 현실에 안주하게 하여 궁극적으로 실패를 불러오고 만다. 조직 중에는 조직의 훌륭함이 부각될 거라 생각하며 일종의 과시로 자주 탁월함을 기념하는 조직도 있다. 이런 유형의 포상은 대개 고객이 생각하는 탁월함이 아닌 회사가 생각하는 탁월함에 초점을 맞추며 목표는 기념 자체이고 탁월함은 단지 수단에 불과한 것처럼 보일 때가 많다. 이렇듯 자주 탁월함을 기리면 성공이라는 개념이 왜곡될 수 있으며 그 결과 많은 비즈니스 기회를 놓치게 된다. 이런 행동을 몇 년간 계속하는 기업은 대개 치열한 경쟁에 직면했을 때 아이디어가 부족해 탁월함의 엔진을 다시 가동하기 어렵다.

반면 아무것도 절대 포상하지 않는 기업도 있다. 이러한 기업들은 "우리가 하는 일 중에 제대로 하는 일은 하나도 없다." 혹은 "우리는 성공을 어떻게 실현하는 건지 모른다."라는 식으로 생각한다. 자신의 약점을 제대로 아는 건 보다 훌륭한 사람이 되고자 하는 우리 모두에게 매우 중요한 일이지만 패배주의적인 태도는 조직의 자존감이 그만큼 낮다는 뜻이며 이는 자만만큼이나 위험하다. 탁월함을 달성할 수 있는 자신의 능력을 믿지 못할 때 직원은 어리석은 결정을 하거나 혹은 결정 자체를 회피할 수 있다. 그리고 얼마 지나지 않아 이러한 의심은 자기예언이 되어 버린다. 탁월함을 실현할 결정을 내리고 따르지 않으면 결국 탁월함은 실현될 수 없다. 그리고 탁월함을 실천하지 못하면 열등감은 커지게 마련이고 이러한 악순환은 계속된다.

사실 직원이 탁월함을 달성해도 아무런 인정을 받지 못하는 기업이 많다. 이런 기업의 직원은 결국 그와 같은 노력을 그만둘 것이다. 왜냐하면 "무슨 일을 해도 절대 훌륭하단 소리를 못 들을 거야."란 생각이 들기 때문이다. 탁월함을 인정하지 않거나 이에 대해 포상을 하지 않는 일은 옳지 않다. 조직이 직원으로부터 탁월함을 기대하고 있으며 이에 대한 보상을 할 거라는 메시지를 강화할 필요가 있다. 탁월함을 기념하면 직원들이 성공의 모습을 그리는 데 도움이 되기 때문이다.

델Dell에서는 나노 초nanoseconds마다 뭔가를 기념한다고 마이클 델이 말한 바 있다. 이는 일단 성공을 기념하면 그 즉시 다음 단계의 도전으로 나아간다는 것을 의미한다. 나노 초마다 기념을 한다는 생각이 좋은 생각인지는 잘 모르겠다. 인간에게는 과거를 돌아보고 미래를 계획할 시간이 필요하다. 또한 사람들에게 무엇이 인정받는지를 차근차

근 잘 계획해 보여주면 이런 자기반성의 과정에 도움이 된다. 이런 기념은 조직과 직원이 지닌 탁월함의 능력을 강화하고 향후 우수한 업무수행을 장려한다. 비록 나노 초마다 기념을 한다는 생각이 옳은지는 잘 모르겠지만 탁월함에 대한 포상을 과시수단이 아닌 다음 도전에 임하게 하는 자극으로 이용한다는 델의 생각은 옳다.

인정은 직원이 보다 높은 목표를 세우고 이를 달성할 수 있는 자신의 능력을 믿게 돕는 교육적 동기부여의 수단으로 사용될 수 있다. 직원의 우수한 업무수행을 기념함으로써 회사가 탁월함을 당연하게 여기지 않으며 탁월함을 달성한 모든 직원에게 인센티브를 제공한다는 메시지를 전달할 수 있다.

다 따라할 수 없다면 똑같이 하지 마라

직장을 재미있는 곳으로 만드는 일은 전 세계 관리자들에게 반드시 따라야 하는 유행처럼 되어가고 있다. 연구에 따르면 재미와 유머가 있는 편안한 업무환경은 직원의 창의성과 생산성을 높인다고 한다. 물론 이것이 바로 우리가 직원에게 바라는 바다.

재미있는 일터 문화의 예로 종종 언급되는 회사에는 사우스웨스트 항공이 있다. 사우스웨스트는 직원이 사실상 자신의 열정을 승객과 공유하는 정도까지 직원의 참여를 유도하고 동기를 부여했다. 비즈니스 잡지들은 종종 경쟁이 극도로 치열한 시장에서 사우스웨스트가 성공하는 비밀이 바로 기업문화 때문이라는 내용의 기사를 자주 다룬다. 불행히도 많은 기업들이 사우스웨스트의 방식을 그대로 따서 탁월함

을 위한 회사 전체의 문화를 조성하려고 하면서도 재미와 유머가 요구한다고 해서 생기는 게 아님을 인식하지 못하는 경우가 많다. 재미와 유머는 직원의 선택과 이를 뒷받침하는 회사의 원칙과 정책, 문화가 함께 어우러질 때 나타난다.

우선 사우스웨스트는 공개적으로 분명하게 회사의 가장 중요한 자산이 주주나 고객이 아닌 직원이라 말한다. 이처럼 직원에게 노력을 기울일 준비가 되어 있지

> **사우스웨스트는 공개적으로 분명하게 회사의 가장 중요한 자산이 주주나 고객이 아닌 직원이라 말한다.**

않다면 재미있는 기업문화가 형성될 가능성은 없다. 재미있는 일터를 만들기 위해 여러 방안을 고안한다고 해도 강한 원칙이나 정책이 뒷받침되지 않는다면 회사를 바라보는 냉소적인 시각만 강화될 뿐이다. 직원은 회사가 자신을 진심으로 대하는지 아닌지 금방 안다. 직원을 동

등한 존재로 대하지 않고 직원이 회사의 성공에 기여한 바를 인정하지 않는다면 경영진이 마련한 기분 좋은 방안도 아무런 효과가 없을 것이다. 사우스웨스트 같은 조직이 직원을 위한 환경과 탁월함, 창의성, 재미를 위한 환경을 조성하기 위해 마련한 중요 원칙을 이행할 마음이 없다면 재미는 뿌리를 내리지 못한다. 그렇게 되면 상황은 돼지 목에 진주목걸이를 거는 상황과 다름없게 된다. 직원을 진심으로 위하겠다는 참된 노력만이 효과가 있다. 피상적인 노력은 결국 실패할 수밖에 없는 것이다.

벤치마크의 대상으로 종종 꼽히는 기업에는 고객 서비스로 유명한 노드스트롬이 있다. 『노드스트롬 방식Nordstrom Way』이라는 책에서 저자 로버트 스펙터와 패트릭 D. 맥카시는 노드스트롬 일가가 기업을 경영하는 간단하면서도 상식적인 방법을 설명했다. 여기에는 회장이 직원에게 쓰레기를 주우라고 하는 대신 자신이 직접 줍는다든가, 경영진이 직접 고객의 전화를 받아 질문에 답변을 해준다는 등의 예를 들 수 있다. 기꺼이 쓰레기를 주울 준비가 되어 있지 않다면 굳이 따라할 생각은 하지 않는 게 좋다. 또한 고객과의 관계는 부하직원을 통해서만 처리하려 한다면 노드스트롬 방식을 제대로 이행할 가능성이 거의 없다고 할 수 있다.

제대로 된 지도 원칙guiding principle이 없다면 이러한 예들은 비즈니스 측면에서 의미가 없다. 업무수행을 뒷받침하는 그 같은 원칙이 없다면 노력은 피상적인 수준에서 그칠 뿐만 아니라 쉽게 무시된다. 관리자 쪽에서 진정한 의지가 없다면 직원의 노력도 기대할 수 없다. 다른 기업을 벤치마크하고 그 성공기법을 따라할 생각이라면 본인이 아직 그 수준에 이르지 못했고 그와 같은 수준의 업무수행은 먼저 원칙에 기초한 대담한 변화를 필요로 한다는 것을 깨달아야 한다.

냉소적인 직원이 차라리 낫다

직원회의 시간이라고 가정해보자. 당신은 회의를 주도하면서 현안을 검토하고 있다. 당신이 하는 제안에 모두들 동의를 하는 분위기이고 회의는 매끄럽게 진행되고 있다. 그러나 사소한 일로 주의가 흐트러졌다. 회의실 뒤쪽에서 웃음소리가 들렸던 것이다. 당신은 고개를 들어 브라이언을 바라보았다.

브라이언은 매우 냉소적인 직원이다. 그는 신랄한 유머감각과 빈정대는 말투를 지녔다. 회의가 진행되는 동안 브라이언은 당신의 아이디어를 혼잣말로 비웃으며 냉소적인 농담을 던지는 자신의 원래 역할을 다하고 있었다. 그의 날카로운 혀끝에서 냉소적인 말들이 쏟아져 나오자 다른 직원들은 킥킥거리기 시작했다.

이 때 당신은 회의 진행에 방해가 되는 브라이언의 행동이 꽤 거슬리기 시작했다. 그가 입을 다물고 회의에 참여를 하면서 좀 예의를 지켰으면 좋겠다는 생각이 든다. 하지만 여기서 잠깐! 팀의 일부가 되고 회의 안건에 의미 있는 기여를 할 수 있는 브라이언의 능력에 대해 성급히 결론을 내리기 전에 스스로에게 다음 질문을 던질 필요가 있다.

- 다른 직원들은 회의에서 나온 안건에 최선을 다했다고 생각하는가?
- 어째서 자신의 의견을 말하는 직원이 한 명도 없었을까?

- 모든 사람이 내 의견에 진심으로 동의를 했기 때문에 말이 없었던 걸까?
- 직원들은 실제 논의에 참여하지 않고서도 결정된 사항을 이행할 준비가 됐을까?
- 직원들이 이번 안건을 열성을 다해 실행할 가능성은 얼마나 될까?

사실 회의 동안 직원들이 아무 말 없이 당신의 말에 수긍하는 것처럼 보였던 것은 직원들이 회의에 제대로 참여하지 않았다는 뜻이다. 평소에 직원들은 하고자 하는 말이 많았다. 그러므로 여전히 직원들은 분명 나름의 의견을 갖고 있을 것이다. 이는 이번 안건의 경우에도 마찬가지다. 분명 안건에 동의하는 사람도 있고 그렇지 않은 사람도 있었을 것이다. 질문이 있는 사람도 있고 반대의견을 갖고 있는 사람도 있었을 것이다. 하지만 그들은 모두 입을 다물고 있었다. 직원들은 듣고는 있었지만 실제 그 내용에 적극적으로 참여하거나 내용을 받아들이지는 않은 것이다. 직원들의 핵심 안건은 회의를 가능한 한 빨리 끝내는 것이었다. 이러한 직원들은 이미 열의가 다 식어버려서 더 이상 아무것도 하고 싶지 않은 상태일 가능성이 높다. 그동안은 많은 노력을 해왔지만 이제는 포기해버린 것이다. 이들의 태도는 X세대의 캐치프레이즈인 '그러거나 말거나'란 말로 요약된다.

반면 브라이언은 내용을 적극적으로 듣고 있었다. 그는 귀 기울여 내용을 듣고 자신의 의견을 내놓았다. 브라이언의 스타일이 마음에 들지 않을 수도 있지만 그의 의견을 무시하는 건 실수다. 그의 발언이 무시할 수 있는 부정적인 생각이라고 여겨질지 모르지만 그렇게 쉽게 결론을 내리지 않는 편이 좋다. 잠깐만 브라이언에 대해 생각해보자.

다른 많은 냉소적인 사람들과 마찬가지로 브라이언은 탁월함을 갈망하는 열정적인 사람이다. 그는 아마 회사의 비전과 목표가 옳다고 생각하며 회사에 입사하고 당신의 부서에 들어왔을 것이다. 시간이 지남에 따라 그는 회사에 여러 가지로 실망하고 환멸을 느끼면서 냉소적으로 변했다. 그러나 냉소적인 사람은 사실 긍정적인 배출구가 없기 때문에 자신의 열정을 부정적인 방법으로 표출하는 긍정적인 사람이다. 브라이언은 아직도 회사를 신뢰하며 옳은 일을 하고 싶어한다. 다만 그는 의미 있는 기회를 아직 만나지 못한 것이다. 단지 고개만 끄덕이며 입을 열지 않는 많은 직원들과는 달리 브라이언은 아직도 열정을 갖고 회사의 계획이 성공하길 바라고 있다.

> 냉소적인 사람은 사실 긍정적인 배출구가 없기 때문에 자신의 열정을 부정적인 방법으로 표출하는 긍정적인 사람이다.

보통 냉소적인 사람들이 그러하듯 브라이언은 훌륭한 직원이다. 다만 우리가 그를 자꾸 실망시키고 심지어는 심하게 부려먹기까지 하는 것이다. 그럼에도 불구하고 브라이언은 아직도 가슴 속에 탁월함을 달성하고자 하는 마음이 있다. 반면 다른 직원들은 사무실에서 조용히 절차와 변명 뒤에 숨어 좀비처럼 지낸다. 그들 중 상당수는 아마 되돌리래야 되돌릴 수 없는 상태일 것이다.

우리는 브라이언 같은 태도를 부정적이고 질서를 어지럽히는 태도라 생각하도록 배워왔다. 하지만 상향식 경영의 세계에서는 단순한 일관성이 아니라 탁월함이 추구된다. 아무런 책임감 없이 미리 정해져 있는 행동만을 따르는 것이 아니라 진정한 책임감이 추구되는 상황에서 바로 우리가 찾는 사람은 이러한 냉소적인 사람이다. 무엇보다도 멍청한 노새에게 동기를 부여하는 것보다는 사나운 황소를 길들이는 편이 항상 쉽기 마련이다.

1장에서 냉소주의에 대해 설명하면서 나는 냉소주의가 장기적 관점에서 경쟁력에 영향을 미치고 탁월함을 달성할 잠재력을 해친다고 했다. 내가 얘기한 건 냉소주의이지 냉소적인 사람이 아니었음을 명심하길 바란다. 병과 환자를 혼동해서는 안 된다. 냉소적인 사람은 훌륭한 잠재력을 갖고 있다. 하지만 그들이 지닌 냉소주의는 다른 방향으로 분출될 필요가 있고 바로 이것이 새로운 관리자가 해야 할 일이다. 하향식 관리자는 냉소적인 사람들을 내쫓고 싶어 하지만 새로운 스타일의 관리자는 이들을 감싸 안고, 도전의식을 자극하며, 이들에게 잠재력을 펼칠 수 있는 환경을 조성해줄 것이다. 이와 동시에 직원들이 냉소적인 태도를 갖게 되는 근본원인을 해결하여 이를 제거해야 한다.

> 직원회의가 얼마나 시끄러운가는 직원이 탁월함을 달성할 준비가 얼마나 되어 있는가를 파악하는 리트머스 시험지다.

직원회의가 얼마나 시끄러운가는 직원이 탁월함을 달성할 준비가 얼마나 되어 있는가를 파악하는 리트머스 시험지나 마찬가지다. 얼마나 직원들의 목소리가 큰가? 참가자들은 얼마나 논쟁에 적극적으로 임하는가? 금세 동의가 이루어지는 조용한 직원회의가 바람직하다고 생각한다면 다시 생각하는 게 좋을 것이다. 상향식 경영의 세계에서 중요한 것은 사람들이 서로 시끄럽게 다투는 회의다.

시끄럽고 열정적인 회의에서는 거의 항상 최고의 아이디어와 해결책이 나온다. 이를 위해서는 모두가 다른 사람의 의견에 이의를 제기해도 되고 자신의 의견을 표현해도 된다는 걸 지속적으로 직원들에게 전달해야 한다. 직원은 회사에서 자신의 직위가 어떻든 관계없이 자신의 의견이 환영받는다는 걸 알 필요가 있다. 물론 '시끄러움' 자체가 필요한 게 아니라 보다 열린 마음으로 하는 열정적이고 성공적인 의사소통과 의사결정이 필요하다. 그리고 회의가 끝날 무렵에는 구체적인 실행계획과 더불어 의견의 합치가 이루어져야 한다.

탁월함에 대해 함께 이야기하라

'탁월함'이 무엇인지는 그것을 성취하기 전에는 정의하기 어렵다. 실제로 세미나 참가자들에게 탁월함이 무엇인지 상상해보라고 했을 때 모든 사람이 예외 없이 서로 다른 모습을 그렸다. 에베레스트 산 등반을 상상한 사람도 있었고 올림픽 메달을 떠올린 사람도 있었다. 탁월함은 포르쉐라고 한 사람도 있었고 자신의 어린 딸이라고 답한 사람도 있었다. 이렇듯 모든

> 조직은 자신만의 탁월함 문화를 형성해야 하며, 그 문화 속에서 직원들은 탁월함이란 무엇인지에 대해 인식을 같이해야 한다.

사람은 저마다의 탁월함에 대한 생각이 있다. 공통된 정의가 없는 경우 조직은 훌륭하지만 서로 무관한 이상과 의도들의 집합체로 보여질 수 있다.

모든 사람이 공통으로 이해하는 탁월함의 달성 방법을 찾기 위해 기업은 이상적인 탁월함의 모습을 구체적으로 그리는 여러 이야기를 한데 모을 수 있을 것이다. 각 조직은 자신만의 탁월함의 문화를 형성해야 하며, 그 문화 속에서 직원들은 탁월함이란 무엇인지에 대해 인식을 같이해야 한다. 모든 직원이 탁월함에 대한 각자의 생각을 갖고 일

한다면 탁월함의 시너지 효과를 일으켜 바람직한 수준의 인적 차별화와 고객 충성도를 창출할 수 없다.

스토리텔링storytelling은 오늘날 기업체들이 정보를 공유하는 방식과 거의 정반대라 할 수 있다. 우리가 아는 모든 것은 표나 그래프로 표현된다. 모든 정보는 짧게 핵심만 표현해야 하며 바로 결론이 제시되어야 한다. 반면 내일의 리더는 스토리텔링의 기술을 완전히 습득해야 한다. 이들은 사람들의 상상력에 불을 댕기는 동기부여 이야기를 하는 법을 배워야 한다. 직원회의와 회사전체 회신메일, 일대일 만남 등에서 이야기를 자주 함께 나누면 의사소통의 효율성에 상당한 도움이 될 것이다. 많은 이야기를 하면 할수록 직원들은 조직 차원의 탁월함의 의미를 보다 잘 이해할 수 있게 된다. 물론 기존에 해왔던 5분짜리 파워포인트 프레젠테이션보다는 시간이 오래 걸리겠지만 그 효과는 훨씬 더 크고 오래 지속될 것이다. 사람들은 파워포인트에 나온 사실이나 수치는 잊어도 이야기는 훨씬 오래 기억한다.

탁월함에 대한 조직의 정의는 대개 조직이 상대하는 고객에 의해 결정된다. 고객이 '괜찮다'고 생각하는 것과 '훌륭하다'고 생각하는 것에 어떤 차이가 있는지 아는 게 중요하다. 고객을 이해하면 직원이 탁월함이 무엇인지 자세하게 정의 내리고 이를 자기 것으로 흡수하는 데 도움이 된다. 탁월함에 관한 여러 이야기는 직원에게 탁월함이 무엇인지 보여주는 강력한 수단이 될 수 있다. 이런 이야기에는 직원의 동기를 자극하고 자신의 열정을 발휘하면서 고객을 모든 일의 중심에 두면 얼마나 큰 탁월함을 달성할 수 있는지를 보여주는 수많은 이야기들이 포함되어야 한다.

탁월함의 영웅을 기려라

탁월함에 관한 이야기와 실례를 찾으면서 훌륭한 고객 서비스를 기리기 위해 설계된 많은 기업 프로그램을 접하게 되었다. 이러한 프로그램은 대개 직원에게 동기부여는 거의 하지 못한 채 HR 부서에 있는 누군가의 결정에 따라 마지못해 시행되는 경우가 많았다. 그러나 다른 프로그램과 확연한 차이를 보이는 한 프로그램이 있다.

홈뱅크Homebanc의 론 힉스 월드클래스 서비스상The Ron Hicks World Class Award 프로그램은 동기부여에 매우 효과적이었기 때문에 어쩔 수 없이 만들어진 게 아니라 열정과 헌신으로 만들어진 거라 단언할 수 있다. 비슷한 많은 프로그램과 달리 홈뱅크는 자부심을 갖고 프로그램을 만들었으며 그 효과를 굳게 믿고 있다.

맨 처음 홈뱅크 고객담당 부서는 이 프로그램에 대한 자세한 내용을 나에게 소개하면서 우수 직원 12명의 사진과 이야기가 실려 있는 컬러로 된 소책자를 주었다. 소책자는 다른 기업들이 주요 상품이나 서비스를 홍보할 때 사용하는 소책자처럼 예쁘게 디자인되어 있었다. 모든 직원에게 탁월함을 장려하는 게 회사에 정말 중요하다는 걸 보여주려는 인위적인 노력은 전혀 보이지 않았다. 그 책자에는 생생한 컬러로 탁월함에 대해 진정으로 회사가 중점을 두고 있음이 나타나 있을 뿐이었다.

1997년에 처음으로 제정된 홈뱅크 상은 매달 최우수 직원 한 명과 우수 직원 한 명을 선정한다. 연말 연례 회의에서 월별 최우수 직원들을 모두 무대 위로 올라오게 한 후 무작위 추첨을 한다. 당첨된 직원과 그의 고객 한 명은 세계 어디에나 갈 수 있는 무료 여행권을 상품으로 받는다.

1999년 이 상의 이름은 교통사고로 사망한 직원 론 힉스를 기리며 이름이 바뀌었다. 론 힉스는 그를 아는 모든 사람에게 탁월함을 보여주었다. 동료들은 그가 다른 사람들이 보다 높은 곳에 도달하고 더 많은 것을 달성할 수 있도록 자극을 주는 그런 사람이었다고 묘사했다. 그가 사망하고 나서 6개월이 지난 후에도 고객들은 여전히 그의 내선번호로 전화를 걸어 도움을 요청했다. 이것만 봐도 그가 고객과 얼마나 깊은 관계를 형성했는지 알 수 있었다. 홈뱅크는 론 힉스를 모범으로 삼아 모든 직원이 그와 같은 탁월함을 이루겠다는 포부를 갖길 바랐다.

이 프로그램은 여느 프로그램과 다름없는 특징을 갖고 있다. 매달 선정된 수상자는 특별히 디자인된 브로치와 상장을 받으며 CEO는 모든 직원이 있는 자리에서 수상자를 칭찬한다. 물론 상금도 있다. 그러나 연말에는 정말 엄청난 상이 기다리고 있다. 5천에서 2만5천 달러의 엄청난 상금이 매년 수상자에게 주어진다. 이를 통해 홈뱅크가 탁월함을 얼마나 중요하게 생각하는지 잘 알 수 있다.

"우리 회사에서 가장 존경받는 직원 포상 프로그램은 매출이나 부서 규모가 아니라 세계 최고 수준의 독특하고 강한 서비스를 제공하느냐를 기준으로 합니다." 홈뱅크 고객 서비스 부서의 부사장 제이미 루츠는 이렇게 말한다. "론 힉스는 탁월한 서비스가 무엇인지 몸소 보여주었기 때문에 그의 이름을 딴 상으로 그의 삶을 기리는 게 마땅하다고 생각합니다."

홈뱅크는 실제 직원의 얼굴과 이름을 시상 프로그램에 포함시킴으로써 주목하지 않을 수 없는 인간적 요소를 더했다. 아름답게 디자인된 소책자로 수상자를 기리는 것도 탁월함과 탁월함을 만들어내기 위한 개인의 매일매일의 선택에 대한 회사의 헌신을 보여주는 홈뱅크만의 독특한 방식이다. 이러한 식으로 접근할 때 탁월함은 더 이상 정체를 알 수 없는 추상적인 개념이 아니게 된다. 그것은 단지 이름에 불과한 것이 아니다. 탁월함이 다른 사람에게 동기를 부여할 능력이 있는 열정적인 진짜 인간을 통해 그 모습을 드러낸 것이다. 홈뱅크는 이런 유형의 프로그램을 위한 새로운 기준을 만들어내는 데 성공했다.

탁월함을 제도화하라

탁월함을 제도화하는 게 가능할까? 관리자는 기존 경영관행과는 달리 코치이자 서비스 제공자의 역할을 함으로써 분명 탁월함의 문화를 일구어낼 수 있다. 탁월함은 상부에서 명령하는 게 아니라 적절한 환경 속에서 사람들이 선택하는 것이다.

탁월함을 달성할 수 있는 사람을 선발하고 권리만을 주장하는 사람을 멀리하는 게 탁월함을 달성할 수 있는 조직을 만드는 첫 번째 단계다. 수익과 브랜드 가시성visibility을 강조하기보다는 조직을 직원 업무수행의 총합으로 정의함으로써 탁월함은 달성될 수 있다. 회사가 이해하는 바가 아닌 고객의 기대와 연관지어 탁월함을 정의하면 조직은 보다 높은 기준을 세우고 목표에 보다 가까이 다가갈 수 있을 것이다. 또한 제품과 절차만이 아닌 고객과 그들의 희망과 꿈을 아우르는 교육 프로그램을 만들면 탁월함이 무엇인지 직원들에게 이해시키는 데 도움이 될 것이다.

업무 재량권을 부여함으로써 탁월함을 실천할 수 있도록 하는 것도 조직의 탁월함 역량을 실현하는 여정에서 중요한 단계다. 실수를 저지를 수 있는 여지를 주고 업무상 방해요소를 제거하면 직원은 탁월함을 위한 매일매일의 선택을 할 힘을 갖게 될 것이다. 관

관리자는 직원들을 위한 '최고 지원 책임자' 역할을 해야 한다.

리자는 직원들을 위한 '최고 지원 책임자chief supporting officer' 역할을 해야 한다. 또한 관리자는 지속적으로 직원들이 탁월함을 생활화할 수 있도록 하는 업무환경을 제공할 필요가 있다.

탁월함을 제도화하려면 관리자뿐만 아니라 직원 개개인에도 초점이 맞춰져야 한다. 결국 탁월함을 달성하는 조직의 능력은 탁월함을 펼치는 직원 개개인의 능력과 직접적인 관련이 있다. 여러 어려움과 방해요소가 있는 상황에서 어떻게 탁월함을 정의하고 매일매일의 선택을 내릴 수 있을까? 리더는 어떻게 하면 무기력을 타파하고 탁월함에 헌신하는 마음을 유지할 수 있을까? 이 질문들에 대한 답은 8장에서 다루어진다.

08

탁월함을 나 자신의 일로 만들어라

어렸을 때 어떤 직업을 꿈꿨는가? 커서 뭐가 되고 싶었는가? 인기 있는 직업은 의사, 우주비행사, 경찰관, 과학자, 가수, 배우, 소방관, 목사, 교사, 간호사, 예술가, 변호사, 응급요원, 무용가, 운동선수 등 매우 많고 다양하다.

재미 있게도 이렇게 사람들이 바라는 여러 직업에는 공통적인 요소가 있다. 이런 직업 모두 의미 있는 방식으로 다른 사람과 접할 기회를 준다는 것이다. 이것들은 평범함을 훨씬 넘어선 무언가를 달성하려는 바람과 관련이 있다. 어릴 때 우리는 훌륭한 일을 하고, 다른 사람을 도우며, 스스로를 표현하겠다는 꿈을 꿨다. 우리는 사회와 세상에 중요하고 지속적인 기여를 하는 역동적 인간이 되고자 하는 바람을 반영하는 직업에 마음이 끌린다. 우리는 다른 사람에게 받기만 하는 의존적인 사람이 아닌 다른 사람에게 뭔가를 베푸는 적극적인 사람이 되길 원한다. 이러한 일에는 어려운 사람을 돕거나 우리의 개인적 성취를 통해 주변 사람을 기쁘게 하고 동기를 부여하는 일 등이 있을 수 있다. 어느 경우이든 사람들은 다른 사람의 존경을 받는 일을 하고 싶어한다. 또 탁월함을 달성하는 자신의 능력을 표현하고 싶어한다. 다른 사람을 도와서건 획기적인 일을 달성해서건 타인에게 뭔가를 베푼다는 건 우리의 순수한 눈으로 볼 때 탁월함에 대한 최고의 상징이다.

어떤 아이도 "나는 주주에게 더 많은 이익을 남겨주고 싶어." 또는

> **우리가 탁월함을 달성하기 위해 반드시 가져야 하는 것은 바로 차이를 만들어내는 의미 있는 목표이다.**

"나는 힘들고 지루한 일을 해서 부자들의 재산을 불려주고 싶어."라고 말하지는 않는다. 사람들은 이미 부자인 사람들의 재산을 불려주는 일에 자극을 받지 않는다.

그런데도 주주 이익을 최고의 회사목표로 삼으면서 직원들이 최선을 다하지 않는 걸 보고 놀라는 기업이 종종 있다. 다른 사람을 위해 뼈 빠지게 일할 수 있다는 생각에 설레는 아이는 없다. 어른도 다르지 않다. 누구나 뭔가 중요한 일을 하고 싶어 하고 남들이 자신의 노력을 가치 있다고 생각해주기 바란다. 사람은 자신이 분명 자랑스러워할 결과를 가져올 일에 열정을 다한다. 따라서 주주 이익과 수익에 목표를 맞추는 것은 회사 안에 탁월함을 절대로 달성할 수 없는 환경을 조성하는 셈이 된다. 이런 기업은 탁월함의 동기를 부여하기는커녕 오히려 탁월함을 저해하는 상황을 만든다.

우리가 탁월함을 달성하기 위해 반드시 가져야 하는 것은 바로 차이를 만들어내는 의미 있는 목표이다. '주주 이익'을 이야기하는 회사 때문에 기운이 빠지는 와중에도 우리가 매일 하는 모든 일에는 탁월함을

달성하고 차이를 일구어낼 기회가 있다. 탁월함은 엄청나게 많은 기회의 형태로 어느 곳에서나 우리를 기다리고 있다. 모든 곳에서 일부 사람들은 탁월함을 위한 시스템을 가동하는 법을 배워왔다. 탁월함을 달성할 기회와 커뮤니티를 찾으려면 일과 일터를 바라보는 시각부터 바꿔야 한다. 주주 이익의 눈으로 일을 바라본다면 매일 아침 침대에서 몸을 일으켜 사무실에 가는 것도 버거울 것이다. 돈 많은 사람을 더 잘 살게 해주려고 뼈 빠지게 일하고 싶은 사람이 어디 있겠는가?

그러나 '매일매일의 탁월함'이란 안경을 통해 바라보면 하찮아 보였던 일들이 다른 사람에게 큰 영향력을 발휘하고 달성하기도 쉬운 일처럼 보일 수 있다. 게다가 갑자기 주위 사람들을 새로운 시각에서 바라보게 되면 일상의 삶 속에서 탁월함을 달성하는 데 초점을 맞추는 사람들이 보이기 시작할 것이다. 계속 탁월함에 집중하고 이를 위한 노력을 멈추지 않는다면 얼마 지나지 않아 '탁월함 신봉자'라는 작은 커뮤니티에 속한 자신을 발견할 수 있을 것이다. 이것은 관점의 문제다. 기운 빠지게 하는 업무지침에 굴복할 수도 있고 탁월함을 삶의 지침으로 삼는 우리만의 강한 커뮤니티를 형성할 수도 있다.

매일매일의 도전을 바라보는 시각을 변화시키는 일은 검은색 안경을 분홍색 안경으로 바꾸는 문제가 아니다. 이는 동일한 대상을 바라보는 태도를 변화시키는 일이나 컵에 물이 반이나 찼느냐, 아니면 반밖에 남지 않았느냐의 문제가 아니다. 또한 세상을 바라보는 방식을 변화시키는 문제도 아니다. 이는 관점의 변화보다는 훨씬 더 실제적인 일이다.

주변에 미치는 영향력이란 주체적인 관점에서 업무에 접근하면 그 결과는 완전히 달라진다. 당면한 업무뿐만 아니라 이 업무가 다른 사람에게 미치는 영향까지 기꺼이 책임지려고할 때 우리는 완전히 다른 수준의 결과를 낳을 수 있다. 우리의 업무에 영향을 받는 사람들을 생각하고 그 사람들을 위한 서비스에 집중함으로써 차이를 만들어낼 수 있다. 프로세스가 아니라 사람에게 업무의 초점을 맞춤으로써 우리는 탁월함을 달성하기 위한 노력을 할 수 있다. 이유는 간단하다. 우리는 우리가 원할 때 탁월함을 '실천'할 수 있기 때문이다. 그리고 진정한 차이를 만들어낼 수 있다고 생각될 때 우리는 탁월함을 실천하고 싶어한다.

> 당면한 업무뿐만 아니라 이 업무가 다른 사람에게 미치는 영향까지 기꺼이 책임지려고할 때 우리는 완전히 다른 수준의 결과를 낳을 수 있다.

고객에게 미치는 영향의 측면에서 보라

모든 일에는 반드시 해야 하는 기계적인 요소나 특정 행동이 있다. 매일매일의 선택은 일을 어떤 식으로 처리하고 싶은지의 문제다.

일을 뒤로 미루거나 아니면 그냥 일을 끝마치지 않고 내버려 둘 수 있는 경우도 있다. 불행히도 이것은 기계적인 일에서 너무나 자주 일어나는 문제다. 바로 다음과 같은 자기 합리화의 뒤에 숨어버릴 수 있는 것이다.

- "그건 제 일이 아닙니다."
- "제가 할 일은 다했습니다."

- "이건 딴 사람 일입니다."
- "서류가 분실되었습니다. 다시 갖고 오실 때까지 도와드릴 방법이 없습니다."
- "시스템 상 해드릴 수 없는 일입니다."
- "다른 부서에 전화하시기 바랍니다."
- "이건 규칙이라 제가 바꿀 수 없습니다."
- "제가 할 수 있는 일은 다했습니다."
- "상부의 결재가 필요한 일입니다."
- "저는 이 일에 권한이 없습니다."
- "지금까지 한번도 해본 적 없는 일입니다."

위의 말들은 사람들이 기계적인 업무를 제대로 처리하지 않을 때 사용하는 변명 중 일부에 불과하다. 고객을 이리저리 돌리든, 아니면 다른 부서에 업무를 떠넘기든 간에 우리가 실패하는 이유는 책임감 없이 문제를 해결하려는 노력을 보이지 않는 데 있다. 이러한 식으로 일에 접근하면 고객과 동료, 회사 전체에 자신이 미치는 영향을 인식할 수 없다.

기계적인 업무를 처리할 때 책임을 회피하는 경우가 많은 이유는 무엇일까? 이는 반복적으로 되풀이되는 기계적인 업무에 따르는 정신적, 감정적 피로 때문인 경우가 많다. 우리는 이런 업무로 인해 좌절을 느끼고 점점 자신이 아무런 목표도 달성할 수 없다고 느끼게 된다.

업무에 주인의식을 갖지 않고 하루 종일 다른 사람에게 책임을 떠넘긴다면 아무것도 성취하지 못한다. 책임감 없이 행동하는 것은 대가를 치를 수밖에 없다. 아무것도 자신에게 붙어있을 수 없기 때문에 뭔가를 이루어내는 성취감은 느낄 수 없는 것이다. 물론 모든 업무에는 지루한 요소가 있다. 지출 보고서는 사람을 미치게 하지만 나는 결코 내 일에서 이 한 가지 불만스러운 요소 때문에 전체적인 업무태도가 달라지게 내버려두지 않을 것이다.

호텔의 데스크 직원은 몇 가지 특정한 절차를 거쳐 체크인 업무를 처리한다. 손님한테 인사를 하고 호텔 컴퓨터 시스템으로 예약을 확인한 후 방을 배정하고 지불 방법을 확인한다. 마그네틱 열쇠와 체크인 파일을 만들어 손님에게 건넨 후 엘리베이터가 어디에 있는지 손님에게 가르쳐준다. 이런 절차는 새로 손님이 올 때마다 해야 하는 평범하고 기계적인 일이다. 이런 식으로 생각하면 모든 손님이 다 동일하다는 결론을 내릴 수 있을지도 모른다. 이런 생각은 무기력과 지루함으로 가는 길이다. 그러나 체크인을 손님의 관점에서 바라보고 이런 절차가 손님에게 미치는 영향을 생각한다면 손님마다 독특한 경험이 펼쳐진다.

> **손님의 관점에서 자신의 서비스를 바라보고 그것이 손님에게 미치는 영향을 생각한다면 손님마다 독특한 경험이 펼쳐진다.**

눈이 빨갛게 되어 호텔에 들어온 출장 여행 손님에게 피곤하시냐고 물어보는 건 기본적인 예의이며 여기에 맞는 방을 배정하는 것으로 모든 것이 달라질 것이다. 손님이 숙면을 취할 수 있게 함으로써 그가 일을 더 잘 처리하고 궁극적으로 성공을 거둘 수 있게 돕고 있다는 걸 깨달으면 일상의 기계적인 일이 실질적이고 효과적인 일로 변한다. 체크인을 하는 어떤 커플은 결혼생활의 스트레스를 풀기 위해 여행을 온 건지도 모른다. 이들을 다른 손님과 똑같이 대하면 문제의 핵심도 놓치고 아무런 영향력도 미칠 수 없다. 쾌적한 방을 준비하고 이들이 원만한 결혼생활의 감정을 되찾을 수 있도록 적절한 분위기를 조성해주면 모든 게 달라질 것이다. 이러기 위해서는 앞에 서있는 사람을 저마다 필요로 하는 바가 다른 인간으로 바라봐야 한다. 우리는 서둘러 기계적인 업무를 처리해버리고 싶은 충동을 누르면서 우리의 서비스가 고객에 미치는 영향에 초점을 맞추기로 선택할 수 있다.

동일한 사고방식이 도움을 필요로 하는 소규모 공급업자들을 상대하는 업무에서부터 경영진이 의사결정에 참고할 자료를 만드는 리서치 업무, 기술 관점에서 바라볼 수도 있고 기술을 잘 알지 못하는 사용자의 관점에서 바라볼 수도 있는 IT 업무에 이르기까지 사실상 모든 업무에 적용될 수 있다. 모든 업무에는 서비스를 받는 사람은 고려하지 않은 채 절차 이행에만 집중하는 기계적인 측면과 서비스를 받는 사람의 만족과 행복에 초점을 맞춘 영향력의 측면이 있다.

매일매일의 선택은 업무를 바라보는 방식을 선택하는 문제다. 즉 업무의 평범하고 기계적인 측면을 바라볼 것인가 서비스를 받는 사람에게 미치는 영향을 바라볼 것인가의 문제다. 서류작업에서 서비스를 받는 사람에게로 눈을 돌림으로써 우리는 업무의 가치에 대한 전체적인 관점에 변화를 가져온다. 우리는 긍정적인 영향을 미치는 결과를 만들어냄으로써 업무를 가치 있게 만들 수도 있고, 서비스를 받는 사람을 무시하고 부정적인 영향을 미칠 수도 있다. 모든 업무에는 그 서비스를 받는 사람이 있다. 우리는 단지 눈을 들어 이런 사람을 쳐다보며 다음의 질문을 스스로에게 던지면 된다.

"내가 고객이라면 어떤 식으로 대해주길 바랄까?"

위의 질문에 대한 분명한 대답을 찾으면 구체적으로 어떻게 일을 해야 할지가 분명해진다. 다른 사람에게 책임을 전가하는 대신 눈앞의 문제를 해결하고 서비스 받는 사람을 기쁘게 할 수 있다. 다른 사람에게 초점을 맞추면 자연스럽게 탁월함을 달성할 수 있게 된다. 또한 누군가에게 미치는 영향에 신경을 쓰게 된다. 이제 차이를 만들어낼 수 있기 때문에 보살핌과 열정 그리고 이에 따르는 탁월함은 일의 자연스러운 부분이 된다. 뿐만 아니라 다른 사람에게 초점을 맞춤으로써 단지 뭔가를 받기만 하는 사람에 머무르지 않고 베풀고 기여하는 사람이 되겠다는 어린 시절의 꿈을 이룰 수 있게 된다. 나의 일이 미치는 영향에 초점을 맞추면 자연스럽게 탁월함에 가까이 다가갈 수 있다. 그리고 우수한 업무수행을 하기로 선택을 할 수 있다. 매일매일의 선택은 궁극적으로 업무의 기계적인 측면에 초점을 맞추느냐, 아니면 다른 사람에게 미치는 영향에 초점을 맞추느냐의 문제다. 이는 가장 낮은 수준의 기능적 업무수행에 굴복하는 선택을 할 것인가, 아니면 뭔가 차이를 만들어내는 최고 수준을 선택할 것인가의 문제이기도 하다.

인기 쇼 '당신의 집을 고쳐드립니다Extreme Makeover Home Edition'에 대해 쓴 〈USA 투데이〉의 한 기사에 따르면 이 쇼를 만든 프로덕션의 웹 사이트에는 매일 약 1천통 이상의 참가신청이 들어온다고 한다. 전국 각계각층의 사람들이 기꺼이 시간을 내고 그 결과 수입이 줄어들더라도 다른 사람을 돕고 싶어 하는 것이다. 9.11과 허리케인 카트리나로 인한 피해가 발생했을 때에도 수 많은 사람들이 일터에 나가지 않고 생존자들을 돕는 자원봉사자로 나섰다. 이런 사람 중에는 너무 오랫동안 자원봉사를 하다 직장을 잃을 뻔한 사람도 있었다. 사람들이 직장을 잃을지도 모르는 상황을 무릅쓰고서 기꺼이 자원봉사를 하는 이유는 무엇일까? 답은 간단하다. 인간에게는 다른 사람, 특히 어려움에 처한 사람을 돕고자 하는 천성이 있기 때문이다.

차이를 만들 수 있는 기회는 매일 있다. 매일 우리는 다른 인간에게 탁월함을 발휘할 수 있는 매일매일의 선택을 내릴 수 있다. 우리 안에 있는 탁월함의 실현 능력을 찾기 위해 비극적인 재해나 눈을 뗄 수 없는 TV 쇼가 반드시 있어야 하는 건 아니다. 우리는 탁월함을 실현할 수 있는 능력을 갖고 있고 이를 언제, 어떻게 실현하느냐는 선택의 문제다. 매일 우리의 일로 인해 직접적인 영향을 받는 사람이 있게 마련이다. 그 영향에 초점을 맞춤으로써 우리는 무료 컴퓨터 운영체계를 개발하고, 누군가의 집을 새로 지어주고, 재해 피해자를 위로하는 자원봉사자들의 노력만큼이나 가치 있는 일을 할 수 있다.

자원봉사를 하는 사람들은 다른 사람에 미치는 영향에 초점을 맞추기 때문에 평범한 업무나 힘든 일들에 쉽게 대처한다. 이럴 때 어려움은 작고 자신과 무관한 것처럼 보인다. 보다 높은 목표가 있기 때문에 어려움을 찾고 견딜 수 있는 것이다. 바로 다른 사람의 삶에 뭔가 차이를 만들어내고 궁극적으로 사회에 기여한다는 목표 말이다. 우리의 삶에도 이와 똑같은 원리를 적용시킬 수 있다. 우리가 하는 일상의 일은 작고 평범한 절차로 이루어졌지만 이를 한데 합하면 다른 사람에게 진짜 큰 영향을 미칠 수 있다. 자원봉사를 할 때와 같은 마음으로 매일의 일을 대하면 이런 평범한 일도 특별한 일로 달라질 것이다.

우리는 어쩌다 무기력에 빠지게 되었을까?

한때는 다 그런 적이 있었다. 다들 일을 처음 시작할 때는 흥분된 마음이 있었다. 새로운 것을 배우기 시작하면서 자신이 성장하고 있다는 느낌도 들었다. 하지만 아무런 경고도 없이 무기력이 자리를 잡기 시작했다. 이제 일은 재미 없이 피곤하기만 하고 아침에 일어나는 일도 점점 더 어려워진다. 열정은 이제 없다. 재미 있었던 모든 일들이 어떻게 된 걸까? 그 도전들은 다 어디로 간 걸까? 계속 똑같은 일만 되풀이하는 느낌이다. 일의 질도 떨어지는 것 같지만 그래도 별다른 어려움 없이 그럭저럭 버틸 수 있다. 쉽게 짜증이 나고 주말이나 다음 휴가 날이 제발 빨리 왔으면 좋겠다.

무기력은 하룻밤 사이에 나타나는 것이 아니라 오랜 시간에 걸쳐 서서히 나타나기 때문에 알아채기 어렵다.

사람마다 무기력에 빠지는 때는 다 다르다. 그리고 대개 일회적인 일에 그치지 않고 장시간 동안 나타난다. 무기력은 하룻밤 사이에 나타나는 것이 아니라 오랜 시간에 걸쳐 서서히 나타나기 때문에 알아채기 어렵다. 그러다 어느 날 갑자기 커다란 기계의 작은 나사처럼 느껴지고 회사 내에서 자신의 가치가 작아졌다고 여겨진다. 더 이상 뭔가 의미 있는 일에 기여를 한다는 생각이 들지 않는다. 내가 있든 없든 회사는 잘 돌아갈 거 같다. 내가 6개월 동안 휴가를 간다고 해도 아무도 모를 거 같다.

이게 바로 무기력이다.

어쩌다 우리는 무기력에 빠지게 되었을까? 그 모든 희망과 약속은 다 어떻게 된 걸까? 우리의 탁월함은 어디로 갔을까?

탁월함은 사라지지 않았다. 다만 우리가 스스로 놓쳐 버린 것이다.

나의 일에 영향을 받는 사람에 초점을 맞추다가 어느새 업무의 기계적인 면만 신경 쓰게 되었다. 업무의 영향은 바라보지 않고 그것의 기능적인 요소에만 초점을 맞추게 된 것이다. 책임은 최소한으로만 진다. 어느덧 업무수행의 무기력 상태에 빠진 셈이다. 새로운 탁월함을 창조할 생각 없이 그저 과거의 방법만을 되풀이하면서 업무를 수행한다. 영향을 창조하는 사람이기보다는 전문적인 프로세스 수행자가 되었다.

이런 상태에 이르게 하는 요인은 매우 다양하며 사람마다 약간씩 다르다. 우선 동료 중에 자신의 책무를 다하지 않고 전체 업무에 아무런 기여도 하지 않으면서 계속해서 자신의 책임을 남에게 전가하는 사람이 있을 수 있다. 그래서 "왜 내가 굳이 아무도 안 하는 일을 열심히 해야 해?" 이런 식의 생각을 하게 되었을지도 모른다. 아니면 직장 내 관료주의에 지쳐 기업주나 임원을 위해 최선을 다해 일해 줄 필요가 없다는 결론을 내리게 된 걸지도 모른다. 대신 탁월함을 위해 노력하지 않음으로써 그들에게 벌을 주기로 한 것이다. 또는 직속상사가 나를 함부로 대하거나 나에게 무관심한 태도를 보였을 수도 있다. 계속 이런 식의 태도를 보인다면 상사를 위해 최선을 다해 일할 이유가 없다. 어쨌든 내 업무수행이 상사의 성과에 반영될 것이고 상사는 그런 평가를 받을 자격이 없다는 생각에서다. 또 단순히 새로운 도전과 그것을 장려하는 업무환경이 부재한 상황에서 점점 매사에 심드렁해진 경우도 있을 것이다.

많은 사람에게 흔하게 나타나는 이런 경우 인간이라면 당연히 무기력에 빠지게 된다. 이런 감정을 갖는 건 자연스럽고 꽤 전형적인 일이다. 그러나 이러한 결론에 도달하고 기계적으로 업무를 처리하게 되는 과정에 가장 피해를 보는 사람은 자신이다. 탁월함을 거부하고 무기력한 상태에 빠지면 스스로에게 몹쓸 짓을 하는 셈이 된다. 탁월함을 달성하고, 다른 사람을 돕고, 일의 결과에 자부심을 느끼는 기쁨을 모두 포기하게 되기 때문이다. 고용주나 상사에게도 피해가 가겠지만 자신의 개인적인 행복에 미치는 피해가 확실히 이보다 훨씬 더 크다. 무기력은 소리 없이 탁월함을 저해하는 최악의 매일매일의 선택을 내리게 만든다. 또 모든 업무를 기계적으로 처리하게 하고 사람을 지치게 한다. 결국 본인이 치러야 하는 대가가 원래 벌을 주려던 사람에게 미치는 피해보다 훨씬 커진다.

무기력에 맞서 싸우려면 업무의 기계적인 면이 아닌 나의 업무가 다른 사람에게 긍정적인 영향을 미치는 데 주의를 기울여야 한다. 차이를 만들고 다른 사람에게 미치는 긍정적인 영향에 집중하자. 그리고 이러한 관점에서 나의 일을 바라보자. 타인에게 지속적으로 탁월한 서비스를 제공하면서 맺어진 인간관계는 매우 만족스러운 관계가 된다. 오랜 기간 동안 같은 고객과 일을 하면 나의 일이 쌓여 어떤 영향을 미치는지 이해할 수 있고 앞으로 탁월함을 계속 달성해나갈 용기도 얻게 된다.

새로운 도전이나 역할이 필요하다고 생각되면 그것을 찾아 나서라. 절대 그대로 정체해 있으면 안 된다. 무기력이 나를 지배하도록 내버려두면 곧 나의 일에 영향을 받는 사람을 생각하지 않을 때 발생하는 공허감에 빠지게 된다. 그 결과 지루하고, 불안하며, 뭔가 충족되지 않았다는 느낌이 들 수 있고 모든 일이 불만족스럽고 불행하게 느껴질 수 있다. 모든 일이 온통 허드렛일로만 느껴지는 것이다.

탁월함에 현상 유지란 없다. 탁월함을 달성하지 않겠다는 선택은 평범함을 선택하는 것과 마찬가지다. 탁월함을 향해 노를 젓지 않으면 배는 가만히 그 자리에 있는 게 아니라 반복되는 기계적 업무라는 친숙한 물살에 휩쓸려 버린다. 매일의 모든 선택은 탁월함을 위한 것이 아니면 탁월함에 방해가 되는 것이며 어떠한 선택도 현 상태를 유지할 수 있는 선택은 없다. 무기력의 먹잇감이 되지 말자. 선택을 하고 필요하다면 환경을 바꾸자. 그리고 아무런 노력도 하지 않고 상황이 나아질 거라 기대하는 덫에 걸리지 말자. 무기력한 상태에 이미 빠졌다면 자신의 상태를 인정하고 다시 탁월함으로 돌아가는 선택을 내리자. 세상을 탓하지 말고 내가 탁월함을 추구할 수 있게 도움을 주는 세상을 창조하자.

업무를 개인적인 것으로 만들어라

'고객'의 심중에 있는 생각을 알기가 어려운 직업도 있다. 예를 들면 심장병 전문의는 자신이 심장마비에 걸리지 않는 이상 환자가 어떤 심정일지 완전히 이해할 수 없다. 환자의 의학적 상태는 훌륭하게 이해한다고 해도 환자의 감정을 완전히 이해한다는 건 다른 문제다. 마찬가지로 소방관은 화마가 자신의 집을 휩쓸고 가서 몸소 모든 재산을 잃고 갑자기 머물 집도 없는 상태가 되지 않는 한 화재를 당한 사람의 상실감을 완전히 이해하기 어렵다. 물론 모든 사람이 다 의사나 소방관인 건 아니며 똑같은 일을 겪어봤기 때문에 고객을 이해하는 일이 훨씬 쉬운 직업이 많다.

모든 일에는 일의 질에 영향을 받는 사람이 있게 마련이다. 훌륭하게 일이 처리되면 서비스를 받는 사람은 만족하게 되고 그저 평범하게 일이 처리되면 서비스 받는 사람이 고생하게 된다. 우리 자신도 끊임없이 다른 사람의 서비스를 받는 사람이 된다. 아침에 일어나 양치질을 할 때 우리는 치약 회사의 고객이 된다. 아침을 먹을 때는 시리얼 회사의 고객이 되고 차를 운전해서 출근을 할 때는 자동차 회사나 교통 서비스 회사의 고객이 된다. 우리는 고객이 된다는 게 어떤 의미인지, 고객이 요구하고 기대하는 서비스나 품질의 수준이 어느 정도인지 매우 잘 알고 있다.

따라서 우리 모두는 고객이다. 그러나 어째서인지 회사에 출근해 일을 하는 순간 변화가 일어난다. 신기하게도 고객에서 관리자로 변하는 것이다. 우리는 일상 속에서 얻은 고객의 관점은 벗어버리고 고객을 당연하게 여기는 얼굴 없는 기업의 관리자처럼 굴기 시작한다. 또 자신이 고객이었다면 절대 싫어했을 방식으로 남을 대한다. 뿐만 아니라 고객이었다면 불쾌하고 받아들일 수 없다고 생각했을 결정을 내리고 조치를 취한다. 고객의 입장이라면 이러한 결정을 왜 내린 건지 이해가 가지 않을 일도 관리자의 입장에서는 당연하게 처리한다.

"이건 비즈니스이지 개인적인 일이 아니다." 흔히들 이렇게 말한다. 그러나 탁월함은 단순히 비즈니스가 아니다. 그것은 개인적인 일이다. 탁월함은 급여가 아니라 최선을 다하여 최고가 되겠다는 개인적 바람으로부터 온다. 탁월함은 우리가 업무나 행동의 결과를 개인적으로 받아들일 때만 시작할 수 있다. 만약 업무가 개인적인 것이 아니라면 그것은 결코 탁월함일 수 없다. 업무가 개인적인 것이 아닐 때 열정과 창의성, 혁신은 결여될 수밖에 없다. 우리가 업무를 '비즈니스'라고 생각할 때 우리는 그것이 개인적이 될 수 없는 변명을 생각해내고 그 결과 탁월함을 달성할 수 없게 된다. 우리는 스스로를 속이

> 탁월함은 우리가 업무나 행동의 결과를 개인적으로 받아들일 때만 시작할 수 있다.

면서 책임을 지지 않으려고 한다. 전적으로 비즈니스인 일에 우리는 큰 신경을 쓰지 않는다. 그냥 하는 시늉만 하고 받아들이기 힘든 수준의 서비스만을 제공한다. 바로 우리 자신 같은 고객이 받아들이기 힘든 서비스 말이다.

우리는 고객으로서 우리가 겪은 독특한 훈련을 잊지 말아야 한다. 이 경험을 통해 우리는 서비스의 혜택을 받는 사람이 외부 사람이든 내부 사람이든 관계없이 어떤 기대를 하는지 완전히 이해할 수 있게 된다. 우리는 언제 기계적인 업무수행이 우리를 실망시키는지도 잘 알고 업무수행이 언제 탁월함의 수준에 이르는지도 잘 안다. 탁월함이 무엇인지 알고 있는 고객으로서 우리 자신과 우리가 실제로 서비스를 하는 고객 모두를 이해할 때 우리는 탁월함을 가장 잘 달성할 수 있다. 업무를 개인적인 것으로 만듦으로써 탁월함이 달성될 수 있는 것이다.

나보다 그 일 더 잘할 사람은 없다고 생각하라

1964년의 어느 날 캐서린 키티 제노비스Catherine Kitty Genovese는 뉴욕의 거리를 걷고 있다가 연쇄 강간범의 공격을 받고 살해당했다.

19세의 캐서린은 수차례 칼에 찔린 후 거리에 내버려진 채 천천히 고통스럽게 죽어갔다. 사실 캐서린은 죽기 전까지 30분이나 길거리에서 피를 흘렸다. 그 시간 동안 캐서린을 보거나 살려달라는 외침을 들은 사람은 38명이나 되었다. 하지만 아무도 경찰에 신고하거나 캐서린의 생명을 구하려 하지 않았다.

이 사건의 많은 목격자한테 나타난 타성inertia은 방관자 효과, 방관자의 무관심, 책임감 분산 등의 많은 용어로 설명될 수 있지만 궁극적으로 이것은 키티 제노비스 신드롬으로 알려지게 되었다. 방관자 효과는 사람들이 응급상황을 목격해도 다른 사람이 있으면 사건에 개입하지 않거나 피해자를 돕지 않으려 하는 심리적 현상을 말한다. 키티 제노비스 사건 이후에도 지나가던 사람들이 응급상황에서 도움을 주지 않은 유사한 사례들이 발표되었다.

1968년 존 달리와 빕 라테인은 실험실에서 방관자 효과를 실험한 후 사람들이 도움을 주지 않는 이유가 도와줄 마음이 없어서가 아니란 결론을 내렸다. 사실 현장에 자기 혼자밖에 없는 경우 다른 사람이 있는 경우보다 피해자를 돕는 경우가 훨씬 많았다. 사건에 끼어들지 않는 이유는 다른 사람이 더 잘할 거라는 생각과 다른 사람이 하면 굳이 내가 하지 않아도 된다는 생각 때문이었다. 불행히도 내 경험상 이러한 '책임감 분산'은 목숨이 걸린 상황에만 해당되지 않는 일반적인 현상이다. 우리는 점점 책임을 덜 지려 하면서 다른 사람에게 더 많은 탁월함의 기회를 주고 있다. 무슨 이유에선지 우리는 다른 사람이 우리보다 더 뛰어나다고 생각하는 겸손한 마음을 갖게 되었다. 미안하지만 이렇게 새로이 나타난 겸손을 난 못 믿겠다. 이런 현상은 다른 사람의 능력을 진심으로 믿는다기보다는 그저 책임을 지지 않으려는 변명처럼 들린다. 책임과 행동을 회피하기 위해 우리는 거의 아무나 믿고 사실상 모든 사람이 우리보다 낫다고 생각할 준비가 되어 있는 거 같다.

물론 탁월함을 달성하는 데 있어 이런 접근방식은 비생산적이다. 탁월함을 달성하려면 방관자 효과와는 정반대의 자세가 필요하다. 즉 나보다 그 일을 더 잘할 수 있는 사람은 없다고 생각해야 한다. 실제로 그렇다. 다른 누가 있든 단호하게 행동해야 할 때는 겸손을 내세울 때가 아니다. 탁월함에 헌신하려면 방관자 효과를 인식하고 행동을 취함으로써 방관자 효과의 옳지 못한 영향을 약화시켜야 한다. 주변에 누가 있는지 살피지 말고 그냥 행동하라. 캐서린의 비극적인 이야기는 우리가 어려움에 처해 있는 사람을 보자마자 즉시 책임감을 갖도록 하는 등대의 역할을 한다. 우리는 캐서린의 죽음을 교훈삼아 다른 사람을 구할 수 있을 것이다.

방관자는 탁월함을 달성할 수 없다. 탁월함은 행동을 취하는 것이고 일이 이루어지게 하는 것이다. 우리는 구경꾼이 아니라 창조자이다. 어떠한 상황이든 어려운 사람뿐만 아니라 우리 자신을 위해서도 우리가 가진 최대한의 능력을 발휘해야 한다.

자신의 작품에 자부심을 가져라

샌프란시스코의 유명한 피셔맨스 워프에는 그림을 그려주는 화가들이 길가에 많이 나와 있다. 이들은 작은 탁자와 물감, 붓 그리고 자신이 그린 그림 견본을 갖고 있다. 이 화가들은 뛰어오르는 돌고래와 야

자수로 장식된 이름name 그림을 그리는 전문가다. 5달러만 내면 좋아하는 색과 장식 스타일을 고를 수 있고 몇 분이면 화가는 새로운 작품을 완성해 사인도 해준다.

화가들이 모여 있는 장소의 길 건너에는 한 점당 가격이 5천 달러 이상 가는 재능 있는 화가의 작품을 파는 다양한 고급 갤러리가 있다. 두 종류의 화가에 대해 생각하는 동안 어째서 어떤 사람은 그림 하나당 고작 5달러를 벌려고 추운 데 나와서 일을 하고 있고 어떤 사람은 따뜻한 작업실에서 똑같이 일을 하고도 1천 배는 많은 돈을 버는 건지 궁금해졌다.

물론 길거리 화가와 갤러리의 화가는 많은 차이가 있다. 갤러리의 작품을 만드는 데 걸리는 시간을 생각하면 그 정도의 가격 차이가 나는 게 당연하다고 하는 사람도 있을 것이다. 나는 예술적 과정을 포함해 그보다 더 의미 있고 근본적인 차이가 있다고 생각한다. 길거리 화가는 아무런 열정 없이 단지 고객이 원하는 바에 따라 기계적으로 그림을 그린다. 이들은 걸작을 창조하려 하지 않는다. 그림은 단지 일이고 먹고 사는 수단이다. 그림이라는 기계적인 일의 전문가인 길거리 화가에게 예술은 그저 공장의 생산 공정이나 마찬가지다.

반면 갤러리에 작품이 걸려있는 이른바 우수한 화가들은 작품에 엄청난 자부심을 갖는다. 이들은 열정과 사랑으로 그림을 그린다. 그림은 단순한 일이 아니라 나 자신이다. 이들은 탁월함을 창조하기 위해 각고의 노력을 기울인다. 길거리 화가와 비슷한 붓, 도구, 물감을 사용하여 비슷한 동작으로 그림을 그릴지 모르지만 이들은 창의성, 비전, 열정, 자부심이란 특별한 원료를 더하며 결국 이것은 표가 난다. 이런 화가는 그림이라는 열정의 전문가다.

이 다른 유형의 예술에 매겨지는 가격에는 갤러리 화가의 열정적인 노력과 길거리 화가의 기계적인 전문기술 간 차이가 반영되어 있다. 고객은 이 차이를 잘 알고 있으며 그에 맞게 화가에게 돈을 지불한다.

매일의 업무 결과를 검토할 때 그것을 액자에 넣어 벽에 걸고 싶은 생각이 드는가? 우리는 걸작을 그리고 있을까, 아니면 길거리 그림을 그리고 있을까? 탁월함의 열쇠는 걸작을 창조하려고 하는 것이다. 단순히 시늉만 해서는 절대 걸작을 만들어낼 수 없으며 오직 결과를 위해 최선을 다하는 개인적 노력을 통해서만 걸작이 창조될 수 있다. 매일매일의 선택의 핵심은 길거리 그림을 그리고 싶은지, 아니면 예술품을 그리고 싶은지를 결정하는 것이다. 뭔가 특별한 걸 창조하고 싶은가, 아니면 단지 일을 끝내고만 싶은가? 매일매일의 선택을 생각하면서 스스로에게 물어보라. 여기에 사인을 해서 벽에 걸고 싶은 생각이 드나? 이 일이 내 이력에 핵심으로 남을까? 자식들한테 내가 이 일을 어떻게 했는지 이야기할 수 있을까?

탁월함의 기회는 우리 주변에 널려있다

탁월함의 기회는 우리 주변에 널려있다. 도움을 요청하는 이메일, 예상치도 못한 보고서를 쓰라는 명령, 새 소프트웨어에 문제가 생긴 동료직원, 청구서에 문제가 있다며 전화를 걸어온 고객, 방이 몹시 필요하다며 이른 아침부터 찾아온 손님, 새롭게 정해진 제안서 마감시한, 물이 새는 수도꼭지, 의학적인 도움이 필요한 신경질적인 환자, 길을 잃고 방향을 물어보는 사람 등 이러한 기회는 매우 다양한 형태로 찾아온다. 우리 주변에는 온통 우리의 도움을 필요로 하는 사람들이 있다. 이를 부담이라 생각하면 부담이 되지만 이들은 걸작을 창조할 기회이기도 하다. 이들을 어떻게 바라보고 대할지는 우리의 선택에 달렸다.

비극적인 사건, 일생에 한번뿐인 기회, 전설적인 사건 등을 기다릴 필요는 없다. 날마다 매일매일의 선택의 순간에 지루한 기계적인 일을 훌륭한 예술로 만들 기회가 찾아온다. 나중에 언젠가 탁월함을 실천하겠다는 계획을 세우거나 기회가 나에게 찾아오길 기다리지 말고 모든 일에서 탁월함을 찾아야 한다. 기회는 매일 우리가 만나고 대화하는 사람의 수만큼 많다. 우리가 한 일의 결과에 영향을 받는 모든 사람들은 탁월함을 달성하기 위한 기회다. 우리는 그저 기계적인 일에서 고개를 들어 그들을 바라보기만 하면 된다. 자신이 무적합하다고 생각하는 태도를 강화하는 냉소적인 농담을 떨쳐버리고 최대한의 능력을 발휘하기 위해 노력해야 한다. 뭔가를 할 수 없다는 이유들을 그만 주워섬기고 뭔가를 이뤄내기 시작해야 한다. 탁월함을 달성하는 데 장애물이 없을 거라 생각할 수는 없다. 장애물은 탁월함을 달성하기 위한 도전의 일부다. 우리는 장애물에 정면으로 맞섬으로써 탁월함을 향해 나아갈 수도 있고 장애물을 구실로 평범함에 머무를 수도 있다.

이 책의 집필을 준비하면서 나는 탁월함을 달성하기 위해 노력한 이야기들을 찾았다. 책에 들어갈 이야기를 선별하는 데 일종의 기준이 있었다. 이 책의 전제는 탁월함이 소수의 전설적인 인물만이 할 수 있는 일이 아니며 우리 모두에게는 탁월함의 능력이 있다는 것이기 때문에 내 초점은 독자들에게 동기를 부여하고 따라할 수 있는 이야기를 제시하는 데 있었다. 나는 누구나 공감할 수 있는 일상의 영웅 이야기, 탁월함이 매일 어디에나 있다는 주장을 뒷받침할만한 이야기를 찾았다. 나는 남에게 영향을 미치는 데 필요한 건 진정한 의지밖에 없다고 생각하기 때문에 특별한 기술이나 돈이 없어도 성공을 거둔 노력의 예를 찾았다.

나는 독자들이 "정말 놀랐어요. 이런 건 기대도 안 했는데."라는 말을 하는 고객의 얼굴에 나타난 놀란 표정을 상상할 수 있도록 '와!'라는 요소가 담겨있는 이야기를 원했다. 세상과는 무관한 탁월함은 자기만족적인 활동일 뿐이다. 비록 누군가의 얼굴에 미소가 떠오르게 한 것뿐이더라도 나는 다른 사람의 삶에 영향을 미치지 않고 진정으로 달성될 수 있는 탁월함은 없다고 생각한다. 다른 사람에게 베풀고 놀라운 업무수행으로 직원과 고객을 기쁘게 하는 것이 탁월함의 핵심이다.

탁월함이 실현되기 위해서는 우리 같은 누군가가 그것을 위해 내리는 간단한 매일매일의 선택만 있으면 된다. 나는 다음에 나오는 이야기를 통해 누구나 매일매일의 선택을 내리고 진정한 차이를 만들어내는 업무수행의 역량을 발휘하고자 하는 마음가짐을 갖길 바란다. 이 이야기를 읽고 "나도 할 수 있다."라고 한다면 나의 목적은 이루어진 것이다. 나의 웹 사이트에 들어와 나를 비롯한 다른 사람에게도 자신의 이야기를 들려주길 바란다. 분명 많은 독자들이 그 이야기를 읽고 감사하게 생각할 것이고 그건 나 역시도 마찬가지다.

09

진실의 순간에 결정을 내릴 수 있어야
한다

난생 처음 자동차 경주를 보러 갔을 때 느꼈던 그 짜릿함을 기억하는가? 그런 종류의 흥분에 아무런 영향을 받지 않는 사람은 거의 없다. 엄청난 자동차 속도, 엔진 소리, 경주에서 이겨야 한다는 압박, 레이서 간의 경쟁 등은 자동차 경주를 짜릿하게 만드는 특징적인 요소이다.

레이서는 모든 관심을 한 몸에 받는 스타다. 그들의 일이 위험하고 경주에 걸린 상금이 클수록 관중은 더욱 흥분한다. 그러나 자동차 경주에는 레이서만큼이나 중요한 역할을 하는 최고의 사람들이 있다. 그러나 레이서와는 달리 거의 주목을 받지 못한다. TV 카메라는 이들이 아니라 경주에 초점을 맞춘다. 그럼에도 불구하고 이들의 일은 레이서가 경주를 하고 우승하는 데 매우 중요하다. 레이서의 탁월함은 얼마나 빠르게 차를 모느냐에 따라 판단되지만 이들의 탁월함은 얼마나 빠르게 차를 정비해 다시 경주에 내보낼 수 있느냐에 달려있다.

유럽의 포뮬러1 경주에서 특별한 탁월함을 목격할 기회가 있었다. 나는 경기장 정비소 위 쪽에서 경주를 봤기 때문에 모든 차와 레이서들이 뭐 하는지 다 볼 수 있었다. TV로 자동차 경주를 본 적은 있었지만 직접 본 경주는 그보다 훨씬 강렬했다. 경주에는 흥미로운 점이 매우 많았지만 그 중에서도 나의 눈길을 사로잡는 것이 있었다.

7초면 모든 게 끝나고 차는 다시 트랙으로 간다. 이 시간 동안 25명의 자동차 정비사가 잭으로 자동차를 들어 올리고, 바퀴 4개를 모두 교체하고, 연료통에 기름을 가득 채우고, 전자 시스템을 다시 연결하고 업데이트 한다. 놀랍게도 이런 재주는 전혀 특별한 게 아니다. 7초는 포뮬러1 경기 중 이루어지는 정비 작업의 평균 시간이다. 완벽한 정비를 위해 정비사는 몇 년간 강도 높은 훈련을 받는다. 기술 수준이 높은 이런 정비사들은 3초면 타이어 하나를 교체할 수 있고 0.8초면 노즐을 연결하고 연료 주입을 시작할 수 있다. 경기 중 자동차 정비와 그 일을 해내는 사람들에 관한 이야기는 놀랍다. 여기에는 정확성과 노력, 심한 압박 속에서도 작업을 할 수 있는 능력 그리고 무엇보다도 이기고 싶은 열망이 있어야 한다. 이곳의 정비사는 주목을 받지는 못하지만 모든 경주의 결과에 매우 중요한 탁월함을 실천하는 사람들이다.

경기 중 정비 시간 동안 정비사가 일을 멈추고 관리자와 상의를 한다면 어떤 일이 벌어질지 상상이 가는가? 손을 들어올릴 시간이면 경기에 패배하게 될 것이다. 경주의 정비사들을 살펴보면서 그들의 흠잡을 데 없이 단합된 업무수행에는 대립이나 불평, 상사에 대한 간청이 끼어들 여지가 없다는 걸 깨달았다. 모든 정비사들은 차와 레이서가 안전할 수 있도록 실수와 시간 지연을 최소화하면서 자신의 일을 완벽히 끝내는 데 집중했다.

경기장 정비소에서는 작은 실수나 지연으로도 경주 전체를 망칠 수 있고 최악의 경우 레이서의 목숨이 위험해질 수도 있다. 매초가 중요한 상황에서 정비를 위한 피트 스탑pit stop은 평균 7초면 끝난다. 연료 탱크 절반을 채우는 데는 4.5초면 된다. 두 경우 다 관중이 알아채기도 전에 차는 경기장으로 다시 돌아간다. 몇 초 안에 탁월함이 결정되기 때문에 1초라도 지체할 수 있는 팀은 없다. 모든 사람이 힘을 합쳐 롤리팝lollipop을 든 사람의 명령에 따라 일사불란한 동작으로 업무를 최대한 효율적으로 마친다. 그는 통신 장치를 사용하여 정비사들에게 특별, 긴급 지시사항을 내리고 팀이 완벽하게 일을 마칠 수 있도록 한다.

"사람들은 피트 스탑이 게임이라고 생각한다." 윌리엄스 F1팀의 기술 책임자 샘 마이클의 말이다. "그러나 그것은 매우 위험하다. 피트 스탑 정비의 위험도가 아주 높기 때문에 아주 소수의 사람만이 그 일을 할 수 있다. 난 엔지니어가 된 지 12년이 되었지만 피트 스탑 정비소에서는 일을 못할 것이다." 그는 이렇게 덧붙였다. 이런 종류의 일에 따를 수밖에 없는 위험을 생각하면 피트 스탑시 업무수행은 속도와 정확도뿐만 아니라 안전문제에 대한 집중도에 의해 평가되어야 한다.

이러한 높은 수준의 업무를 수행하는 정비사들은 거의 기적처럼 보이는 결과를 달성할 수 있다. 경주 초반 메르세데스 맥라렌Mercedes McLaren 경주차가 기계적 문제로 3번이나 정비소에 들어왔다. 이런 식으로 도중에 멈추면 상당한 시간이 지체되어 경주 순위에 큰 영향을 미칠 수 있다. 놀랍게도 정비사들은 팀워크를 발휘하여 이런 지체를 최소한으로 줄일 수 있었고 메르세데스는 경주에서 우승했다. 이러한

놀라운 성취를 할 수 있었던 건 레이서의 기술뿐만 아니라 3번의 피트 스탑 동안 차가 경주를 계속 할 수 있도록 흠 잡을 데 없이 빠르게 차를 손본 정비사들 덕분이었다. 심각한 기계적 문제에도 불구하고 탁월함에 대한 이들의 헌신 덕분에 결국 승리할 수 있었던 것이다.

피트 스탑의 상황에서 탁월함을 달성하기 위해 팀은 고도의 집중력과 침착성을 유지해야 하고 육체적으로도 컨디션이 매우 좋아야 한다. 또 일을 완벽하게 처리하고 1초라도 시간을 아끼겠다는 집요한 노력과 더불어 강력한 조율 기술이 필요하다. 일상에서는 2초가 언제 지나갔는지 알아차리지도 못하지만 피트 스탑 정비소에서 2초는 승리와 패배의 차이를 만들어낼 수 있는 시간이다.

그렇다면 대체 나는 이런 피트 스탑 정비소의 어떤 점에 이런 엄청난 감명을 받게 되었을까? 먼저 엄청난 압박 속에서 일하는 25명의 정비사들 사이에는 놀라운 팀워크가 있었다. 어떤 일에도 한눈을 팔지 않고 눈앞의 일에 집중하는 그들의 능력은 탁월함의 중요한 요소였다. 나는 스트레스가 많은 상황에서 여러 사람이 함께 팀을 이뤄 일하는 경우 흔하게 나타나는 갈등이나 빈정거림, 책임전가가 보이지 않는다는 데에도 깊은 인상을 받았다. 분명 7초안에 그런 일을 할 수는 없다. 모든 사람은 아주 작은 실수로도 엄청난 대가를 치를 수 있다는 걸 완벽하게 인식하고 자신의 일에 매우 집중했다. 그들 모두는 자부심과 책임감을 갖고 탁월함을 성취했다.

이는 권한부여라는 개념을 생각나게 한다. 피트 스탑 정비소의 정비사들은 1초도 안 되는 시간에 여러 결정을 내려야 한다. 그들 모두는 관리자의 승인이 없어도 꼭 필요하다고 판단되는 일을 할 수 있는 권한을 갖고 있다. 이들은 그런 식이 아니면 일을 할 수가 없다. 타이어를 교체하다 레이서의 안전을 위협할 수 있는 브레이크 시스템의 결함이 발견될 수 있다. 이때 지체 없이 문제를 파악하고 시정하는 일이 정비사의 일이다.

한 대단한 피트 스탑 정비팀이 일을 하고 있는 걸 보고 있었다. 갑자기 잭이 부러져 차 앞부분 아래에 있던 정비사가 꼼짝 못하게 되었다. 몇 초 만에 동료 다섯이 차를 들어올려 차에 깔린 정비사를 꺼내고 부러진 잭을 제거한 뒤 10초도 안 되는 시간에 정비를 다 마쳤다. 누구도 질문하는 사람이 없었다.

이 정비사들은 자신들 앞에 있는 정보를 사용했다. 그들은 관리자의 지원 하에 완벽한 자신감을 갖고 현장에서 결정을 내리도록 훈련 받았다. 모든 정비사는 자신의 일과 관련하여 완전한 권한을 갖고 있고 영점 몇 초라도 지연되거나 옳지 못한 결정을 내리면 어떤 결과가 발생할 수 있는지도 잘 알고 있다. 업무수행이 7초 간격으로 측정되는 경우라면 자신의 업무를 매우 잘 알고 있어야 할 것이다. 또 탁월함에 집중해야 할 것이다. 하지만 무엇보다도 상사에 대해서는 잊어버리는 편이 좋을 것이다. 승인을 요청하거나, 누군가에게 책임을 떠넘기거나, 대신 결정을 해줄 사람을 찾을 시간이 없다. 이것은 진실의 순간에 또 다른 매일매일의 선택에 직면한 당신이 해야 할 일이다.

현장 직원에게 결정권을 줘라

탁월함은 이런 진실의 순간에 결정을 내리는 능력이다. 이런 결정은 '대응능력'(4장에서 다룬 내용)의 핵심이다. 도전에 대응하는 능력은 결정을 내리고 눈앞의 문제를 해결하는 능력과 직접적인 관련이 있다.

윌리엄 F1에서 정비팀의 의사결정은 권한과 책임의 측면 모두에서 가장 많은 정보를 갖고 있고 자신의 눈으로 직접 문제를 보는 정비사에게 완전히 맡겨져 있

> 서류상으로는 직원이 결정을 내릴 권한을 갖고 있지만 진실의 순간이 왔을 때 많은 직원들은 실제 결정을 상사에게 맡겨 버린다.

다. 경주 동안 나는 엔지니어 한 명의 결정에 따라 많은 차들이 경주를 하다 말고 정비소에 들어오는 걸 보고 깊은 인상을 받았다. 정비사와는 달리 엔지니어는 정비에 관여하지 않는다. 경주가 진행되는 동안 엔지니어는 계속해서 자동차의 상태를 평가하고 실시간 무선 데이터를 제어 컴퓨터에 전달하는 수백 개의 센서를 통해 안전을 확인한다.

이러한 정보를 바탕으로 엔지니어는 자신이 관장하는 차가 잠시 경주에서 나오도록 할 권한을 갖고 있다. 레이서는 설령 매년 수백만 달러를 버는 최고 스타이더라도 이에 대해 거부할 수 없고 엔지니어의 결정은 그대로 이행된다. 이유는 무엇일까? 진실의 순간에 제대로 된 선택을 내리기 위해 필요한 정보를 갖고 있는 사람이 바로 엔지니어기 때문이다. 수익 능력이나 위계 구조도 옳은 결정을 내리는 일과 아무런 관련이 없다. 핵심은 적절한 정보와 그것을 정확하게 해석할 경험과 판단력을 갖고 있느냐다.

리더에게 진정으로 힘든 일은 직접 문제에 직면하는 직원에게 결정권을 주느냐의 문제다. 서류상으로는 직원이 결정을 내릴 권한을 갖고 있다고 모든 경영자들이 장담하지만 진실의 순간이 왔을 때 많은 직원들은 실제 결정을 상사에게 맡겨 버린다. 포뮬러1 정비사, 엔지니어와는 달리 이런 직원들은 중요한 결정을 내리는 위험을 회피한다. 이유는 무엇일까?

직원이 진실의 순간에 결정을 내리지 못하는 이유는 다음에 나오는 이유를 비롯하여 매우 다양하다.

1. 진실의 순간을 알지 못함. 직원은 고객이 기다릴 준비가 되어 있다고 여기고 즉시 고객이 바라는 결과를 제공하지 않는다. 긴급한 일이라는 인식이 없는 상태에서는 뛰어난 결과를 제공할 기회의 좁은 창을 놓치기 쉽다.

2. 정보 부족. 직원에게는 진실의 순간에 결정을 내리는 데 필요한 정보가 없을 수 있다. 이러한 정보 부족은 현명하고 확신에 찬 결정을 내릴 수 없

게 된다.

3. 권한 부족. 직원에 권한을 부여하는 걸 위협으로 느끼는 관리자가 많다. 이런 관리자는 직원이 중요한 결정을 내릴 수 있다면 자신은 쓸모없는 사람처럼 보일지도 모른다고 생각한다. 관리자가 이런 두려움을 인정하지 않더라도 행동에서 분명히 드러난다.

4. 실패가 허용되지 않는 환경. 옳지 않은 결정을 내려서 처벌을 받을까봐 두려워하는 직원은 어려운 결정을 피하게 된다. 직원은 실패가 허용되는 환경에서만 과감히 탁월함으로 이어지는 어려운 결정을 내릴 것이다.

5. 동기 부족. 경험에 비추어보면 전체 직원 중 일정 부분은 큰 책임을 지거나 진정으로 일에 신경을 쓰지 않고 그저 임금만 받으려 한다. 이런 직원은 맡은 일 외에 부담을 지거나 의사결정에 따른 책임을 지려고 하지 않는다.

6. 경험 부족. 경험 없이는 순간의 좋은 선택을 내릴 수 없다. 경험과 이를 통해 얻는 자신감, 직관이 없는 직원은 어려운 결정을 쉽사리 내리지 못한다.

진실의 순간에 실행에 옮기고 결정을 내리는 조직 전체의 능력을 성취하려면 먼저 직원이 시도를 해서 목표에 미치지 못하더라도 경영진이 언제나 직원을 지원할 거라는 믿음을 직원에게 심어주어야 한다.

유연성과 경쟁력의 진정한 시험대는 진실의 순간에 결정을 내리는 능력이다. 7초안에 무슨 결정을 내릴 수 있을까? 7초도 안 되는 시간 내에 직원은 무슨 결정을 내릴 수 있을까? 7초 안에 직원은 어떤 탁월함을 실현할 수 있을까? 고객은 진실의 순간에 우리를 테스트한다. 인내심이 없는 고객은 관리자가 결정을 내릴 때까지 기다려주지 않는다. 경쟁이 심한 비즈니스 환경에서 직원이 하는 일은 단순히 고객의 불만을 기록하고 보고하는 데 그쳐서는 안 된다. 직원은 탁월함의 기회이기도 한 진실의 순간을 놓치기 전에 서둘러 문제를 해결해야 한다.

"훌륭한 정비사는 끊임없이 피트 스탑 정비를 완벽하게 하려고 노력한다." 포뮬러1의 샘 마이클은 말한다. "이런 정비사는 자신의 어깨에 회사 전체를 짊어진다. 실수 하나로도 전체 그랑프리에서 패배하고 커다란 위험을 야기할 수 있다. 이는 매우 특별한 사람만이 할 수 있는 일이다." 이런 특별한 사람들은 진실의 순간에 자신의 일을 다 할 뿐만 아니라 종종 레이서의 운명과 경주의 결과까지도 결정짓는다.

포뮬러1 경주의 엔지니어나 정비사에게 "왜 그런 결정을 내렸습니까?"라고 묻는다면 아마 "당연히 그래야 하니까요."란 대답이 나올 것이다. 수년 간의 훈련과 경험으로 결정은 자연스럽게 내려지고 탁월함은 이 사람들에게 일종의 습관이 되었다. 매일매일의 선택이 제2의 천성이 된 것이다. 이들은 자신이 갖고 있는 정보에 따라 잘 연마된 본능과 고도로 특화된 지식을 바탕으로 매일 진실의 순간에 올바른 결정을 내리고 실천한다. 이들은 1초라도 망설이면 경주에서 패배하거나 최악의 경우 레이서의 생명이 위험할 수 있다는 걸 잘 안다.

이 정도의 확신을 갖고자 노력하면 우리도 매일 탁월함을 달성할 수 있을 것이다.

부적절한 고객은 포기하라

고객을 찾는 일은 모든 기업의 영원한 숙제다. 시장점유율을 높이는 데 열심인 기업의 임원들은 가능한 한 많은 고객을 유치하기 위해 마케팅 프로그램과 유능한 영업 인력에 상당한 돈을 쏟아 붓는다. 그러나 부적절한 고객을 유치하게 될 수도 있지 않을까? 부적절한 고객이라는 게 있긴 있을까?

분명히 있다. 기업의 가치제안value proposition과 맞지 않는 고객은 자꾸 이것저것을 따지고 불평이 많아 유지하는 데 힘이 든다. 이런 상황으로 인해 어려운 선택의 기로에 선다. 경쟁업체에 빼앗기지 않도록 이러한 고객을 유지하기 위해 노력해야 할까, 아니면 고객과의 관계를 끊고 고객이 알아서 제 갈 길을 가게 놔둬야 할까?

이 책에서 선택은 부적절한 고객에 서비스를 제공하면서 평범함에 머물 것인가 아니면 적절한 고객에 탁월한 서비스를 제공할 것인가의 문제이다. 시장점유율을 높이려다 보면 수익성이 떨어질 수 있으며 부적절한 고객과 일을 하면 그만큼 잃는 것도 있다. 하지만 대부분의 임원은 이를 보지 못하거나 무시한다. 이들은 자신이 마지막 한 푼까지도 다 벌어들이고 사업의 수익성을 유지할 수 있다고 믿고 싶어한다. 사실 이윤을 가져다주지 않을 고객에 지나친 서비스를 제공함으로써 기업은 자원을 잘못된 곳에 사용할 뿐만 아니라 수익성이 높은 고객을 만족시키지도 못한다.

몇몇 관리자는 고객유치와 관련한 한 가지 비밀을 알고 있다. 매우 드문 그들은 모든 고객이 유치할 가치가 있는 건 아니라는 걸 잘 안다.

즉 일부 고객은 전혀 이윤을 가져다 주지 않으리란 걸 안다. 부적절한 고객과 일을 하면 매일은커녕 하루도 탁월함을 달성할 길이 없다. 부적절한 고객은 자신에게 제공되는 가치를 인식하거나 고마워하지 않는다. 매일 탁월함을 달성하려면 적절한 고객에 초점을 맞춰야 한다.

이 비밀을 아는 임원들에게 부적절한 고객을 '내쫓는' 일은 윈윈 상황의 핵심이다. 이러한 별 이익이 안 되는 고객이 경쟁업체로 가도록 내버려 둠으로써 이들은 이중의 승리를 거둔다. 경쟁업체가 부적절한 고객을 상대하느라 정신이 없을 동안 이들은 적절한 고객을 위해 탁월함을 달성할 수 있기 때문이다.

관리자는 용기가 있어야 부적절한 고객을 포기할 수 있다. 뉴잉글랜드 권원보험회사인 CATIC의 경영 부사장 앤 츄카는 이런 유형의 관리자다. 앤은 모든 고객이 좋은 고객은 아니라는 비밀을 알고 있을 뿐만 아니라 어느 고객을 계속 유지해야 할지 선별하는 용기도 갖고 있다. 현재 CATIC은 부적절한 고객을 내보내고 있으며, 앤은 모든 고객을 CATIC과 맺고 있는 비즈니스의 수준, 불만 건수, 전반적인 기업의 시간 및 자원 사용량, 심지어는 직원과 이야기를 나눌 때 사용하는 언어 등의 요소를 기초로 '부적절한' 고객에 대한 프로파일을 개발해 활용하고 있다.

"모든 사람에게 최고가 될 수 없다는 걸 깨닫게 되는 순간이 찾아온다." 앤은 말한다. "고객들마다 너무나 다르기 때문에 당신의 탁월함은 결코 모든 고객의 니즈에 적합할 수 없다. 탁월함을 달성하기 위해서는 양쪽이 맞아야 한다. 만일 한 쪽이라도 준비가 되어 있지 않거나 의지가 없다면 직원이 하는 어느 것도 도움이 되지 않을 것이다. 고객은 준비가 되어 있고 의지가 있는 적절한 고객이어야 한다. 당신은 당신의 탁월함을 감사하게 여길 줄 아는 고객에 초점을 맞추어야 한다."

CATIC은 고객 분석 시스템을 이용하여 바람직하지 못한 고객을 선별하고 이들에게 행동을 변화시키든지 아니면 회사가 제공하는 무료 서비스 사용을 중단하든지 둘 중 하나를 고르도록 한다.

고객에 이러한 접근방식을 사용하고 고객이 경쟁업체로 가게 내버려두려면 대단한 결단력이 필요하다. 이는 대부분의 관리자가 뛰어넘기 힘든 정신적 장애물이며, 결국 기업은 계속해서 나쁜 고객을 유치하는 데 엄청난 돈을 들이게 된다. 하지만 탁월함의 리더십은 그러한 장애물을 극복함으로써 직원들에게 강한 메시지를 보낸다. 경영

> 경영진이 부적절한 고객을 가려내면 직원은 경영진이 불가능한 상황이 아닌 진정으로 탁월함을 실천할 수 있는 최적의 환경을 만들려고 한다는 걸 깨닫게 된다.

진이 부적절한 고객을 가려내는 걸 보면 직원은 즉시 경영진이 불가능한 상황이 아닌 진정으로 탁월함을 실천할 수 있는 최적의 환경을 만들려고 한다는 걸 깨닫게 된다.

앤의 노력에 고객들이 보인 첫 반응은 당연히 여러 가지였다. 몇몇 고객은 별 신경 쓰지 않고 CATIC과 거래를 끊었다. 더 이상 이들을 위해 돈을 투자할 필요가 없기 때문에 회사는 이런 고객과 거래를 끊음으로써 비용을 절감하게 되었다. 이런 고객은 명백히 회사에 부적절한 고객이다. 한편 CATIC이 그동안 자신에게 주었던 가치를 새삼 인식하고 새로운 조항을 지켜 거래를 계속 유지하겠다고 하는 고객도 있었다. 앤은 두 반응 모두를 환영했다. CATIC과 거래를 끊은 고객에 들어가던 자원을 이제는 적절한 고객에 집중할 수 있게 됨으로써 거래를

계속 유지하겠다고 한 고객은 CATIC의 서비스로부터 보다 많은 혜택을 받게 되고 그만큼 가치를 높이 평가하게 되었기 때문이었다. 앤의 말에 따르면 이 밖에도 직원의 사기와 동기가 높아졌고, 고객만족에 보다 초점을 맞추게 되었으며, 수익성이 증가하는 긍정적인 효과가 나타났다고 한다.

"고객은 이런 식의 접근방식에 꽤 충격을 받았다. 고객은 우리가 실제로 계획을 시행할 거라 생각하지 않았다. 하지만 우리는 실행에 옮겼고 현명한 고객은 거래를 계속 유지하고 우리의 좋은 고객이 되겠다는 선택을 했다." 앤은 이렇게 말했다.

앤은 탁월함 달성을 위해 적절한 환경을 조성하려는 강한 의지를 보였을 뿐만 아니라 경영상의 책임을 지려했다는 점에서 놀랍다. 관리자는 지나치게 자주 달갑지 않은 일을 부하직원에게 떠넘기는 경향이 있지만 앤은 다른 사람에게 명령을 내리기 전에 자신이 먼저 나섰다. 앤이 회사 전체에 보여준 메시지는 분명했다. 부적절한 고객에 자원을 낭비하지 않고 올바른 고객하고만 일을 하는 게 자신의 시간, 나아가 다른 직원의 시간을 들일 가치가 있는 가장 중요한 일이라는 거다. 이런 경영진의 행동은 탁월함과 탁월한 업무수행을 돕는 환경의 유지와 강화에 대한 헌신의 중요성을 잘 보여준다.

탁월함을 달성하려면 적절한 고객에 집중하는 것이 중요하다. 부적절한 고객과의 관계는 노력을 낭비로 이어질 뿐만 아니라 적절한 고객에 그만큼 소홀하게 된다. 적절한 고객에 집중하고 부적절한 고객을 골라내는 데 엄청난 자원이나 투자가 필요한 것은 아니다. 이는 수화기를 들고 '부적절한' 고객에 전화를 걸어 문제에 대해 이야기를 나누면 되는 간단한 일이다. 이러한 일은 누구나 매일 실천할 수 있는 종류의 탁월함이지만 여기에는 용기가 필요하다. 바로 앤이 직원들에게 보여주었던 것과 같은 종류의 용기 말이다.

부적절한 고객을 포기할 용기가 있는가? 어떻게 해야 이런 고객을 포기하더라도 탁월함의 능력에 아무런 영향을 받지 않을 수 있을까? 탁월함에는 나와 상대방 양측이 모두 필요하다. 탁월함을 꽃피우고 싶다면 앤처럼 적절한 고객에 집중해야 한다.

직원 스스로 결정을 내리게 하라

지멘스 산하의 한 기업에 부임하면서 새로운 문화를 가져온 CEO가 있었다. 그는 매일 양복을 입고 넥타이를 했지만 그를 제외한 나머지 사람들은 모두 비즈니스 캐주얼을 입었다. 곧 기업의 복장 규정에 대해 이런저런 말들이 나오기 시작했고, 직원들은 관리자에게 어떻게 옷을 입고 다녀야 하는 거냐고 물었다. 몇몇 관리자는 즉시 직원들에게 '새로운' 복장 규정에 따라 격식을 갖춰 입으라고 했다. 하지만 조 아카디는 달랐다.

조 아카디는 직원들로부터 옷차림을 어떻게 해야 되냐는 질문을 받았지만 직원에게 아무런 지시를 내리지 않고 각자 알아서 하라고 했다. 이러한 대응에 실망하는 직원도 있었고 드물게는 화를 내는 직원도 있었다. "어째서 분명한 지시를 내리지 않는 겁니까?" 몇몇 직원들은 이렇게 물었다. 어쨌든 다른 관리자들은 모두 "넥타이를 매야 하느냐 매지 말아야 하느냐?"란 질문에 명확한 방향을 제시했다. 그러나 조

아카디는 다른 많은 관리자들이 파악하지 못한 걸 분명히 알고 있었다. 직원에게 이러한 유형의 결정을 계속 내려주다 보면 결국 직원은 자신의 행동에 대한 책임감을 잃기 시작한다는 것이다. 관리자로서 모든 결정을 내릴 수 있다는 건 참기 힘든 유혹이자 유쾌한 일일 수 있지만 그런 만족을 얻자고 직원들의 책임감을 담보로 잡을 수는 없다. 결정을 스스로 내리지 않으면 책임감도 느끼지 않게 될 것이다. 뿐만 아니라 책임감이 결여된 행동은 평범함에 그칠 수밖에 없다.

조 아카디의 입장은 이랬다. "넥타이를 매고 안 매고의 문제는 내가 결정할 문제가 아닙니다. 그건 여러분이 결정할 일입니다." 그는 나에게 말했다. "결국 직원들에게 넥타이를 매게 하는 것보다 권한부여의 원칙을 고수하는 게 훨씬 중요합니다. 직원들이 스스로 선택을 내리게 할 필요가 있습니다. 그게 그들이 성공할 수 있는 유일한 길이니까요." 조 아카디는 직원들이 상부로부터 내려온 명령이나 지시사항을 달갑게 여기지 않는다는 걸 알고 있었다. 스스로 결정을 내릴 때 그들은 자부심을 갖고 이를 실천에 옮긴다. 탁월함은 사람들이 스스로 선택을 내릴 때 실현될 수 있다. 조 아카디는 이런 미세한 차이를 잘 알고 있기 때문에 직원이 스스로 결정을 내리고 나아가 자신의 탁월함에 책임을 질 기회를 준다.

위의 사례에서 조 아카디는 압력에 굴하지 않았고 모든 직원은 각자 알아서 넥타이를 맬지 안 맬지 결정을 내려야 했다. 이는 보다 큰 승리로 이어질 작은 승리였다.

책임감의 문제는 "넥타이를 맬 것인가, 말 것인가?"와 같은 작은 질문에서 시작되는 경우가 많다. 관리자로서 이런 질문에 얼른 결정을 내려버리고 싶은 유혹을 이기기란 힘들다. 그러나 이런 유혹에 굴복해 버리면 장기적으로 발생하는 결과를 감수해야 한다. 출근할 때 어떤 옷을 입어야 할까와 같은 간단한 문제를 두고 고민하는 직원은 탁월함을 달성할 준비가 되어 있지 않은 직원이다. 의지가 없든, 능력이 없든 이런 직원은 탁월함을 위해 헌신하지 않는다. 탁월함은 작은 결정에서부터 시작하여 보다 큰 결정으로 이어진다. 또 작은 위험을 감수하는 것에서부터 시작하여 보다 큰 위험을 감수하는 것으로 이어진다. 조아카디에게 이 문제는 결코 "넥타이를 매느냐, 마느냐"의 문제가 아니라 직원의 책임감 문제였다. 직원에게 책임감을 불어넣으려면 자신이 약간 뒤로 물러나 직원들에게 스스로 생각하고 행동할 여지를 줘야한 다는 걸 그는 알고 있었다.

탁월함으로 가는 길은 한 번에 하나씩 선택을 하며 걷는 여정이다.

10
탁월함은 자부심과 사명감에서 나온다

결혼식은 정말 중요한 결정이 내려지는 진실의 순간일 수 있다. 그러나 바바라 뵈네르와 구스타프 미부르그에게 결혼식 날은 이와 다른 종류의 중요한 선택을 해야 하는 날이었다. 대부분의 사람이 그러하듯 이들도 결혼식 날을 위해 부지런히 준비를 했다. 두 사람은 사랑하는 사람들이 모두 교회에 모여 두 사람의 삶에 매우 중요한 이날을 축하해주는 아름다운 결혼을 꿈꾸었다. 그러나 커플은 교회로 가던 길에 한 사건을 목격했다. 친구, 친지들이 이미 교회에서 신랑, 신부가 오기를 기다리고 있었지만 이들은 제시간에 도착할 수 없었다. 식이 왜 지연되는지 아무런 설명이 없는 상황에서 결혼식 하객은 신랑, 신부가 도착할 때까지 45분이 넘는 시간을 참을성 있게 기다렸다.

신랑, 신부가 늦게 도착한 이유는 교통체증 때문이 아니었다. 차 안에 타고 있던 이 커플은 무장한 남자 3명이 길 한가운데서 한 운전자에게 총구를 겨누고 있는 걸 봤다. 이런 상황에서 대부분의 사람은 자연스럽게 다른 쪽으로 도망을 갈 것이다. 흰색 웨딩드레스를 입은 예비신부와 멋진 양복을 입은 예비신랑은 어려운 결정을 내려야 했다. 수백 명의 하객이 기다리고 있는 걸 생각하면 쉬운 결정이었을지 모른다. 어쨌든 결혼은 꽤 강한 핑계가 되기 때문이다. 그러나 이들은 다른 결정을 내렸다. 납치범에게 맞서기로 한 것이다. 이들이 납치범에게 맞서자마자 범인들은 차를 타고 도망을 가버렸다. 이 시점에서 선택은 더욱 어려워졌다. 수백 명이 여전히 교회에서 기다리고 있는 상황에서 범인을 쫓을 것인가 말 것인가. 그러나 바바라와 구스타프에게 선택은 간단명료했다. 이들은 망설임 없이 범인을 쫓아가 체포했다.

그러나 한 가지 중요한 점이 있다. 이 둘은 모두 요하네스버그 경찰서의 경찰이었던 것이다. 이들은 매일 범죄자들과 부딪힌다. 교회에 가서 결혼식을 올릴 것인가 아니면 범인을 상대할 것인가를 선택해야 했을 때 자신의 임무에 충실하려는 마음이 어려운 상황에서 순간의 결정을 내릴 수 있게 했다. 이러한 종류의 결정을 내린 것만 봐도 이들에게 경찰일이란 단순한 일이 아닌 개인적 사명임을 알 수 있다. 이러한 사명감이 있었기에 결혼식을 미루는 큰 희생을 감수하면서까지 납치범을 쫓을 수 있었던 것이다. 직관에 따라 행동했다고도 볼 수 있다. 이들은 공식적인 근무시간이 아닌 와중에도 탁월함을 위한 매일매일의 선택을 했다. 이 이야기가 보여주듯 탁월함을 달성하기 위해 노력하고 그 영향에 초점을 맞추는 일은 규칙이나 절차의 차원을 넘어선다.

바바라와 구스타프는 개인적인 사명감을 충족시키기 위해 일을 하는 유형의 사람이다. 이들은 자신의 일을 천직으로 여기며 일에서 단순히 월급만이 아닌 개인적인 의미와 성취감을 얻는다. 이들은 돈을 벌 방법이 없어 어쩔 수 없이 일을 하러 나가는 사람이 아니다. 금전적인 보상은 일의 한 단면일 뿐 결코 전부가 아닌 것이다. 요하네스버그 경찰은 바바라와 구스타프 같은 직원이 있어 참 행운이라 할 수 있다.

당신의 직원이었다면 이런 상황에서 어떻게 했을까? 시간을 다투는 급박한 결정을 내려야 하는 상황에서 당신의 직원은 다른 사람에게 미치는 영향을 고려할까 아니면 자신의 개인적 만족을 중시할까? 당신의 직원은 일을 근무시간으로만 한정하는가? 이에 대한 대답은 당신의 조직이 탁월함을 달성하기 위해 얼마나 노력할 의지가 있는지를 분명하게 드러낼 것이다.

> **시간을 다투는 급박한 결정을 내려야 하는 상황에서 당신의 직원은 다른 사람에게 미치는 영향을 고려할까 아니면 자신의 개인적 만족을 중시할까?**

위의 질문에 대해 생각할 시간이 필요하다면 그 답은 분명하다. 만약 당신의 직원이 교회에서 하객들이 기다리고 있는 상황에서도 기꺼이 결혼식을 뒤로 미루고 자신의 책무를 다하려고 한다면 당신의 조직은 이미 그 수준에 도달한 것이다. 위의 경우는 좀 극단적인 경우처럼 보일 수 있다. 하지만 대의를 믿는다면 그렇지 않다. 바바라와 구스타프는 경찰 일을 9시에 출근하고 5시에 퇴근해서 월급을 받는 일로 보지 않았다. 그들은 일을 교대시간이 끝나도 멈추지 않는 일종의 임무로 봤다. 일은 심지어 결혼 서약을 하기 위해 옷을 다 차려입은 상황에서도 그들이 반드시 해야 하는 일종의 소명이었다. 또 그들은 일과 그 일이 다른 사람에게 미치는 영향의 중요성을 자신의 것으로 내재화했다. 그렇기 때문에 매일매일의 선택을 해야 했을 때 주저하지 않고 탁월함을 선택했다.

탁월함을 달성하기 위한 노력과 그간 그들이 내려온 수많은 매일매일의 선택 때문에 이러한 결정은 그들에게 자연스럽게 다가왔다. 이런 모든 결정이 쌓여 기회가 나타났을 때 탁월함을 위한 선택을 하는 게 자연스런 반응이 된 것이다. 이는 가치를 공유하고 그것이 실현되게 함으로써 개인적인 인간관계에 의미를 더하는 매우 훌륭한 방법이 아닐 수 없다. 대부분의 사람들이 계획하는 그런 결혼식 날은 아니었지만 상황이 항상 계획대로 되는 건 아니다. 이 둘은 탁월함의 기회가 매일, 심지어 '결혼하는 날'에도 찾아온다는 걸 보여주었다.

고객을 돕기 위해 쿠키를 굽다

9월 16일 화요일에 저는 월마트에서 쇼핑을 했습니다. 저는 집에 오자마자 월마트 카트에 지갑을 놓고 왔다는 걸 깨달았습니다. 딸과 저는 즉시 월마트로 되돌아갔지만 카트는 없었습니다. 안내 데스크로 갔더니 레지나 머피와 테리 스틸리라는 직원이 수많은 카트들을 샅샅이 뒤져 제 지갑을 이미 찾아놓은 상태였습니다. 신용카드는 그대로 안에 들어 있었지만 현금은 없었습니다.

다음 일요일 저는 월마트로부터 매장에 방문을 해달라는 전화를 받았습니다. 놀랍게도 레지나와 테리는 제가 잃어버린 액수의 현금이 든 봉투를 제게 주었습니다. 초콜릿 칩 쿠키를 구워 직원들에게 판매하여 제 돈을 돌려준 것이었습니다!

테리(가정용품부)와 레지나(식기부)는 월마트가 줄 수 있는 최고의 상을 받아 마땅합니다. 저는 샘 고트니 매니저와 월마트 앨투나 점의 모든 직원에게 감사의 말씀을 드리고 싶습니다. 월마트의 모든 분께 진심으로 감사의 인사를 드립니다.

헬렌 L. 마우로
펜실베이니아 홀리데이스버그

1998년 월마트 연례 보고서에 실린 이 이야기를 읽고 깊은 감명을 받았다. 그 이후로 나는 세미나에서 수천 명의 사람들에게 이 이야기를 들려줬다. 테리와 레지나가 이 상황에서 보여주었던 책임감은 정말 놀랍다. 지갑을 잃어버린 건 그들의 실수가 아니었다. 그들은 근무시간을 마치고 집에 그냥 가버릴 수도 있었다. 아니면 쉽게 회사의 문제라고 생각하며 신경 쓰지 않을 수도 있었다. 어쨌든 월마트는 돈 많은 기업이고 고객을 만족시킬 마음이 있었다면 쉽게 헬렌에게 돈을 물어줄 수 있었다. 레지나와 테리는 충분히 변명도 할 수 있었다. 분명 쉽게 댈 수 있는 타당한 변명이 수 없이 많았을 것이다.

그들은 자신의 일을 누군가를 돕는 것이라고 생각했다.

하지만 그들은 다른 길을 선택했다. 변명을 둘러대며 탁월함을 향한 길에서 벗어나려 하지 않았다. 테리와 레지나 모두 자신의 일을 기계적인 업무로 보지 않고 월마트에서 고객에 서비스를 제공하는 일에 개인적인 자부심을 갖고 있었다. 누군가가 자신의 월마트에서 물건을 훔치거나 다른 손님에게 해를 끼쳤다면 그건 나의 일이었다. 그들은 자신의 일을 누군가를 돕는 것이라 생각했고 그 상황이 사람들에게 미치는 영향의 관점에서 일을 바라봤다. 그런 맥락에서 그들이 내리는 매일매일의 선택은 분명했다. 월마트에서 헬렌이 견뎌야 했던 부정적인 영향을 바로잡기 위해 그들은 뭔가를 해야 했다. 그들은 월마트 전체의 모든 문제를 해결하거나 전 세계의 절도를 영원히 근절하겠다고 나선 게 아니다. 그들은 단지 헬렌을 기쁘게 해주고 싶었다.

이것이 바로 모든 사람이 매일 실천할 수 있는 탁월함의 핵심이다. 이는 뛰어난 서비스를 제공하려는 개인의 노력이면서 다른 사람에게 긍정적인 영향을 미치려는 노력이기도 하다. 이런 뛰어난 서비스는 탁월함을 개인적 기준으로 삼겠다는 선택이 있어 가능한 결과다. 이는 아무리 논리적일지라도 탁월함과 반대되는 생각을 가져서는 가능하지 않다. 탁월함을 달성하는 일이 어렵다고 생각되면 스스로에게 간단한 질문을 해보자. 오늘 나는 고객을 위해 몇 개의 초콜릿 칩 쿠키를 구웠나? 다른 사람에게 미치는 영향에 책임감과 개인적 자부심을 느낀다면 그 답은 간단하다.

탁월함을 위해 위험을 감수하라

이 이야기는 뉴저지의 알파인 리무진 서비스에서 일하는 지나라는 직원의 이야기다.

첫 번째 비행기가 건물에 부딪혔을 때 우리는 평소와 다름없는 하루를 시작하고 있었다. 우리의 오랜 방송사 고객 중 하나가 바로 월드 트레이드 센터를 취재하게 되어 우리는 여느 때처럼 즉시 운전사를 보냈다. 몇 분 후 두 번째 건물에 비행기가 충돌하자마자 록펠러 센터가 걱정됐다. NBC가 그 건물에서 뉴스를 방송한다는 건 전 세계가 다 알고 있는 사실이었기 때문에 혹시 록펠러 센터도 타깃이 되지 않을까 하는 생각이 들었다.

고객에게 전화를 했지만 오히려 두려움만 커졌다. 파일에 있는 많은 번호 중 어느 번호도 응답이 없었다. 다른 부서들에도 전화를 해보았지만 다 헛수고였다. 하지만 나는 포기하지 않았다. 운 좋게도 고객에게서 전화가 다시 걸려와 안심할 수 있었다. 하지만 곧 "거기 운전사 좀 데리고 가는 중입니다."라는 고객의 말에 안도의 마음은 사라졌다. 눈앞에서 펼쳐지는 뉴스 상황에 몸이 떨리기 시작했다. 고객은 뻔히 보이는 위험을 제대로 인식하지 못한 것 같았다. 나는 운전사에게 주의를 주었다. "너무 가까이 가지 마세요! 건물에 불이 났으니 최악의 경우에는 빠져 나올 수 있도록 충분한 거리를 유지하세요."

최악의 상황이 얼마나 빨리 다가올지 전혀 알 수 없었다. 인내심을 갖고 계속 고객사의 통제실과 접촉하려고 했지만 소용이 없었다. 나는 운전사에게 말했다. "절대 고객을 혼자 내버려두지 말고 그 곳에서 기다리세요!" 운전사의 핸드폰이 먹통이었다. 심장이 멎는 것 같았다. 하지만 다행히도 무선 통신은 작동되어 계속 연락을 할 수 있었다.

나는 운전사에게 고객을 두고 오면 안 된다고 했다. 나는 운전사와 고객 모두 포기할 수 없었다. 매초가 평생처럼 느껴졌다. 나는 운전사에게 무사한지 확인할 수 있도록 계속 말을 하라고 했다. 그때였다. 건물이 무너지기 시작했고 운전사, 고객 모두와 연락이 끊겼다. 그 순간 나는 둘을 잃은 것 같은 기분이 들었다. 왜 운전사가 건물에 그렇게 가까이 다가가도록 내버려

됐을까? 오랜 시간 무선통신에서는 아무 소리가 들리지 않았고 곧 건물은 무너졌다.

나는 미친 듯이 문자 메시지를 보내기 시작했다. 괴로운 시간이 2시간 이상 흘렀고 마침내 운전사가 우리의 800번호로 전화를 걸어왔다. 나는 내 귀를 의심했다. 고객은 무사히 살아서 현장을 빠져 나왔다. 끊임없이 나의 팀에게 얘기해왔던 '절대 포기하면 안 된다'는 정신이 없었다면 운전사와 고객을 모두 잃었을지도 모른다.

나는 그 순간을 영원히 잊지 못할 것이다. 나는 헌신이 중요하다고 생각하는 사람이기 때문에 일에 내 인생 전부를 바친다. 나는 일에서 절대 80%가 아닌 120%를 달성하려고 노력한다. 나는 인생의 경험이 별로 없는 젊은 기사들이 자기 자신과 회사뿐만 아니라 가장 중요한 고객에게 헌신하는 게 무엇인지 배우고, 성장하며, 성숙할 수 있는 기회를 가질 수 있길 바라며 그들을 도우려고 노력하고 있다.

지나는 성공 기준이 고객이라고 생각한다. 지나의 회사는 NBC를 비롯한 여러 언론사를 상대로 서비스를 제공하며 촉박한 일정과 몇몇 위험한 요청을 어떻게 처리하느냐에 따라 회사의 성공이 판가름된다. 새로운 한계에 도전하고 싶어 하는 고객이 있으면 지나는 그들을 돕는다. 위의 경우에서도 운전사를 보내지 않거나 고객이 그런 위험한 상황으로 계속 나아가지 못하게 할 이유가 많았지만 지나는 그렇게 하지 않았다. 탁월함을 달성하려면 위험을 감수하려는 의지가 필요하다.

애초부터 포기하고 안 된다고 하는 게 쉬운 길이었을 것이다. 그러나 탁월함의 길은 모두가 안전해지고 임무가 완수될 때까지 연락을 유지하는 것이다. 포기하고 안 된다고 말하는 건 어떤 어려운 매일매일의 선택에서도 쉬운 해결방법이다. 이런 방법은 가장 안전한 선택처럼 보일 때가 많지만 진실은 그 반대이다. 오히려 위험을 감수하지 않는 게 가장 큰 위험이다. 탁월함을 선택하지 않는 건 결코 안전한 일이 아니다. 고객을 경쟁업체의 수중에 넘겨주게 되기 때문에 위험하다. 지나에게 탁월함을 선택하지 않는 건 선택사항이 아니었다. 지나는 현재 알파인 리무진의 직원 모두가 고객의 관점에서 성공을 생각할 수 있도록 직원들에게 지식과 경험을 전하고 있다.

> 오히려 위험을 감수하지 않는 게 가장 큰 위험이다. 탁월함을 선택하지 않는 건 결코 안전한 일이 아니다.

자신의 경험을 다른 사람에게 전하는 데에는 한층 높은 차원의 탁월함을 달성하고자 하는 지나의 노력이 필요했다. 지나는 자신의 기준뿐만 아니라 주변 사람들의 탁월함에도 신경을 쓴다. 지나는 탁월함을 달성하겠다는 용기 있는 결정을 내리려면 지식과 전문능력이 필요하다는 걸 잘 알고 있으며 사람들이 유사한 탁월함의 결정을 내릴 수 있도록 자신의 지식을 전하려 노력하고 있다. 오늘 당신은 누구에게 탁월함의 지식을 전달했는가?

탁월함을 가능하게 하는 환경을 만들어라

다음에 나오는 이야기는 나의 친한 친구 데이비드 코헨의 이야기다. 그는 이스라엘 텔아비브에 위치한 데이비드인터컨티넨탈 호텔의 총책임자이다. 탁월함을 달성하려는 데이비드의 노력은 거의 전설적이며 그의 직원들은 그러한 가치를 매일 실천한다. 그들의 서비스를 받은 경험이 있는 난 그들이 모든 고객과의 관계에서 보여주는 진실함과 배려의 산증인이다. 집에서 멀리 떨어진 곳에서 병이 나는 걸 좋아하는 사람은 없다. 아마 여행자한테는 가장 끔찍한 경험 중 하나일 것이다. 그러나 데이비드인터컨티넨탈 호텔에서는 집에서 멀리 떨어진 곳에서 병이 나는 것도 즐거운 경험이 될 수 있다. 이 이야기를 원래 그대로 여기서 소개한다.

모든 상황에 얼마나 대비를 했든, 직원들에게 얼마나 잘 업무를 설명하고 절차를 세심하게 정해 놓았든 예기치 못한 일은 언젠가 일어나게 마련이다. 이 이야기는 어려움에 처한 한 손님의 이야기다. 이 손님의 나쁜 경험은 인간적인 따스함과 우정을 느낀 좋은 추억으로 변했다. 이야기는 평소와 다름없는 업무교대 시간으로부터 시작된다.

오전 10시 호텔에 묵고 있던 한 나이든 여성으로부터 심상치 않은 전화를 받았다. 전화 목소리로 손님의 호흡이 매우 곤란하고 완전히 당황한 상태임을 알 수 있었다. 나는 상황을 해결하기 위해 즉시 하고 있던 일을 다 미뤘다. 손님은 호텔 객실에서 불의의 사고를 당한 상태였다. 사태를 파악한 후 나는 인근 병원에 손님을 데리고 가기로 했다.

병원의 유능한 의료진이 손님을 보살피게 되었지만 우리 호텔의 손님은 가능한 한 우리가 제공할 수 있는 최상의 보살핌을 받을 자격이 있다는 생각이 들었다. 난 하루 종일 손님 곁에서 약을 사다주고 가족에게 연락을 하는 등 여러 가지 필요한 일을 도왔다.

손님은 결국 건강한 상태로 호텔에 돌아왔고 우리는 아름다운 꽃다발로 손님을 환영했다. 손님의 눈에는 기쁨과 감사의 표정이 가득했다. 나는 이것이 바로 우리 일의 핵심임을 이해했다. 말도 통하지 않는 타국에 혼자 있었던 나이든 여성에게 이 일은 끔찍한 상황이 될 수도 있었다. 그러나 작은 관심과 배려로 손님은 낯선 나라에서도 자신이 믿고 의지할 수 있는 누군가가 있다는 걸 알 수 있었다.

호텔 직원 레이첼 예루살미가 쓴 이 이야기는 중요한 문제를 다루고 있다. 모든 예외적 상황에 다 적용될 수 있는 프로세스를 만들 수 없듯 직원이 일어날 모든 문제에 대비를 할 방법은 없다. 상황을 통제하는 건 관리자라는 잘못된 생각을 흔히 하지만 실제 관리자의 역할은 제한적이다. 중요한 것은 고객과 마주한 진실의 순간에 직원이 내리는 매일매일의 선택이다. 탁월함을 지원하는 환경도 이 이야기의 중요한 측면이다. 만일 회사에서 뒷받침해줄 거란 걸 몰랐다면 직원은 절대 이러한 결정을 내리지 않았을 것이다. 탁월함을 달성하겠다는 결정은 이러한 결정에 방해가 되는 환경에서 결코 뿌리를 내리지 않는다. 오직 잘 조성된 환경만이 이런 우수한 서비스를 양성할 수 있다. 탁월함은 끊임없이 잘 조성된 문화의 결과물인 것이다.

이 이야기는 탁월함을 가능하게 하는 올바른 환경이 뛰어난 서비스로 이어진다는 걸 보여준다. 사소한 부분까지 배려할 수 있었던 것은 손님의 입장에서 생각했기 때문이었다. 타국에서 몸이 아파 꼼짝 못하게 되었다면 무엇을 바라게 될까? 레이첼과 직원들은 이런 생각을 하며 고객이 단순히 숙박이 아닌 인간적 배려를 경험할 수 있도록 했다. 그들은 자신이 고객의 입장이라면 무엇을 원할지 생각하고 그대로 실천했다. 손님의 얼굴에 떠오른 미소로 최선의 서비스를 다했음을 알 수 있었다. 그 미소는 그들이 탁월함을 달성했다는 의미였다. 그들은 규칙이 아닌 자신의 생각대로 행동했다. 자신이 아플 때나 건강할 때 누군가가 자신에게 해주었음 하는 그대로의 탁월함을 손님에게 제공했다. 그들에게 탁월함은 비즈니스가 아닌 개인적인 일이었다.

11

고객을 기쁘게 할 창조적 방법을
찾아라

계약을 하나라도 더 따내고자 노력하지 않는 회사는 없다. B2B시장은 위험이 큰 만큼 돌아오는 이득도 크다. 이런 계약을 성사시키기 위해서는 자신의 상품이 고객의 요구에 완벽하게 적합하다는 걸 보여주어야 한다.

딜럭스 파이낸셜 서비스Deluxe Financial Service는 타의 추종을 불허하는 상품과 솔루션, 고객의 기호에 대한 광범위한 지식, 고객에 특별한 서비스를 제공하는 능력에 자부심을 갖고 있다. 수표 인쇄 서비스로 유명한 이 회사는 지난 몇 년 동안 은행을 위한 솔루션 제공업체로 탈바꿈했다. 전략적 파트너로서 딜럭스는 경영 효율을 높이고, 수입을 증대시키며, 고객과의 강하고 의미 있는 관계를 구축할 방법을 찾기 위해 여러 은행들과 협력하고 있다.

금융기관을 위한 새로운 길을 마련하고, 금융기관이 핵심 사업목표를 달성할 수 있도록 도움을 주면서 고객의 만족도를 높이겠다는 딜럭스의 목표는 막연해 보일 수 있다. 그러나 로고와 브랜드 이미지를 바꾸는 등 큰 변화를 시도한 딜럭스는 계획한 여러 방식들을 실행에 옮김으로써 경험의 가치를 입증하고 금융기관들의 이상적인 제휴사로 발돋움했다.

한 금융기관이 입찰 공고를 냈고, 뜻밖의 참여 요청을 받은 딜럭스는 입찰에 뛰어들게 되었다. 맨 처음 딜럭스는 계약을 따낼 가능성이 15퍼센트도 안 된다고 생각했지만 어쨌든 혁신적이고 적절한 사업제안서를 만들었다. 딜럭스는 금융기관들의 사업철학, 미래 비전, 중요한 사업목표를 이해하기 위해 노력했고 은행 경영진에게 진실로 특별한 경험을 제공하고자 했다. 그 결과 5년 기간의 파트너십 계약을 따낼 수 있었다.

딜럭스는 사업제안서를 작성하기 시작한 순간부터 금융기관의 비전을 파악하고, 그들의 새로운 브랜드 이미지를 강화하며, 금융기관의 경영진 및 이사회 임원들과 의미 있는 관계를 형성하는 등 그들이 필요로 하는 바를 충족시키는 데 집중했다. 딜럭스는 몇 차례나 주요 주주들을 만나 전반적인 목표와 관점을 분명히 이해하고자 했다.

금융기관의 고객 서비스 개선을 지원하는 딜럭스의 명성에 걸맞게 사업제안서의 세부 조항과 발표 프로세스에는 다음과 같은 고객 맞춤식 서비스와 주주들에게 특별한 경험을 제공하기 위한 창의적인 추가 항목이 포함되었다.

• 이사회 임원들은 사업제안서와 함께 맞춤식 '간식' 바구니를 받았다.

- 그 금융기관이 '고객과 발맞춰, 화음을 맞춰'라는 브랜드 캠페인을 추진하고 있는 점에 착안하여 딜럭스는 모든 이사회 임원에게 음표 무늬가 있는 편지지에 손으로 글을 써서 보냈다.
- 프레젠테이션 룸에는 이사회 임원들이 좋아하는 간식거리와 음료가 미리 준비되어 있었다.
- 사업제안서를 우편으로 보내지 않고 직접 전달했다.
- 프레젠테이션에는 금융기관의 중역팀에서 나온 아이디어와 인용구를 넣어 딜럭스가 그 금융기관이 필요로 하는 바가 무엇인지 귀 기울이고 있음을 보여주었다.

새로운 사업제안 및 프레젠테이션의 일부로서 딜럭스는 피닉스 고객지원 센터 방문을 기획하여 해당 금융기관이 최고의 고객서비스를 위해 끊임없이 노력하는 딜럭스의 모습을 직접 볼 수 있게 했다. 딜럭스는 경영진 및 이사회에 개별 초대장을 보냈고 출발하기 전날에는 확인 이메일을 다시 보냈다. 참가자들은 피닉스에서 최고 대우를 받았고 호텔 방에는 그들을 위한 환영의 선물도 마련되어 있었다. 고객지원 센터 시찰 내내 딜럭스는 창의적이고 의미 있는 서비스 제공 능력이 있음을 보여주기 위해 참가자 개개인에게 다음과 같은 맞춤식 서비스를 제공했다.

- 맨 먼저 딜럭스 직원 일동의 이름으로 된 환영 플래카드로 참가자들을 맞이했다.
- 게시판, 화이트보드, 컴퓨터 스크린에 금융기관과 이사회 임원들의 이

름이 나타나게 했다.

- 딜럭스의 직원들은 금융기관의 새로운 로고 색인 보랏빛의 옷을 입었다. 직원들은 보라색 셔츠와 스카프도 했다. 참가자를 환영하기 위해 얼굴을 보라색으로 칠한 직원도 있었다.
- 점심시간 동안 이사회 임원들은 각자 좋아하는 가수의 노래가 담겨있는 CD를 받았다.
- 저녁식사 테이블 중앙에 금융기관의 새 로고를 새기고 디저트 접시 가장자리에는 금융기관의 새 슬로건을 초콜릿으로 써 놓았다.
- 딜럭스 직원과의 일대일 요구사항 체크 회의에서는 이사회 임원들이 약력에 기초해 취미가 비슷한 직원과 짝이 지어졌다.
- 탐방이 끝난 후 이사회 임원들은 환영의 말과 탐방 중에 찍은 사진, 직원의 서명이 담긴 감사편지를 선물로 받았다.
- 사업제안서 작성 기간 동안 딜럭스는 금융기관의 임원들과 의미 있는 관계를 형성하고 임원 하나하나에게 잊지 못할 경험을 주려고 노력했다. 이런 것들은 고객과 깊은 관계를 형성하고 브랜드의 명성을 강화하는 딜럭스의 능력을 보여주었다.

고객이 좋아하는 색이나 노래 같은 사소한 것들에 대해 생각하기, 고객이 한 말을 사업제안서에 인용하기, 직원에게 고객 회사의 색으로 된 옷을 입히기와 같은 것은 평범한 영업 프로세스를 감동적인 경험으로 바꾼다. 이를 위해서는 의지와 관심이 있어야 한다. 또 모든 고객이 좋아하는 색이 다르고 좋아하는 노래가 다른 것처럼 고객 자체도 매우 다양하다는 걸 잘 알고 있어야 한다.

현재 진행 중인 5년간의 파트너십 계약에서 딜럭스는 개인별 서비스의 가치를 입증하고 단지 놀라운 경험을 제공한다고 말로만 떠드는 것이 아닌 실제로 최고의 경험을 제공하는 회사임을 보여주고 있다. 고객이 가장 좋아하는 노래가 뭔지 당신은 알고 있는가?

커튼 클립 하나로 고객을 기쁘게 하다

고객을 기쁘게 하는 최고의 방법에 주는 상은 시애틀 크라운 플라자 호텔에 돌아가야 한다고 생각한다. 나는 여행을 하면서 전 세계의 매우 다양한 호텔에서 묵을 기회가 많았다. 나는 종종 중요한 문제들을 해결함으로써 고객경험을 강화하고 가치를 높이는 호텔들의 창의적인 발명품들에 강한 인상을 받곤 했다. 그러나 시애틀의 크라운 플라자 호텔이 매우 인상 깊었던 이유는 나 같은 호텔 숙박 경험이 많은 손님조차도 문제로 인식하지 못했던 문제를 해결했기 때문이었다.

이는 고객으로부터 호텔에 뭔가 조치를 취하라는 불평이 나올 때까지 기다리지 않고 앞장서서 미리 문제를 해결하는 접근방식이다. 호텔은 문제를 미리 예상하고 이를 해결하는 접근방식을 택했던 것이다. 정말 칭찬할 만한 일이지 않은가!

이런 질문을 하는 사람이 있을지도 모르겠다. "그렇게 인상적이었던 대단한 발명품이 무엇입니까?" 그것은 커튼 클립이었다. "커튼 클립이 뭔데요?" 이런 질문이 나올 것이다. 나도 맨 처음 객실 커튼에 붙은 '커튼 클립'이라는 이름의 커다란 플라스틱 클립을 보고 같은 생각을 했다. 그러나 객실정리 서비스가 끝난 후 의문은 풀렸다. 객실정리

담당자는 클립으로 오른편과 왼편의 커튼을 고정하여 원하지 않는 햇빛이 단 한줄기도 방 안에 들어오지 않게 했다.

그때 나는 대부분의 호텔 커튼은 완전히 닫기지 않으며 양쪽 커튼 사이에는 좁지만 거슬리는 틈이 있다는 걸 깨달았다. 이런 좁은 틈으로 아침 햇살이 들어오면 손님은 원래 의도했던 시간보다 이른 시간에 잠에서 깨게 된다. 이 때 대개 다시 잠을 청하기가 어려울 때가 많기 때문에 결국 하루 종일 피곤할 수밖에 없게 된다. 호텔의 누군가가 손님들이 충분한 잠을 자야 한다는 걸 생각하면서 손님의 입장에서 문제를 바라봤던 것이다. 그러지 않았다면 커튼 클립은 생겨날 수 없었을 것이다.

기업들은 종종 고객을 만족시키고 탁월함을 달성하는 일에 비용이 너무 많이 들어 이윤이 줄어든다고 불평한다. 이런 기업들은 자신이 몸담고 있는 산업이 고도로 범용화되어 이제 새로운 아이디어가 남은 게 없다고 말한다. 위의 두 주장 모두 호텔업에 똑같이 적용될 수 있을지 모른다. 어쨌든 경쟁이 심한 산업이니 말이다. 많은 브랜드들이 고객의 관심과 지갑을 얻기 위해 경쟁하고 있다. 최고급 시장은 소수의 고객들만이 구매할 수 있는 고가의 화려한 서비스를 포함한다. 훌륭한 경험은 단지 높은 비용의 문제일까? 그렇지 않다. 훌륭한 경험에 반드시 많은 돈을 들일 필요는 없다.

훌륭한 경험은 보다 많은 고객들이 접근할 수 있어야 한다. 커튼 클립은 비용이 많이 들지 않는다. 그것은 호텔업 전반을 바꾸는 혁명적인 아이디어도 아니다. 커튼 클립은 간단하다. 그러나 커튼 클립이 특별한 이유는 고객의 입장에서 생각하고 아주 작은 문제까지도 해결하는 배려의 과정을 나타내기 때문이다.

일반적인 생각과는 달리 탁월함에는 비용이 많이 들 필요가 없다. 간단하지만 창의적인 아이디어가 큰 차이를 만들 수 있다.

일반적인 생각과는 달리 탁월함에는 비용이 많이 들 필요가 없다. 간단하지만 창의적인 아이디어가 큰 차이를 만들 수 있다. 기업이 고객을 만족시키지 못하는 이유는 예산과 거의 관계가 없다. 이는 수익성만이 아니라 고객에 미치는 영향에도 초점을 맞추면서 고객의 입장에서 생각하지 못하기 때문에 나타난 결과다. 이는 예산규모보다는 마음가짐의 문제다. 고객을 만족시키고 탁월함을 달성할 기회를 찾고 싶다면 다음에 나오는 간단하지만 상상력이 필요한 질문에 답을 해보자.

- "고객을 위해 해결해야 할 진짜 문제는 무엇인가?"
- "고객이 제품과 서비스를 어떤 식으로 소비하는가?"
- "전체적인 서비스를 완벽하게 하는 데 빠진 것은 없는가?"

• "어떻게 해야 고객을 놀라게 할 수 있을까?"

미래는 커튼 클럽에 달려있다. 고객을 기쁘게 하는 간단하지만 훌륭하면서 비용도 적게 드는 해결책 말이다. 이 호텔은 객실 당 1달러도 안 되는 돈으로 탁월함을 달성했다. 오늘날은 모든 기업이 비용을 낮추면서도 혁신을 이루어내는 방법을 찾는 시대다. 이 두 목표는 서로 심하게 상충되는 것처럼 보인다. 위의 사례는 간단하지만 창의적인 무언가가 화려하고 비용이 많이 드는 것보다 더 낫다는 것을 보여준다. 고객을 기쁘게 하고 잊지 못할 분명한 차이를 만들어내는 일은 커튼 클럽과 같은 아이디어에서 나온다. 이런 아이디어는 고객의 입장에서 생각하고 고객이 필요로 하는 바를 예상했음을 보여준다.

미리 예측한 서비스로 고객을 놀라게 하는 일은 가장 높은 수준의 탁월함이다. 이는 고객이 미처 깨닫고 문제에 대해 불편하게 생각하기 전에 미리 문제를 해결하는 것이다.

오늘날 고객의 힘이 점차 커지고 있지만 여전히 선택권은 당신에게 있다. 선택은 "탁월함에는 비용이 많이 든다."라는 생각을 고수하여 아무런 혁신도 이루지 못하는 길을 택할 것인가, 아니면 무기력하게 행동하는 것을 멈추고 자기 운명의 주인이 될 것인가이다. 혁신의 길을 선택하는 것은 다른 사고방식을 필요로 하지만 이는 바람직하고 수익성 높은 고객 관계와 성장으로 이어지게 될 것이다. 혁신은 궁극적으로 탁월함을 창조하고 자기만족과 평범함을 제거하는 일이다. 이는 고객에게 더 많은 가치를 제공함으로써 차별화하는 방법이기도 하다.

오직 당신만이 새로운 아이디어를 통해 혁신을 달성하고 고객을 유치하는 선택을 내릴 수 있다. 미래는 고객이 필요로 하는 바를 미리 예측하고 이를 해결하는 커튼 클립 같은 간단하지만 훌륭한 아이디어를 생각해낼 수 있는 기업의 것이다. 따라서 먼저 간단한 연습부터 시작해보자. 스스로에게 이렇게 물어보자. "나는 고객을 기쁘게 하기 위해 보통의 플라스틱 클립으로 무엇을 할 수 있을까?" 창의력을 발휘하자. 힘은 아이디어에 있다.

5분 안에 고객의 칭찬을 받아내라

5분 안에 할 수 있는 일에는 무엇이 있을까? 대부분의 사람들은 그렇게 많지 않다고 답할 것이다. 하지만 로넨 니센바움은 5분의 탁월함을 창조한다.

객실 수가 422개, 직원 수가 400명에 달하는 고급호텔을 운영하는 일은 결코 만만한 일이 아니다. 조지아주 애틀랜타에 위치한 인터컨티넨탈 호텔의 총지배인인 로넨은 극도로 바쁜 사람이다. 그러나 그는 매일 짬을 내서 차이를 만들어낼 특별한 서비스를 개발한다. 인사 담당자와 직속 상사가 면접을 보는 다른 많은 호텔과는 달리 로넨은 호텔의 모든 신입사원이 채용되기 전 그와 5분 동안 시간을 보내야 한다는 특별규정을 만들었다.

> 우리는 자신의 기준을 고객의 기준에 맞춰 높일 때에만 고객의 칭찬을 받을 수 있다.

5분이 길지 않은 시간처럼 여겨질 수도 있지만 이 시간이면 로넨은 충분히 신입사원에게 개인적인 메시지를 전달할 수 있다. 성공은 시도로 평가되지 않으며 고객의 요청을 들어주는 것으로 평가되지도 않는다. 로넨에게 성공의 척도는 하나다. 바로 고객의 칭찬이다. 그는 고객의 칭찬을 받으려면 기본적인 기술만으로는 부족하다는 것도 분명히 알고 있다. 기술로 다른 호텔과 동등한 수준의 서비스는 제공할 수 있지만 탁월함은 불가능하다. 탁월함은 보는 사람에 따라 달라진다. 따라서 서비스를 받는 사람에 따라 탁월함도 달라진다. 우리는 자신의 기준을 고객의 기준에 맞춰 높일 때에만 고객의 칭찬을 받을 수 있다.

로넨에게 고객의 기준은 매우 높게 설정되어 있다. 성공을 하기 위해서는 애틀랜타 인터컨티넨탈 호텔에서의 최종 테스트를 통과해야 한다. 바로 가장 까다로운 고객에게 깊은 인상을 심어주어야 하는 것이다. 인터컨티넨탈 호텔의 고객은 깊은 인상을 받을 때만 칭찬의 말을 건네고 쉽게 칭찬을 하지 않는다. 이러한 고객을 감동시키려면 상당히 비상한 노력이 필요하다.

이런 근본적 차이를 잘 알고 있는 로넨은 직원에게 메모를 보내는 대신 모든 직원에게 직접 메시지를 전달한다. 모든 직원과의 개별 면담은 그렇지 않아도 빡빡한 일정에 큰 부담이지만 그는 이 시간이 훌륭한 투자라고 생각한다.

"이러한 면담이 얼마나 큰 열정을 불러일으키는지 모릅니다. 대부분의 직장에서 직원들은 총지배인과 대화나 면담은커녕 지배인의 모습을 보지도 못하는 경우가 많습니다. 직원들은 자신이 매우 특별하다는 느낌을 받게 되고 훨씬 더 나은 결과를 이루어냅니다. 또 이 결과는 회사 전체에 물결처럼 퍼지지요." 로넨은 말한다.

모든 직원과 면담을 함으로써 로넨은 모든 직원의 일이 다 매우 중요하다는 강한 메시지도 전달한다. 어느 한 직원도 빼놓지 않음으로써 로넨은 호텔이 탁월함을 달성하기 위한 개인의 노력에 얼마나 크게 의존하고 있는지도 보여준다.

여기에는 5분밖에 들지 않는다. 그러나 그 시간 동안 로넨은 조직의 탁월함을 창조해낸다. 그는 고객의 칭찬이라는 맥락에서 탁월함을 정의함으로써 탁월함의 기준을 높이고 있다. 이는 일시적인 처방이 아니다. 이는 당신이 조직 내에서 가장 미약한 고리임을 인식하는 훈련이다. 또 스스로의 행동을 옹호하는 주관적인 입장이 아닌 서비스를 받는 사람의 의견에 따라 내가 평가됨을 인정하고 받아들이는 일이다. 모든 직원이 내리는 매일매일의 선택에 따라 탁월함이 평범함으로 바뀔 수도 있다.

고객의 칭찬을 받기 위한 비즈니스에서 평범함은 선택사항이 아니다. 탁월함이 아니면 아무것도 아닌 것이고 고객의 칭찬 하나하나가 모두 중요하다. 로넨이 5분의 약속을 반드시 지키는 것도 바로 이런 이유에서다.

고객 칭찬의 기준을 설정하는 일과 이 5분 규칙은 모든 관리자가 쉽게 시행할 수 있는 일이다. 그 시행을 주저하게 되는 것은 그다지 많은 칭찬을 듣지 못할 것 같다는 두려움 때문이다. 만일 각각의 직원을 위해 5분의 시간을 낼 수 없다면 조직의 경쟁력은 심각한 위험에 처하게 될 것이다. 탁월함의 기준을 고객의 칭찬에 맞추기를 두려워한다면 고객을 바로 경쟁업체에 보내는 거나 다름없다. 로넨은 선택을 했다. 고객의 칭찬을 듣기 시작하는 순간 당신은 그것이 노력할 가치가 있었다는 걸 알게 될 것이다. 고객으로부터 진심어린 감사의 말을 듣는 것보다 더 짜릿한 건 없다.

12

당신의 회사에는 '탁월함 치어리더'가 있는가

"가장 갖기 어려운 것은 사랑하는 마음입니다." 네덜란드 복스텔 마을에 위치한 HECC의 제인 온더워터의 말이다. HECC는 유럽 전체를 상대하는 콜 센터로 고객들에게 11개 언어로 서비스한다. 하지만 HECC 직원들이 가장 중요하게 여기는 건 사랑이다.

제인을 비롯한 HECC 직원들은 전화를 받는 일이 어렵지 않다는 걸 잘 알고 있다. 결국 사랑을 전달하는 것이 모든 차이를 만들어낸다. 사랑하는 마음을 갖고 생활하는 것은 그들이 하는 모든 일의 중심이 되었다. 그래서 네덜란드에서는 밸런타인데이를 기념하지 않는데도 불구하고 HECC는 밸런타인데이를 기념하기로 했다. 밸런타인데이에 전 직원의 배우자에게 선물을 나누어주는 것이다. 이러한 형태의 감사는 배우자가 훨씬 더 큰 가족의 일원으로서 직원을 지원해주고 있다는 걸 인정한다.

이런 사랑의 행동은 큰 효과를 거두고 있다. 직원들은 배우자를 회사에 데리고 오기도 한다. "우리는 사랑으로 살아갑니다." 제인은 말했다. 네덜란드 직원 중에는 해외출장을 갔다가 외국인과 사랑에 빠져 그들을 네덜란드로 데리고 오는 경우가 많다. 이런 직원들은 HECC의 성공에 매우 중요한 외국어와 외국문화에 대한 이해를 높이는 데 도움이 되기 때문에 HECC 직원으로서 완벽한 자격을 갖추게 된다.

혹자는 사랑을 사적인 일로 치부하거나 '누구나 자유롭게 일원이될 수 있는' 문화에서 나타나는 책임감 결여와 결부지을 수도 있다. 그러나 성급한 결론을 내리지 말아야 할 이유는 HECC가 흑자 기업이라는 데 있다. 사랑은 이 회사가 흑자 경영을 이룰 수 있게 돕는 비밀병기이다. 사실 사랑이 충만한 HECC에서 직원들의 책임감과 참여의식은 그 어느 회사보다 높다. HECC는 회사의 비즈니스 목표에 맞춰 모든 직원이 책임감을 갖도록 유도한다. HECC에서는 모든 직원이 영업에 관여한다. 카페테리아에서 일하는 직원을 포함해 모든 직원이 영업 관련 질문에 답변을 하고 영업 제안을 한다. 영업을 하지 않아도 되는 직원이 없기 때문에 고객 유치는 모든 직원의 과제다. 또 계약을 따내는 일은 어렵기 때문에 탁월한 수준의 서비스를 제공하는 일이 얼마나 중요한지를 직원 모두가 새삼 알게 된다. 그런 차원에서 사랑은 일을 대강해도 된다는 면죄부가 아닌 탁월함을 지원하는 역할을 한다.

직원들이 영업의 어려움과 도전을 경험한다면 탁월함을 위한 그들의 노력은 완전히 달라질 것이다. 직원들은 한층 더 고객에 집중하게 된다. 일단 고객을 유치하는 게 얼마나 어려운지 직접 경험하고 나면 고객 유지를 위해 더 열심히 노력하게 되는 것이다.

사랑이 중요한 이유는 무엇일까? 이는 사랑이 배려를 의미하기 때문만은 아니다. HECC의 사전에 사랑이란 고객에게 더 큰 혜택을 주기 위해 가치를 더하는 일이다. 이는 단순한 교감을 넘어 모든 직원이 고객에게 실제적인 이익을 제공하는 것을 의미한다.

> 보통 기업에서는 사랑이라는 개념을 두려워한다. 그러나 사랑은 고객과 관계를 맺고 고객을 기쁘게 하는 가장 진실된 방법이다.

보통 기업에서는 사랑이라는 개념을 두려워한다. '사랑'이라는 말만 나와도 어쩔 줄 몰라 하는 관리자도 많다. 그러나 사랑은 고객과 관계를 맺고 고객을 기쁘게 하는 가장 진실된 방법이다. 어떤 식으로든 당신은 직원들의 사랑에 크게 의존을 하고 있다. 단지 사랑이란 이름을 사용하지는 않았을 뿐이다. 사랑은 우리가 일관성을 뛰어넘어 탁월함을 달성할 수 있게 돕는다. 사랑이 있기 때문에 직원들은 자신의 행동이 상대방에게 미치는 영향에 신경을 쓰게 된다. 일을 사랑하고 일터를 사랑할 때 우리는 최선을 다한다. HECC는 성공을 거두고 경쟁력을 갖추려면 고객을 당연시하지 말고 사랑하는 데서부터 시작해야 한다는 걸 일찌감치 깨달았다.

아주 작은 일에서부터 탁월해져라

토론토 페어몬트 로얄 요크 호텔에 있는 페어몬트 프레지던트 클럽 매니저 알라리크 다쿠나와 이야기를 나누다 보면 그가 단순히 매니저로서의 역할만 하는 것이 아님을 느낄 수 있다. 고객의 모든 요구를 책임지는 사람이라고 하는 편이 더 어울릴 것이다. 호텔에서 가장 까다로운 손님을 기쁘게 하는 책임은 알라리크에게 있다. 그는 손님이 무언가를 원하는 즉시 손님의 요구사항을 들어준다. 종종 손님이 미처 요청하기도 전에 서비스가 이루어지기도 한다.

까다로운 손님을 상대하는 건 어렵다. 고객이 원하는 바를 만족시키는 것도 쉽지 않다. 그러나 그것만으로는 충분치 않다. 고객이 기대하는 이상의 서비스를 제공함으로써 고객을 놀라게 하는 것이 알라리크가 매일 하는 일이다. 그는 매우 오래되었지만 효과가 입증된 기술을 사용하여 이런 높은 수준의 탁월함을 달성할 수 있었다. 그 기술은 바로 상대의 말에 귀를 기울이는 것이다.

페어몬트 프레지던트 클럽 프로그램은 모든 고객이 베개 종류, 선호하는 객실, 엘리베이터로부터의 거리 등 자신의 특정한 선호를 호텔에 등록할 수 있게 한다. 단골손님의 만족도를 높이기 위해 이런 서비스를 제공하는 호텔은 많다. 그러나 페어몬트 호텔은 한 걸음 더 앞으로 나아갔다. 이 호텔은 고객이 한 모든 요청과 말을 상세히 기록하고 고객의 다음 방문을 대비하여 기록을 계속 보관한다. 식당에서 식사를 하는 도중에 한 손님이 자신은 락토오스를 못 먹는다고 했다고 하자. 웨이터는 손님의 요구사항을 이행할 뿐만 아니라 그것을 호텔에 제출해 해당 손님의 프로필에 기록될 수 있게 한다. 손님이 다음 번에 페어몬트 호텔 체인 중 어디에 들르더라도 직원은 손님이 그러한 요청에 이미 준비가 되어 있을 것이다. 페어몬트의 직원들은 간단한 '고객 선호사항 메모지'에 모든 특별한 고객의 요청사항을 기록하고 고객 프로필에 추가되도록 호텔에 기록을 제출한다. 간단한 종이와 모든 고객이 편안하게 호텔에 숙박할 수 있도록 하겠다는 의지가 페어몬트 호텔이 제공하는 특별한 서비스의 핵심이다.

알라리크는 출근을 하자마자 앞으로 3일간 호텔에 예약이 되어있는 손님 명단과 전 세계 페어몬트 직원들이 기록, 수집한 해당 손님의 특별한 선호사항 목록을 받는다. 그는 각 부서마다 고객의 특별한 요구사항이 있는지 검토하고 직원들이 모든 손님의 개인적 기호를 맞춰줄 수 있도록 준비시킨다. 손님이 객실에 가습기를 요청한 적이 있었다면? 분명 가습기는 객실에 마련되어 있을 것이다. 밤에 물 6병이 필요하다고 요청한 적이 있었다면? 물은 객실 안에 마련되어 있을 것이다. 어떤 손님은 깃털 베개 4개와 여분의 잠옷, 티슈가 있어야 한다고 요청한 적이 있었다. 알라리크는 손님에게 묻지도 않고 손님이 필요로 하는 모든 걸 준비한다. 손님이 매일 아침 7시 식사예약을 한 적이 있었다면 알라리크는 손님이 요청을 하기도 전에 미리 준비해 놓는다. 손님은 그저 단 한번만 요청을 하면 된다. 그러면 알라리크가 앞으로 페어몬트의 어느 호텔에 손님이 머무르든 상관없이 손님의 요청이 이행되도록 할 것이다.

손님이 무엇을 필요로 할지 미리 예측하고, 손님이 필요로 하는 바를 경청하며, 손님이 요청하기 전에 미리 제품과 서비스를 제공하는 일이 알라리크가 하는 일의 핵심이다. 고객들은 이러한 서비스를 높이 평가하며 페어몬트 호텔이 마치 집처럼 편안하다고 한다. 이것은 알라리크가 받을 수 있는 최대의 찬사다.

그러나 실수도 일어난다. 손님의 기분을 상하게 하는 문제가 생길 수도 있다. 알라리크에게 이런 문제는 기회가 된다. 그는 고객과 끊임없이 접촉하며 문제가 제대로 해결되었는지 확인한다. 바쁜 고객을 상대하다보면 6, 7차례는 시도해야 겨우 손님과 연락이 닿는 경우도 있다. 그러나 알라리크는 그런 어려움에 까딱하지 않는다. 간단한 이메일로도 확인이 가능하겠지만 그는 손님을 직접 만나 문제에 대한 이야기를 나누는 일이 매우 값지다는 걸 알고 있고 이러한 접근방식을 사용하면 고객이 대개 다시 호텔을 찾는 경우도 많이 봤다.

"가장 보람을 느낄 때는 우리가 제공한 서비스에 감사를 표하는 손님의 말을 들을 때입니다." 알라리크는 말한다. 그는 "그 호텔에서 머무는 바람에 이제 다른 호텔에는 못 가겠어요!"라고 말하는 고객의 이메일도 받은 적이 있다고 했다.

고객의 말에 귀를 기울이고, 작은 고객의 선호까지도 기록하며, 고객의 요구를 미리 예상하는 것은 차이를 만들고 탁월함을 달성하는 방법의 핵심이다.

고객의 말에 귀를 기울이고, 작은 고객의 선호까지도 기록하며, 고객의 요구를 미리 예상하는 것은 알라리크와 페어몬트 호텔이 차이를 만들고 탁월함을 달성하는 방법의 핵심이다. 이들은 규격화된 탁월함이 아닌 차별화된 탁월함을 고객에 제공한다. 이들은 탁월함이 고객에 따라 달라질 수 있다는 걸 알고 있다. 탁월함이 여분의 티슈상자라고 생각하는 손님도 있고 아침을 미리 예약해 주는 거라고 생각하는 손님도 있다. 손님이 탁월함을 어떤 식으로 정의하든 알라리크는 호텔의 모든 직원이 고객이 원하는 탁월함을 달성할 수 있도록 만반의 준비를 시킨다.

알라리크는 "손님의 이름을 불러라."라는 제안을 했다. 고객은 직원들이 이름을 불러주는 걸 좋아한다. 이는 간단하지만 매우 효과가 큰 제스처이며 손님을 개별적인 인격체로 배려하고 있다는 걸 보여준다.

사람들이 체크인을 하면 도어맨이 손님 가방에 붙어있는 이름표를 살짝 보고 리셉션 데스크에 무선으로 이름을 알려준다. 그러면 손님이 체크인을 하러 데스크에 갔을 때 직원은 손님의 이름을 미리 알고 있다. "제 이름을 어떻게 아셨어요?"라고 말하며 놀란 표정을 짓는 손님의 얼굴을 상상해봐라.

알라리크는 얼마나 사소한 것에서도 탁월함을 달성하려고 할까? 대리주차 도우미를 기다리는 걸 매우 싫어하는 고객이 있다. 그러면 그 손님이 올 때마다 알라리크는 누군가에게 이 손님이 도착하는 걸 기다리다 손님이 오면 차를 즉시 주차시키라고 한다. 이 손님에게는 이러한 작은 서비스가 탁월함을 의미할 것이다.

달콤한 초콜릿으로 배려를 전하다

호텔 베개 맡에 초콜릿을 놓아두는 일이 점점 사라져가고 있다. 대부분의 호텔은 이 작고 맛있는 선물을 비용절감의 일환으로 더 이상 제공하지 않고 있다. 그러나 인도 뭄바이에 위치한 르네상스 호텔은 다른 접근방식을 쓴다. 호텔은 손님에게 기회가 닿을 때마다 마스와 스니커즈 미니어처를 손님에게 풍족하게 제공하고 있다. 손님에게 메시지를 전할 때와 손님의 세탁물을 배달할 때도 초콜릿을 제공하고, 안내 데스크와 객실 베개 위에도 초콜릿이 마련되어 있으며, 객실청소를 한 후에도 초콜릿을 놓고 간다.

손님이 호텔 어디에 가든 작은 초콜릿 하나가 손님을 기다리고 있다. 얼마나 달콤한 배려인가! 호텔을 떠날 때쯤 손님이 그동안 받은 초콜릿은 상당한 양이 된다. 비용이라는 관점에서 보면 지나치게 비싼 서비스일지 모르지만 그 효과는 비용을 훨씬 초과한다. 초콜릿을 넉넉히 나누어 주는 것은 호텔의 후한 마음을 나타낼 뿐만 아니라 모든 손님들이 미소 짓게 하고 '와!'하는 놀라움을 가져다 준다.

이 초콜릿은 인간적인 배려와 교감 그리고 의무 이상으로 제공하려는 후한 마음씨를 나타낸다. 당신의 고객 서비스에서 후한 마음씨를 나타내는 것은 무엇인가? 무엇이 단순한 의무 이상으로 제공하려는 마음가짐을 상징하는가? 당신은 기본적이고 인간적인 차원에서 어떤 식으로 배려를 보이는가? 단순하고 창의적인 행동으로 뭄바이의 르네상스 호텔은 고객과 교감하고 배려를 전달한다.

반드시 초콜릿이 비쌀 필요는 없다. 그러나 초콜릿은 작지만 강하게 후한 마음씨와 배려의 메시지를 전한다. 달콤한 초콜릿의 냄새와 맛은 고객의 마음을 사로잡고 고객의 얼굴에 미소가 떠오르게 한다. 이러한 미소가 바로 뭄바이 르네상스 호텔 손님이 경험하는 탁월함이다. 이 호텔은 작은 초콜릿 포장지에 탁월함을 싼다.

> **반드시 초콜릿이 비쌀 필요는 없다. 그러나 초콜릿은 작지만 강하게 후한 마음씨와 배려의 메시지를 전한다.**

고객을 위해 일일 배송기사가 되다

무슨 일이 의도대로 되지 않을 때면 그 이유가 인간이 통제할 수 없는 것 때문인 경우가 많다. 기상으로 인한 지연이나 천재지변 때문에 기한을 맞추지 못하는 일 등은 우리가 어떻게 할 수 없는 일이다. 그러나 이런 이유 때문에 어찌할 수 없는 상황을 우회하여 고객을 기쁘게 할 창의적인 방법을 찾는 걸 그만둬서는 안 된다. 바로 라파엘르 페르가 좋은 사례이다.

스위스의 한 고객은 뉴욕에 있는 회사로부터 급하게 필요한 제휴계약서를 받기로 되어 있었다. 서류는 빨리 전달되어야 했기 때문에 다음달 스위스에 도착할 수 있도록 3월 24일 목요일에 페덱스를 통해 보내졌다. 그러나 3월 24일 뉴어크 국제공항의 악천후로 페덱스는 운송을 제시간에 할 수 없게 되었고 미국에서 파리로 가는 항공기의 운항이 지연되었다. 이 때문에 고객의 계약서는 뉴어크 공항에서 옴짝달싹 못하게 되었다. 3월 25일 금요일과 그 다음 월요일은 스위스의 부활절 휴일이었기 때문에 고객의 계약서는 그 다음 화요일까지 배송이 되지 못했다. 계약서의 수신처가 집으로 되어 있었지만 화요일에 고객은 회사에 출근을 했기 때문에 배송기사는 하는 수 없이 고객의 집에 '부재중이어서 전달하지 못했습니다.'라는 쪽지를 남겼다.

3월 30일 고객의 비서는 페덱스에 전화를 걸어 고객이 다음날 아침 9시에 출장을 가니 그 계약서를 사무실로 보내줄 수 없냐고 물었다. 아니면 혹시 다음날 아침 8시 45분 이전에 집으로 배달해줄 수 있느냐고 했다. 불행히도 3월 30일 배송지를 변경하기에는 전화가 너무 늦었다. 대신 다음날 아침 일찍 배송을 하는 건 가능했지만 그러자면 고객이 특별배송료를 내야했다.

이 시점까지 제휴계약서가 고객에게 전달되지 않은 데에는 페덱스의 잘못이 하나도 없었다. 악천후와 방문 시 부재중이었던 것, 배송 종료시간 이후에 전화를 걸어온 것이 이유였다. 그러나 이유가 아무리 타당하다고 해도 계약서가 고객에게 제시간에 전달되지 않은 사실을 바꿀 수는 없다.

취리히의 페덱스 고객 서비스 담당자인 라파엘르 페르는 이 긴급 배송 건을 담당했다. 라파엘르는 자신이 고객의 입장이라면 다음날 아침 추가요금을 내더라도 긴급배송을 받겠다는 생각이 들었다. 하지만 그래도 추가요금을 될 수 있으면 내고 싶지 않을 거란 생각도 들었다. 사실 제일 좋은 건 출장가기 전날 밤에 계약서를 받는 것이다. 라파엘라는 고객의 입장에서 생각을 했다. 고객이 입장에서 고객이 어떤 어려움에 처했고 얼마나 간절히 문제가 해결되길 바랄지 상상했다.

라파엘라는 그날 저녁 고객의 집 근처에서 약속이 있었기 때문에 자신이 집하장에서 서류를 받아다 직접 배송하기로 결심했다. 그렇게 하면 고객은 추가요금을 내지 않으면서 서류를 일찍 받아볼 수 있게 된다. 라파엘라는 만일 같은 일이 자신에게 일어난다면 이런 식으로 해결되기를 바랐다. 라파엘라는 상사에게 이 '특별 개인배송' 허가를 받고 집하장으로 가 서류를 받아서 고객에게 밤 9시쯤 서류가 배달될 거라고 알려줬다. 라파엘라는 자신의 차로 고객이 사는 동네로 가서 페덱스 배지를 보여주고 고객이 스위스를 떠나기 전날 저녁 8시 45분에 그의 부인에게 서류를 전달했다.

고객은 배송기사도 아닌 페덱스 직원이 근무시간이 끝난 후임에도 불구하고 자신의 서류를 직접 집으로 배달해 준 데에 대해 대단히 기뻐했다.

라파엘라가 공식적으로 페덱스의 배송기사가 아니었다는 사실은 중요하지 않았다. 라파엘라가 잘못한 것도, 책임도 없었다는 사실 역시 중요하지 않았다. 자기 차를 사용한 것도 중요하지 않았고 근무시간이 끝난 후였다는 점도 중요하지 않았다. 라파엘라에게 중요한 것은 오직 한가지였다. 라파엘라는 고객에 미치는 궁극적인 영향에 초점을 맞추었기 때문에 이런 일을 스스로 하겠다고 나설 수 있었다. 라파엘라는 서비스의 기준을 한 차원 높였으며 배려와 탁월함으로 고객의 입장에서 고객이 바랄만한 서비스를 제공했다.

탁월함 치어리더, '와우' 박사

'와우' 박사를 직접 본 사람은 아무도 없지만 커머스 은행 직원들은 '와우' 박사가 진짜 존재한다는 걸 알고 있다. 뉴저지 체리힐에 위치한 이 은행은 고객 서비스를 위한 특별 접근법으로 유명하다. 이 은행은 고객에게 매우 친절하며 의무 이상의 서비스를 제공하려는 마음가짐으로 고객을 대한다. 어찌됐든 고객에게 매년 2천1백만 개의 공짜 펜과 9백만 개의 공짜 사탕, 2백만 개의 공짜 비스킷을 나누어 줄만큼 고객을 사랑하는 은행이 몇 개나 될까? 이러한 특별한 탁월함과 고객 서비스 정신을 유지하기 위해 은행은 깜짝 놀랄 만큼 고객을 기쁘게 하는 전문가인 '와우' 박사를 만들었다. 직원들은 문제가 생기면 박사에게 자문을 구한다. 그러면 '와우' 박사는 고객을 기쁘게 할 방법과 아이디어를 알려준다.

고객이 불만을 말할 때에도 탁월함의 정신을 유지하기란 쉬운 일이 아니다. 실제로 직원들은 업무시간 동안 서비스에 만족한 고객보다는 화가 난 고객을 더 자주 만난다. 이 때문에 사기가 저하되고 탁월함을 달성하려는 직원들의 노력이 줄어든다. 이 때 매주 직원들에게 몇 가지 발표를 함으로써 탁월함의 정신을 고취하는 '와우' 박사가 활약하기 시작한다. 고객이 감사 편지를 보내면 '와우' 박사는 편지내용을 소개하며 은행이 고객을 만족시킨 데 대한 축하를 보낸다. 솔선수범하여 고객에게 훌륭한 서비스를 한 직원이 있으면 '와우' 박사가 그 이야기를 은행 전체에 알린다. 고객을 놀라게 한 훌륭한 서비스의 예를 통해 직원의 사기를 높이고 이런 사기와 탁월함을 달성하기 위한 노력이 저하되지 않도록 하는 것이다. 평범한 수준 이상의 탁월한 서비스를 제공하는 일은 '와우'박사가 가장 중요하게 생각하는 것이다. '와우' 박사라는 개념이 진부하다고 생각하는 사람이 있을지 모른다. 그러나 결과가 그 효과를 말해준다. 아무도 본 적 없는 '와우' 박사는 고객을 열렬한 팬으로, 직원을 신봉자로 만드는 등 강력하고 실제적인 존재감을 갖고 있다.

> 당신의 조직에서 탁월함을 책임지는 사람은 누구인가? 무기력과 냉소주의로부터 당신을 보호하는 응원단장은 누구인가?

당신의 조직에서 탁월함을 책임지는 사람은 누구인가? 무기력과 냉소주의로부터 당신을 보호하는 응원단장은 누구인가? 당신은 매일 어떤 식으로 직원의 사기를 높이고 훌륭한 서비스가 당연한 것이 아닌 칭찬받을 일임을 확실하게 보여주는가? '와우' 박사는 일부 경영자의 이상한 아이디어나 일화가 아니다. 이는 냉소주의의 위협과 직원 사기의 중요성에 대한 진진한 인식이다. 이는 커머스 은행이 탁월함을 계속 유지하기 위해 노력하고 있음을 잘 보여준다. 그것이 다소 특이해 보일 수도 있다. 하지만 당신은 어떤 식으로 모든 사람이 매일 탁월함을 달성하도록 하는가?

열정이 넘치는 곰 인형 가게

빌드어베어 워크숍Build-A-Bear Workshop을 방문한 사람이라면 누구나 뭔가 특별한 분위기를 느낄 수 있다. 그곳은 특별하다. 빌드어베어 워크숍의 정신과 분위기는 행복을 뿜어낸다. 가게에 인사를 받으며 들어간 순간부터 직원들이 손님을 대하는 태도, 손님이 직접 만드는 털이 복슬복슬한 인형에 이르기까지 모든 것이 열정적이고 행복한 경험이다. 자신도 모르게 얼굴의 근육이 움직여 미소가 지어진다. 이곳에 있어서 행복하다. 빌드어베어 워크숍의 마법을 풀고 그만의 특별한 영업 방식을 배우기 위해 우리는 빌드어베어 워크숍의 창립자이자 사장인 맥신 클라크에게 직원 하나하나, 고객 하나하나를 위해 행복을 만들어내는 그만의 방법을 알려달라고 했다.

빌드어베어 워크숍에서 일할 사람을 고르는 기준은 무엇인가? 우리는 지원자를 고려할 때 열정과 헌신, 무엇이든 할 수 있다는 태도, 무슨 일이든 하겠다는 의지 등 여러 가지를 본다. 열정은 매우 중요하다. 나는 사업에서 성공하고 행복해지려면 반드시 열정을 갖고 있는 일을 해야 한다는 사실을 깨달았다.

조직에서 권한부여는 어떤 역할을 하고, 직원들은 어느 정도의 권한을 갖는가? 우리는 '예'라고만 하는 회사다. 말하자면 이것이 우리의 기준이 되는 운영 매뉴얼이다. 직원에게 결정을 내리고 새로운 것을 시도할 수 있는 권한을 부여하는 것이 매우 중요하다. 직원이 위험을 감수하면서 실패를 하거나 문책을 당하지 않을까 두려워하지 않도록 권한을 주는 것이 핵심이다. 우리는 일부러 실수를 하려고 하지는 않지만 그래도 실수는 있다. 우리는 직원들이 모든 실수를 일을 제대로 하는 방향으로 나아가는 한 단계로 생각하게 한다.

어떤 식으로 탁월함은 보상을 받는가? 긍정적인 칭찬은 직원들의 행복과 생산성을 높이는 데 필수적이다. 어떤 직원이 매우 특별한 무언가를 했다면 이런 일이 늘 일어나는 일이더라도 우리는 직원에게 칭찬을 아끼지 않는다. 사실 9월은 베어빌더 감사의 달이다. 이는 우리가 일년 동안 성공을 거둘 수 있었던 건 직원 덕분이다. 감사의 달은 직원들에게 찬사를 바치는 공식적인 방법이다. 우리는 상을 주고 선물과 유급휴가로 직원들에게 감사의 마음을 전한다. 10월은 경영진에게 감사하는 달이며 경영진을 위한 비슷한 행사가 열린다. 빌드어베어 워크숍은 직원을 무엇보다 소중히 여긴다는 것을 보여주는 특별한 방법으로 직원 감사의 달을 만들었다.

빌드어베어만의 특별한 기업문화에는 무엇이 있는가? 직장을 직원이 즐거워할 수 있는 곳으로 만드는 것은 빌드어베어 워크숍이 가장 우선시 하는 목표다. 특별한 문화의 예로는 다음과 같은 것을 들 수 있다.

- 캐주얼한 복장
- 생일이 있는 달에는 추가로 하루를 더 쉴 수 있음
- CEO를 최고경영곰이라고 부르는 것과 같은 창의적인 직함

- 회사나 직원의 획기적인 일을 기념함

직원들은 고객의 불만표시 같은 어려운 상황을 어떻게 처리하는가? 빌드어베어 워크숍에는 다른 사람이 나에게 해주었으면 하는 식대로 남을 대하고 손님에게는 무조건 '네'라고 말하라는 절대규칙이 있다. 우리의 모토는 남들이 나에게 해주었으면 하는 대로 고객에게 베풀자는 것이다. 우리의 직원들은 고객만족을 위한 최선의 방법을 결정할 권한을 갖고 있다. 불만이 있는 고객이 있으면 우리는 즉시 상황을 해결하여 손님이 만족한 상태로 돌아갈 수 있도록 한다. 고객이 우리 가게에서 체험하는 경험이 바로 우리를 다른 회사와 차별화하는 점이다. 나는 개인적으로 자신의 경험을 나에게 들려주고 싶어 하는 손님들로부터 수천 통의 편지를 받았다. 우리는 손님의 말을 가슴속 깊이 새기고 우리가 하는 모든 일에 손님의 의견을 반영한다.

어떠한 방법으로 사람들이 곰을 계속 사랑하도록 만드는가? 그것은 바로 체험이다! 우리는 단순히 털이 복슬복슬한 인형만이 아닌 체험을 제공한다. 우리는 빌드어베어 워크숍에 들어온 고객이 정말 인형이 아닌 가게 안에서의 경험에 돈을 지불하는 거라 믿고 싶다. 우리의 화려하고 다채로운 가게에는 수많은 곰 인형들이 전시되어 있고 "한번의 포옹이 천 마디의 말보다 낫습니다.", "좋은 소식을 전하는 사람이 되세요." 등의 특별한 '곰' 문구가 가게 벽을 장식하고 있다. 가게에는 커다란 바늘을 들고 서있는 보초 곰, 3미터 높이의 지퍼 기둥 같은 장식품들이 있다. 신나는 테디 베어 음악이 가게에 울려 퍼지고, 각 구역을 구분하는 표지판이 잘 설치되어 있어 손님들은 어느 방향으로 이동해야 하는지를 쉽게 알 수 있다. 손님들은 가게 입구에서 맨 처음 우리의 컨셉과 봉제인형들을 소개하는 '첫인상 곰'을 마주한다. 각각의 구역에서는 친근하고 숙달된 직원들이 해당 과정을 설명한다.

빌드어베어 워크숍은 어떤 식으로 자선 프로젝트에 관여하는가? 빌드어베어 워크숍은 우리의 손님과 그들의 가족에게 가장 중요한 공익, 특히 어린이들에게 도움을 주는 공익에 자선노력을 집중한다. 빌드어베어에는 특정한 공익이나 자선활동과 관련된 니키 베어, 베어레미 강아지 친구들, 리드 테디 등이 있다. 손님이 이 사랑스러운 인형들을 살 때마다 이익금의 일부가 해당 공익을 위해 기부된다. 우리는 최근 14살의 니키 지엠폴로의 이름을 딴 세 번째 니키 베어를 출시했다. 니키는 삶과 어린이, 그리고 테디 베어를 사랑했다. 니키는 주변 사람들에게 곰 인형을 나누어주고 사람들을 꼭 안아주면서 사랑을 나누었다. 슬프게도 니키는 2002년 암과의 싸움에서 패했다. 그러나 니키의 용기와 정신은 계속 살아있다. 니키의 엄마와 친구들은 우리에게 니키가 품은 희망의 이야기를 들려주었다. 니키의 훌륭한 행동에 감명 받은 우리는 암에 걸린 아이들을 돕기 위해 니키 베어를 만들었다. 그 이후로 우리는 소아 당뇨나 자폐증 등 그 밖의 우리의 고객에게 중요한 어린이의 건강과 복지문제로 자선활동의 범위를 넓혀왔다.

맥신의 말에서 알 수 있듯 빌드어베어 워크숍의 경영방식에 커다란 비밀 따위는 없다. 오히려 작은 행동들이 모여 완전하고 열정적인 고객경험을 탄생시켰다고 할 수 있다. 이는 고객customer을 의식적으로 손님guest이라 지칭하는 것과 같은 작은 노력에서 시작된다. 직원들에게 감사하는 데 시간을 할애하고 고객을 기쁘게 하는 데 모든 노력의 초점을 맞춤으로써 빌드어베어 워크숍은 모든 사람이 직원이나 고객으로서 그 일부가 되고 싶어하는 장소를 만들었다. 빌드어베어 워크숍에서 느낄 수 있는 행복한 경험의 비밀은 매일의 행동, 즉 손님을 기쁘게 하고 모든 일에서 탁월함을 달성하기 위해 직원들이 내리는 매일매일의 선택이다.

13
어려운 시기일수록 탁월함을 선택하라

애덤 월트는 노스 캐롤라이나주 샬럿에 위치한 홈뱅크의 대부담당자이다. 애덤은 업무를 처리하는 나름의 기준을 갖고 있다. 대출이라는 측면에서만 자신의 일을 정의하는 사람도 있지만 애덤은 다르게 생각한다. 그는 항상 고객이 대출을 받아 꿈에 그리던 집을 살 수 있도록 하기 위해 부지런히 일한다. 그렇게 부지런히 일을 한다는 게 애덤에게 특별한 의미를 가졌던 적이 있었다. 그는 대출 경험이 많고 당장 급전이 필요했던 한 고객의 업무를 처리하고 있었다. 그의 노력에도 불구하고 대출승인에 필요한 부동산 감정서가 너무 늦게 도착했고 대출이 승인되려면 몇 가지 마지막 집수리가 이루어져야 했다.

부동산 중개업자의 원래 계획은 인부를 사서 수리를 맡기는 것이었다. 한편 애덤은 대출이 이루어져 새 집에 이사갈 수 있을 때까지 고객이 차에서 생활하고 있다는 걸 알게 되었다. 바로 이 때부터 애덤은 이 문제를 직접 처리하기로 결심했다. 그는 단지 사람이 차에서 생활해야 하는 상황을 지켜볼 수가 없었기 때문에 무언가 조치를 취해야 된다고 생각했던 것이었다.

"필요한 수리 목록을 검토해보니 전부 직접 처리할 수 있을 거 같았습니다." 애덤은 말했다. 그는 집으로 가서 톱과 공구를 챙기고 홈디포에 들려 여러 가지 물건을 산 후 직접 수리하러 갔다. 그는 더 이상 대출이 지연되는 일이 없도록 밖이 완전히 캄캄해질 때까지 7시간을 일해 하루 만에 수리를 끝냈다. 애덤은 부동산 감정인이 요구한대로 떨어져 나간 문짝을 달고, 유리창틀을 고치고, 카펫을 청소했다. 그의 목표는 고객이 가능한 한 빨리 대출을 받아 차에서의 생활을 정리하고 새 집으로 들어갈 수 있게 하는 것이었다. 대출이 마무리되는 과정에서 문제가 생기지 않도록 애덤은 수리가 완료되었음을 보여주는 사진을 찍었다. 이는 그 집이 대출받을 준비가 되어 있음을 보여주는 증거자료였다.

"제가 특별한 일을 했다고 생각하지 않습니다. 저희 홈뱅크 직원의 99퍼센트는 저와 똑같은 일을 했을 것입니다." 그는 주장했다. "저는 항상 양심의 목소리가 있다고 느껴왔고 모든 사람이 공적이든, 사적이든 어느 상황에서나 기꺼이 남을 도울 거라고 생각합니다." 애덤은 말했다. 그는 진심으로 남을 배려하고 이러한 배려를 세상에서 가장 자연스러운 행동으로 생각하는 사람들이 만든 홈뱅크의 특별한 환경 덕분에 이런 일을 할 수 있었다고 했다.

애덤은 업무 완료를 재정의했다. 그는 고객이 필요로 하는 모든 것에 초점을 맞추었다. 좁은 의미에서 애덤은 대출이 준비된 것으로 자신의 업무를 다했다고 할 수 있었다. 엄밀히 말해 집수리는 고객의 문제였지 애덤이 해야 할 일이 아니었다. 고객은 애덤이 문제를 해결해 줄 거라 생각하지도 않았다. 그러나 애덤은 고객 문제의 완전한 해결이라는 가장 엄격한 기준에서 업무 완료를 재정의했다. 그는 고객이 어려움에 처해있다면 자신의 업무가 끝나지 않은 거라 생각했다. 고객이 새 집으로 이사를 갔을 때만이 자신의 업무가 완료된 것이었다. 서비스를 제공한다는 자부심과 주인의식, 책임감이 있었기 때문에 고객이 앞으로 살 집을 무료로 고쳐주는 일을 자연스럽게 자신의 일로 받아들일 수 있었다.

배려와 탁월함에 대한 강한 헌신이 결합되어 애덤은 그 수리 작업을 해낼 수 있었다. 관리자는 그에게 명령을 내릴 필요가 없었다. 그는 단지 탁월함이란 무엇인지 잘 알고 있었고 그 과정에서 '업무를 완료한다'라는 말의 의미를 재정의했을 뿐이었다. 당신도 애덤처럼 정해진 업무가 아니어도 고객이 필요로 하는 바를 살필 줄 아는가? 고객이 처한 상황을 완전히 이해하고 있는가? 애덤은 고객의 상황을 자신의 상황처럼 생각하고 거기에 어려움에 처한 고객을 보살피려는 마음을 더해 이런 탁월함을 이루어냈다.

문제가 해결될 때까지 포기하지 마라

식별할 수 있는 정보라고는 제이콘Xeicon이라는 이름밖에 없는 화물 3개가 이스라엘 페타 티크바에 있는 플라잉 카고 창고에 도착했다. 문제는 꽤 심각했다. 수신인, 발신인에 관한 아무런 정보가 없었다. 이스라엘의 페덱스 공식 배송업체였던 플라잉 카고는 선택을 해야 했다. 문제를 그냥 내버려두고 누군가 찾아와 꾸러미가 자기 거라고 할 때까지 기다리든가 아니면 뭔가 나서서 적극적으로 해결하든가 둘 중 하나였다. 어찌됐든 플라잉 카고는 완전한 주소 아니 최소한 보내는 사람에 대한 정보도 없는 3개의 화물을 배송할 책임이 없었다. 따라서 화물을 알지도 못하는 수신인에게 전달하지 못한다고 해도 그건 엄밀히 말해 플라잉 카고의 잘못이 아니었다. 그러나 플라잉 카고의 직원인 다니엘 클로개프트는 다른 사람이 뭔가 할 때까지 기다리는 사람이 아니었다. 이 정체불명의 화물은 그에게 핑계거리라기보다는 자신의 문제처럼 다가왔다.

다니엘은 '제이콘'이라는 이름을 인터넷에서 샅샅이 찾으며 화물을 어떻게 처리해야 할지 궁리했다. 그는 '제이콘'이란 단어가 들어간 모든 웹 사이트에 들어가 이 정체불명의 화물에 대해 혹시 알고 있냐는 내용의 질문을 모든 주소로 보냈다. 답신 대부분은 화물에 대해 아는 바가 없다고 했지만 다니엘은 포기하지 않았다.

마침내 다니엘은 화물에 대해 안다고 하는 답변을 받았다. 제프 웨버라는 사람이 화물이 자기 거지만 그게 어느 화물인지는 모르겠다고 했다. 다니엘은 허락을 받아 화물 상자를 열고 디지털 카메라로 내용물을 찍어 제프에게 확인을 요청했다. 제프는 이 화물들이 자신이 보낸 다른 큰 화물의 일부임을 알아보았다. 그는 다니엘이 화물을 확인할 수 있도록 다른 정보를 주었다. 이 무렵에 화물을 기다리고 있던 이스라엘 고객이 전화를 걸어와 화물을 다 받지 못했다고 했다. 그 화물은 그 고객이 이미 받은 큰 화물의 일부임이 밝혀졌다. 이 3개의 상자

안에는 주요 화물과 함께 배송되기로 되어있던 부자재가 들어있었지만 어떻게 된 일인지 주요 화물과 따로 떨어진 것이었다. 화물은 마침내 원래 화물을 받기로 되어 있던 고객에게로 배송되었다.

화물의 주인을 찾는 데 총 2달 반이 걸렸다. 그 엄청난 노력이라니! 그러나 다니엘은 불굴의 노력으로 목표를 끝내 달성했다. 그는 자신의 잘못이나 책임이 아님에도 불구하고 그 과제를 자신의 일로 받아들였다. 다니엘은 어떠한 어려움에도 포기하지 않았다. 자기 잘못으로 배송이 지연된 게 아니었지만 그는 모든 화물에는 화물을 기다리고 있는 고객이 있다는 걸 잊지 않았다. 바로 이러한 고객과 그 고객이 화물을 필요로 하리란 생각 때문에 문제가 해결될 때까지 2달 반이라는 시간 동안 그는 노력을 포기하지 않을 수 있었다. 때때로 탁월함이 이루어지는 데에는 긴 시간이 걸리기도 한다. 그러나 어려움이 클수록 성취감도 크기 마련이다.

고객의 말을 정기적으로 경청하라

고객의 말에 귀를 기울이는 것보다 강력한 것은 없다. 고객의 목소리를 통해 전달되는 간단한 메시지가 수백 개의 그래프나 엑셀 파일보다 귀중할 수 있다. 임원들이라면 누구나 주문처럼 고객의 말에 귀를 기울이라고 되풀이하여 말하지만 실제로 고객의 말을 경청하는 임원들은 거의 없다. 많은 임원들이 시간적 제약을 핑계로 들며 이 중요한 책임을 소홀히 하는 태도를 보인다. 임원들은 여러 회의에 참석하느라 고객과 직접 대화할 시간을 내지 못하는 경우가 많다. 고객의 말에 귀를 기울일 책임을 게을리 하면 회사는 고객의 필요와 바람으로부터 멀어져 자기중심적으로 변할 수 있다.

임원들에게 콜 센터에서의 고객과의 대화에 참여해달라고 하면 대개 시간상의 이유로 거절당하는 경우가 많다. 임원들에게는 자신의 회사에 돈을 내는 사람들의 말을 듣는 것보다 중요한 일이 항상 있는 듯하다. 마침내 고객과 만나더라도 그런 만남의 자리는 미리 연출되고 논의 내용도 정해져 있어 고객의 실제 목소리는 절대 들을 수가 없다.

포춘 선정 500대 기업에 드는 어떤 기업에서 고객 서비스 부사장을 맡고 있던 '폴'은 이런 도전에 맞서 창의적인 해결책을 생각해냈다. 그는 경영진이 고객을 만나러 오지 않으니 고객을 경영진 앞에 데리고 가야겠다고 결정했다. 그는 콜 센터에서 이루어지는 고객과의 대화를 녹음하고 내용을 선별하여 CD를 만들었다. 그리고 임원들이 이동 시간이나 쉬는 시간에 들을 수 있도록 CD를 나누어 주었다. '최고의 히트 전화 모음집'이란 제목의 CD는 인기를 끌었고 많은 사람들이 찾았다. "전화를 듣고 있자니 고통스러웠습니다. 하지만 이를 통해 고객이 우리에 대해 어떻게 생각하고 어떤 의견을 갖고 있는지 눈을 뜨게 되었습니다." 임원 중 하나가 말했다.

첫 성공에 뒤이어 폴은 CD를 회사 임원들이 정기적으로 들어야 하는 하나의 업무로 만들었다. 2, 3주마다 새로운 고객의 의견이 담긴 새 '최고의 히트 전화 모음집'이 만들어졌다. 이 간단한 아이디어로 폴은 경영진이 다같이 고객의 입장에서 생각하고 궁극적으로 고객이 필요로 하는 바에 맞춰 결정을 내리도록 했다. CD가 미친 영향은 상당히 강했다. 사람들은 생생한 고객의 말을 경청함으로써 매일 고객을 생각하면서 사고하고 결정을 내리는 데 익숙해졌다.

탁월함에 관한 이 이야기는 쉽게 따라 할 수 있는 이야기다. 오늘날 대부분의 콜 센터에는 녹음시설이 갖추어져 있다. 모든 직원이 고객의 목소리를 들을 수 있도록 하는 것은 회사를 고객의 사고방식에 완전히 맞출 수 있도록 도움을 주며 조직의 생각과 의사결정을 형성하는 훌륭한 방법이다. 직원들은 그래프와 표만이 아닌 실제 감정을 표현하는 진짜 고객의 소리를 듣게 된다. 제품을 '욕'하는 화가 난 고객의 말을 듣는 건 고통스러운 일이다. 하지만 이는 최고의 깨달음이 될 수도 있다. 마찬가지로 제품을 칭찬하고 혁신적인 새 아이디어가 나올 수 있도록 도움을 주는 고객의 말을 듣는 건 매우 신나는 일이다. 이러한 목소리에 귀를 기울임으로써 관리자는 고객의 언어와 사고방식에 맞춰 스스로를 변화시킬 수 있다. 이는 모두 가장 인간적인 방식으로 표현되고 아무런 가공도 거치지 않은 진짜 고객의 목소리 속에 들어있다.

> 고객의 관점에서 탁월함을 달성하려면 고객 자신보다도 고객에 대해 잘 알고 있어야 한다.

폴은 경영진이 바쁠 뿐만 아니라 고객과 만나기 꺼려한다는 사실에 굴하지 않았다. 그는 경영진이 고객에 다가가도록 할 수 없었기 때문에 반대로 고객을 경영진에게 데리고 갔을 뿐이었다. 때때로 조직 전체의 관점을 변화시키고 탁월함에 초점을 맞추도록 하기 위해 이러한 일들이 필요한 경우가 있다. 고객의 관점에서 탁월함을 달성하려면 고객 자신보다도 고객에 대해 잘 알고 있어야 한다. 고객의 말을 경청하는 일은 반드시 정기적으로 이루어져야 한다. 우리는 고객의 생활방식, 어려움, 바람, 두려움을 완벽하게 이해하여 고객이 열망하는 탁월함, 고객의 문제를 진실로 해결하는 탁월함을 달성해야 한다. 폴은 창의력을 발휘하여 모든 사람이 고객의 말에 귀 기울이게 하였고 고객을 기쁘게 하면서 탁월함을 달성하는 방법을 알게 했다.

품질에 관한 한 타협하지 마라

수십 년 동안 기타를 때려 부수는 건 음악 산업의 일부였다. 일정한 위치에 도달했다고 생각하는 뮤지션은 모두 다소 기괴한 의례처럼 무대 위에서 기타를 부수며 그러한 위치를 공고히 한다. 그러나 헨리 저스키비츠Henry Juskiewicz는 이 오래된 전통에 새로운 요소와 의미를 부여했다.

1985년 헨리는 깁슨 기타Gibson Guitar를 인수했다. 당시 이 회사는 훌륭한 전통을 갖고 있었으나 거의 망하기 일보직전이었다. 최근 「USA 투데이」와의 인터뷰에서 헨리는 쇠락해가는 회사를 되살리기 위해 실시한 여러 조치 중 하나를 공개했다. 제품이 탁월하다는 이미지를 강화하기 위해 헨리는 저품질 기타로 판매되는 불량기타를 골라 회사 직원들 앞에서 기타를 부수고 이 순간부터 일류 깁슨 기타의 기준을 충족시키지 못하는 기타는 고객에게 팔지 않겠다고 선언했다. 약간의 결함과 사소한 문제가 있는 저품질 기타는 업계에서 흔한 것이었고 '그런대로 괜찮은' 기타로서 판매되었다. 헨리는 이런 불량기타가 고객의 손에 들어가는 걸 보느니 차라리 부숴버리겠다고 했다. 자신의 철학을 강조하기 위해 헨리는 직원들에게 모든 불량기타를 부수라고 지시했다. 일주일 동안 부서진 기타들이 지정된 장소에 쌓여갔다. 매주 주말이면 직원들을 이끌고 전기톱으로 불량기타를 부수어 절대 고객의 손에 들어가는 일이 없도록 했다.

이런 행동이 남에게 보이기 위한 퍼포먼스라고 생각하는 사람이 많을지도 모른다. 지금 담당자들은 저품질 기타로 판매될 수 있는 기타를 부수면 회사 수익이 줄어들 거라 주장할 것이다. 이들은 이러한 기타의 결점은 거의 알아차리기가 힘들고 고객의 연주에 전혀 방해가 되지 않는다고 할 것이다. 그러나 헨리는 이보다 더 큰 진실을 알고 있었다. 흠이 있는 상품을 판매함으로써 추가로 돈을 벌어들일 수 있다는 생각이 얼마나 참기 힘든 유혹이든 간에 저품질 상품을 팔면서 고객에게 놀라운 서비스를 제공할 수는 없다는 것 말이다. 궁극적으로 저품질 상품은 브랜드 이미지와 고객의 경험에 악영향을 미치게 된다.

전기톱으로 기타를 부수는 것은 고통스런 광경이지만 두 가지 중요한 메시지를 전한다. 직원들에게는 깁슨 기타에 '변명의 여지는 없다'는 걸 보여주었고 완벽하지 못한 건 무엇이든 그냥 넘어갈 수 없다는 메시지가 전달되었다. '저품질 기타'를 용인하면 일류 기타를 만들어내기가 어려워진다. 품질에 위협이 되는 건 전반적인 탁월함에도 위협이 된다. 제품의 우수성은 경쟁력을 강화하는 전략적 장점이고 결함이 얼마나 사소하든 흠이 있는 기타를 판매하면 이러한 장점이 깎이게 된다. 더욱이 저품질 기타를 용인하면 직원들은 최고의 기준에 미치지 못하는 제품을 받아들이게 된다. 결국 생산수준이 낮아질 것이고 고객의 만족도 떨어질 것이다. 그 결과 이윤은 감소하고 고객의 충성도도 낮아질 것이다.

고객에 보내는 메시지의 핵심은 회사의 높은 품질 기준이었다. 고객은 기타를 사고 연주할 때마다 제품의 탁월함을 직접 체험하면서 깁슨 기타가 오직 최고의 제품만을 만든다는 걸 알게 된다. 그리고 고객은 기대 이상의 제품에 만족을 느끼게 될 것이다. 헨리는 결함이 있는 기타를 부수는 방법으로 고객을 당연하게 생각하는 태도도 부수었다. 결함이 있는 기타를 할인된 가격에 팔거나 아니면 분명하게 결함이 있다는 표시를 하는 것으로는 아무런 차이를 만들지 못했을 것이다. 브랜드 이미지는 나빠지고 깁슨 기타는 완벽하지 못한 제품으로 인식되었을 것이다.

오직 일류 제품만을 제공하고 일류가 아닌 제품은 절대 시장에 내놓지 않아야만 탁월함을 달성하기 위해 노력하고 있다고 할 수 있다. 이런 품질에 대한 확고한 노력으로 깁슨은 탁월함을 달성하고 궁극적으로 고객을 만족시킬 수 있었다.

종종 경영진은 단기적인 안목에서 흠이 있는 저품질 제품을 판매함으로써 수익을 올리려는 경우가 많다. 많은 회사들이 이러한 유혹에 굴복하고 제품들을 전국의 상설할인점에서 판매한다. 수익은 실제로 올라가지만 결함이 있는 저품질 제품을 판매하면 직원들에게 엄청난 악영향을 미칠 수 있다. 이는 탁월함에 역행하는 메시지를 전한다. 자신들이 만든 탁월하지 못한 제품이 고객에 판매되는 것을 보면서 직원들은 품질기준을 낮추어도 문제가 되지 않는다는 걸 알게 된다.

기타를 부수고 흠이 있는 제품에서 들어오는 수익을 포기하는 건 단기적인 관점에서 상당한 손해가 된다. 그러나 탁월함을 달성하려는 조직은 누구나 이런 조치를 취해야 한다. 탁월함 대신 평범함을 택하는 건 나쁘다. 고객으로부터 진정한 충성을 얻고자 하는 조직은 반드시 이런 수준의 탁월함을 달성해야 한다. 할인 등 어떤 구실도 중요하지 않다. 탁월함을 실현하기 위해 노력하면서 계속해서 제품과 서비스의 수준을 높이지 않는 한 그 반대가 될 수밖에 없다. 제품과 서비스의 탁월함은 단순히 유행어나 훌륭한 아이디어가 아니다. 그것은 경쟁력을 높이는 차별화 요소이자 전략적 이점으로서 역할을 한다.

제품과 서비스의 탁월함은 가격을 높일 수 있는 수단도 된다. 이전까지 깁슨 제품의 가격은 1년에 20퍼센트 가량 떨어졌지만 헨리는 가격을 최대 2배까지 높여 직원들을 깜짝 놀라게 했다. 그러나 가격이 엄청나게 올랐음에도 불구하고 판매량은 계속 증가했다. 고객을 기쁘게 하는 탁월하고 완벽한 제품을 제공함으로써 깁슨은 가격을 대폭 올리면서도 고객들이 그 고가제품의 가치에 대해 확신을 갖게 할 수 있었다. 궁극적으로 고객은 탁월함에 대해 보상을 했다.

헨리는 전기톱 행사가 오늘날까지 계속 이어져 오고 있지만 부서진 기타의 양이 훨씬 줄었다고 했다. 오직 완벽함만을 추구해야 한다는 메시지를 보냄으로써 그는 기타의 품질만이 아니라 직원들의 생산 및 서비스 기준까지도 높였다. 어쨌든 힘든 노력의 결정체가 전기톱으로 부서지는 걸 보고 싶어 하는 직원은 없다. 그러나 헨리는 다소 연극처럼 보이기까지 하는 방법을 사용하는 것이 회사를 쇄신하는 데 반드시 필요하다는 걸 알고 있었다. 그 프로그램에 대한 감시의 눈을 떼지 않음으로써 그는 완벽함을 위한 회사의 노력이 그대로 유지되도록 했다.

당신은 어떤 식으로 탁월함에 미치지 못하는 제품과 서비스를 용인하는가? 흠이 있는 제품도 어찌됐든 팔려 나가는 걸 보면서 직원들은 무엇을 느낄까? 당신은 탁월함의 메시지를 강조하면서도 조직이 평범함에 빠져들도록 놔두고 있지 않은가? 일반적으로 고객에게 평범한 제품을 팔려고 한다면 직원들로부터 탁월함을 기대해서는 안 된다. 적당히 괜찮은 것이 받아들여지는 곳에서는 직원들이 탁월함을 위해 노력하지 않는다. 모든 노력이 다 그러하듯 헌신하는 마음은 올라가지 않으면 당연히 내려가게 되어 있다. 어떤 기업도 이러한 타협을 해서는 안 된다.

고객의 입장에서 고객의 문제를 정의하라

철물점 운영은 육체적으로 힘든 일이다. 특히 8월에는 더하다. 고객들의 질문에 답을 하면서 그들이 필요로 하는 걸 찾도록 도와주고, 여러 직원들을 관리하면서 서류업무까지 다 처리하려면 쉴 시간이 거의 없다. 문을 닫고 집으로 갈 시간이 가까워 올 때쯤이면 대부분의 가게 주인은 앉아서 숨을 돌릴 준비를 하면서 한, 두 시간쯤 아무 문제도 해결하려 들지 않는다.

그러나 이는 애리조나주 피닉스에 위치한 에이스 철물점 주인 프랭크한테는 해당되지 않는 얘기다. 어느 여름날 밤 그는 막 가게 문을 닫으려고 하던 참에 누군가가 밖에 서서 다급한 표정으로 가게 안을 들여다보는 걸 보았다. 그는 가게 문을 열고 손님의 말을 들었다. 잔디에 물을 주는 기계에 뭔가가 고장 나서 물이 그 남자의 마당에 쏟아지고 있다고 했다. 프랭크는 몇 가지 질문을 하고 금세 그 남자 혼자서는 해결할 수 없는 문제라는 걸 파악했다.

하루 종일 힘든 일을 마친 가게 주인은 보통 손님들의 문제에서 손을 떼려고 한다. 이들은 이미 저녁에 뭘 할지도 다 정해놓았다. 이들은 절대 보수도 없이 업무시간을 연장시키고 싶어 하지 않는다. 그러나 프랭크는 달랐다. 그는 고객이 만족하기 전에는 탁월함이 달성되지 않는다는 걸 잘 알고 있었다. 그의 고객은 공구나 조언이 필요한 게 아니라 문제를 해결해야 했다. 그가 필요로 한 건 다름 아닌 탁월함이었다.

아무런 주저함이 없었다. 프랭크는 가게로 돌아가 필요한 모든 공구와 장비를 챙겨 물이 새는 곳을 고치러 고객의 집으로 갔다. 30분 후 문제는 완전히 해결되었고 집주인은 매우 기뻐했다. 그리고 에이스 철물점은 또 한 명의 평생고객을 얻었다.

처음 이 이야기를 『프랜차이즈 타임즈Franchise Times』에서 읽고 흥미를 느꼈다. 고객이 처한 어려움은 분명 단순히 공구를 필요로 하는 문제가 아니었다. 프랭크는 자신의 행동이 미치는 영향에 초점을 맞추는 매일매일의 선택을 했다. 그의 고객이 필요로 했던 건 공구가 아니라 문제해결이었다. 프랭크는 이를 알았다. 고객에게 수도 배관공을 부르라고도 할 수 있었겠지만 고객의 어려움을 접한 사람은 바로 프랭크였다. 프랭크는 고객의 어려움을 자신의 일로 받아들였다. 이것은 탁월함을 달성할 수 있는 그의 기회였다. 그는 어려움을 보고 그 가능성을 파악했다. 누군가를 도와주고 누군가에게 영향을 미칠 수 있는 기회 말이다. 프랭크는 긴 하루를 보내고 피곤한 상태였음에도 불구하고 고객의 문제를 부담이 아닌 혜택으로 보았다. 그가 저녁 계획을 미루고 손님을 도울 수 있었던 건 탁월함을 달성하려는 이런 노력 덕분이었다.

프랭크는 고객이 문제에 대한 완전한 해결책을 필요로 한다는 걸 잘 알고 있었다. 이것이 바로 탁월함의 정의이고 그가 달성한 것이었다. 당신은 고객을 대할 때 고객의 문제를 완전히 해결해 주는가 아니면 고객이 알아서 문제를 해결하도록 도구만을 제공하는가? 당신은 전체 문제를 해결하는가, 아니면 단지 좁은 의미에서 고객이 필요로 하는 바만을 제공하는가? 이것이 바로 고객의 입장에서 탁월함을 정의해야 하는 이유이다. 종종 우리는 탁월함을 달성했다고 주장하지만 그건 우리 자신의 기준에서 봤을 때이다. 이러한 기준은 대개 낮아서 달성하기가 쉽고 고객의 전체 문제를 무시하는 경우가 많다. 탁월함을 고객이 아닌 자기 자신을 기준으로 생각하는 것은 흔하게 나타나는 실수다. 당신은 탁월함을 어떻게 정의하는가? 고객의 문제를 정의하는 것은 누구인가? 당신인가 아니면 고객인가?

> **당신은 전체 문제를 해결하는가, 아니면 단지 좁은 의미에서 고객이 필요로 하는 바만을 제공하는가?**

팀으로 고객의 문제를 해결하라

이 이야기는 슬프지만 아주 행복하게 끝을 맺는다. 미국인 손님 '헤더'는 회의 참석차 르 센터 쉐라톤 몬트리얼Le Center Sheraton Montreal에 묵었다. 남는 시간에 헤더는 쇼핑을 하러 3시간이나 걸리는 몽트랑블랑에 갔다. 헤더는 쇼핑에 만족했고 아이들에게 줄 특별한 티셔츠와 초콜릿, 양초, 찻주전자 등을 샀다. 헤더는 신이 나서 호텔 방으로 돌아갔다. 그리고 쇼핑백에서 물건들을 꺼내서 커다란 쓰레기봉투에 선물들을 정리하고 무심코 쓰레기통 옆에 봉투를 두었다.

다음날 헤더가 회의에 참석한 동안 헤더의 객실은 청소됐다. 청소 담당자는 쓰레기통 옆에 있는 커다란 쓰레기봉투를 보고 나머지 쓰레기와 함께 버렸다. 담당자는 최선을 다해 열심히 청소했다. 쓰레기봉투가 아무리 크더라도 그녀가 객실을 먼지 하나 없이 청소하여 고객을 기쁘게 하려는 것을 막을 수는 없었다. 헤더는 방에 돌아오자마자 소중한 선물들이 없어진 걸 알고 너무나 깜짝 놀랐다.

이 일은 완전히 실수였다. 어쨌든 쓰레기통 옆에 쓰레기봉투를 둔 건 헤더였다. 헤더는 좀더 주의를 기울였어야 했다. 여기서 팀의 탁월함이 발휘된다. 르 센터 쉐라톤 몬트리얼의 직원들은 변명을 늘어놓고 남 탓을 하는 건 고객을 기쁘게 하는 방법이 아니라고 생각한다. 책임 소재가 누구에게 있느냐는 전혀 핵심이 아니다. "우리는 문제를 해결해야 한다. 우리가 전적으로 책임져야 한다." 이게 호텔 총지배인인 미셸 지게어의 즉각적인 반응이었다. 미셸에 따르면 여러 생각을 할 필요가 없었다. 손님을 위해 옳은 일을 하는 것이 본능적인 반응이었다.

그러나 어려움이 곧 뒤따랐다. 무엇이 옳은 일이란 말인가? 헤더가 잃어버린 선물의 금액을 보상해주는 방식으로 문제를 해결할 수도 있을 것이다. 이 방법도 꽤 사려 깊은 해결책이고 손님의 손실에 대해 보상을 하려면 어느 정도 금전적인 손해도 감수해야 한다. 그러나 미셸을 비롯한 이 호텔의 직원들에게는 이 방법이 충분치 않았다. 미셸은 없어진 물건들을 다시 사서 손님에게 주기로 결정했다. 미셸은 비서인 마리에게 손님을 만나 잃어버린 물건을 모두 적어오라고 했다. 티셔츠의 색깔과 크기에서부터 찻주전자의 모양에 이르기까지 원래 손님이 샀던 물건들을 다 적는 데 1시간이 넘게 걸렸다.

그 사이 미셸은 마리아 벤티베그나에게 도움을 요청했다. 마리아는 국제 컨시어지 협회 회원이기도 한 헌신적인 컨시어지concierge였다. 손님을 위해 최선을 다하는 마리아의 마음은 항상 절대적이었고 이번에도 다르지 않았다. 마리아는 쉬는 날 몽트랑블랑에 가서 헤더를 위해 하루 종일 쇼핑을 하겠다고 했다. 택시를 타고 가라고 했음에도 불구하고 마리아는 3시간이나 버스를 타고 헤더가 쇼핑을 했던 가게에 갔다. 마리아는 마리가 적은 내용에 따라 모든 선물을 다시 샀다. 마리아는 몇 번이나 마리에게 전화를 걸어 손님이 원래 샀던 물건과 자신이 똑같은 물건을 샀는지 직접 확인했다. 시간이 많이 소요되어 마리아는 돌아오는 마지막 버스를 놓칠 뻔했지만 그녀의 책임감은 그만큼 강했다.

마리아에게 탁월함은 개인적인 것이었다. 마리아는 문제를 해결하는 데서 만족을 얻었다. 마리아는 어려울 때가 탁월함에 대한 헌신을 시험하는 가장 좋은 기회라는 걸 잘 알고 있었다.

왜 그런 일을 맡아서 쉬는 날 손님을 위해 쇼핑을 하러 갔는지 물어보자 마리아는 이렇게 대답했다. "저는 제 일을 사랑합니다. 이게 제가 하는 일입니다. 저는 여행객들을 돕고 손님들이 저희 호텔을 다시 찾아주시는 게 좋습니다."

헤더는 탁월함을 달성하려는 이러한 노력들에 깜짝 놀랐고 이후 미셸, 마리, 마리아 덕분에 진정한 서비스가 뭔지 알게 되었다는 내용의 편지를 보냈다. 아마 헤더의 생각이 맞을 것이다. 이들이 한 행동은 모두 탁월함을 실현하려는 그들의 자연스런 마음을 따른 것뿐이었다. 이들은 같은 상황에서 다른 사람이 나에게 대해줬으면 하는 방식대로 남을 대했다. 문제의 원인이 되었던 실수가 고의적인 실수가 아니었고 분명 호텔의 잘못이 아니었지만 이는 중요하지 않았다. 당신이 탁월함이 중요한 비즈니스에 종사하고 있다면 고객을 기쁘게 하는 비즈니스에 종사하고 있는 것이다. 고객의 눈에 반영되는 내 행동의 최종결과가 가장 중요한 것이다.

당신이 탁월함이 중요한 비즈니스에 종사하고 있다면 고객을 기쁘게 하는 비즈니스에 종사하고 있는 것이다.

고객은 최종 심판자다.

때때로 탁월함을 달성하는 데 여러 사람이 필요할 때도 있다. 미셸은 헤더를 위한 탁월함을 창조하는 데 작은 팀이 필요했다. 그리고 그의 호텔은 개인들이 일하는 호텔이 아니라 탁월함에 대한 사명감과 헌신으로 뭉친 사람들의 팀이 일하는 곳이었기 때문에 그는 쉽게 자신을 도와줄 사람들을 구할 수 있었다. 호텔에 탁월함의 문화를 창조했기에 그는 몇 분 안에 자신과 마음이 맞는 사람들을 찾을 수 있었다. 미셸이 성공적으로 탁월함을 제도화했기 때문에 직원들은 고객이 어려움에 처한 진실의 순간에 탁월함으로 업무를 처리할 준비가 되어 있었다.

당신은 그와 같은 일을 하기 위해 얼마나 많은 직원을 모을 수 있겠는가? 그들이 생각하는 탁월함은 당신이 생각하는 탁월함과 같은가? 그들은 어느 정도까지 노력을 기울이려고 할까? 이런 물음의 답을 알기 위해 진실의 순간이 나타나기만을 기다리고 있을 수는 없다. 오늘 탁월함의 문화를 세우려는 노력이 진실의 순간을 자연스럽게 탁월함이 발휘되는 순간으로 바꾸어 놓을 것이다. 이런 진실의 순간은 탁월함에 대한 헌신의 진정한 시험대이다. 그리고 이런 순간을 위해 노력하는 일이 바로 우리가 매일 해야 하는 일이다.

14

상상하라, 그리고 실현시켜라

모든 직원이 앞에서 우리가 보았던 최고 수준의 책임감으로 탁월함을 실현하는 회사를 상상해보자. 이 책의 이야기에 등장한 사람들이 함께 일하는 회사를 상상해보자. 그리고 이러한 회사가 만들어내는 영향력, 우수한 서비스, 경쟁력, 고객 충성도를 상상해보자. 내부 절차가 아닌 고객의 입장에서 기준을 세우는 회사를 상상해보자. 관리자가 앞장서서 직원들이 업무에만 전념하도록 하고 "넥타이를 맬 것인가, 말 것인가."와 같은 사소한 문제는 신경 쓰지 않도록 하는 회사를 상상해보자. 이러한 기업의 관리자는 실수를 칭찬한다. 관리자는 탁월함이 달성될 수 있도록 장애물을 제거하고 직원들이 탁월함을 실현하기 위한 매일매일의 선택을 내릴 수 있도록 하는 데 초점을 맞춘다. 모든 직원이 고객의 '감탄'에 초점을 맞추고 일관성에 안주하지 않는 회사를 상상해보자. 이러한 조직의 자산은 최적화된 절차가 아닌 직원들이 내리는 매일매일의 선택이라는 관점에서 정의되며 직원들은 외부 고객이든 내부 고객이든 상관없이 상대방의 문제를 완전히 책임지고 해결하려고 한다. 직원들이 힘든 시기에도 훌륭히 대처하고 다른 사람이 자신을 대해줬음 하는 방식대로 남을 대하는 회사를 상상해보자. 탁월함이 유일한 규칙이기 때문에 저품질을 용인하지 않고 전기톱으로 부수는 회사를 상상해보자. 탁월하지 않으면 아무것도 아닌 곳 말이다.

그런 곳에서 일하고 싶지 않은가? 난 그렇다. 탁월함을 실현하기 위해 최선을 다하는 이런 훌륭한 사람들과 일을 하는 건 영광이자 특권일 것이다. 탁월함을 달성하려는 이런 사람들의 노력이 우리에게도 영향을 미칠 것이다. 이런 곳에서 탁월함은 다른 사람에게 전염된다.

많은 면에서 경쟁업체들이 앞다투어 나아가고 있기 때문에 이런 조직을 상상하지 않을 수 없다. 고객은 이런 높은 수준의 탁월함을 요구하면서 다른 어떤 것도 받아들이려고 하지 않는다. 앞에서 나온 여러 이야기에서 봤듯 이런 탁월함은 달성 가능하다. 우리는 선택을 내림으로써 시작해야 한다. 그리고 이런 모든 매일매일의 영웅들이 함께 일하도록 해야 한다.

조직에서 탁월함을 실현하는 일은 더 이상 선택사항이 아니다. 탁월함은 차별화와 성장의 문제이기 때문에 이에 대한 헌신은 절대적이어야 한다. 경쟁력을 유지하려면 더 이상 예외적인 소수의 직원들에 의해 이따금씩 행해지는 탁월함에만 의존할 수 없다. 우리는 모든 직원이 매일매일의 선택을 내리면서 항상 탁월함을 실현할 수 있도록 해야 한다. 탁월함은 예외가 아닌 규칙이 되어야 한다. 식스 시그마 방식을 따르는 것은 최적화된 프로세스를 통해 일관성을 강화하는데, 이는 많은 조직들에 의해 실행되고 있다. 직원을 통한 탁월함은 여전히 매우 드문 미덕이다. 그러나 최고의 비즈니스 차별화 요소로서 직원들과 함께 노력함으로써, 탁월함은 혁신, 배려, 헌신의 힘을 불러일으키는 방법이 될 것이다. 직원들은 오직 자신이 직접 선택했을 때에만 최선을 다한다. 임금만으로는 할 수 없는 일이다.

당신 조직의 사명 및 가치 선언에는 탁월함에 대한 헌신이 포함되어 있을 것이다. 그러나 우리의 연구가 보여주듯 문제는 의도나 화려한 슬로건에 있지 않다. 문제는 기대를 충족시켜야 하는 실제 행동에 있다. 탁월함은 포스터에 써 놓았다고 해서 달성되지는 않는다. '탁월함을 통한 리더십'이란 제목의 메모를 보낸다고 해서 실현되지도 않는다. 탁월함을 달성할 수 있는 조직을 구축하는 것은 과거의 방식과 결별하고 탁월함을 가능하게 하는 새로운 방식을 받아들이는 강인한 사고방식이다.

경쟁력은 당신이 개발한 식스 시그마 프로세스의 수가 아니라 직원들이 매일같이 내리는 매일매일의 선택에 의해 결정된다. 이런 선택을 통해 직원들은 탁월함을 달성하고 조직을 강화시킨다. 절차에 초점을 맞춰버리면 조직의 힘은 약해지고 경쟁력도 떨어진다. 이는 절차를 개선하는 문제가 아니다. 이는 차이를 만들어내는 문제이며 절차냐 사람이냐의 문제다. 무엇이 더 중요한가? 사람이 절차에 복종해야 하는가 아니면 절차는 단순히 사람이 업무를 처리할 수 있도록 돕는 도구에 불과한가? 이런 차이를 이해해야 우리가 탁월함을 달성하지 못하는 이유를 파악할 수 있다.

탁월함을 일생에 한 번뿐인 업적이 아닌 매일매일의 일로 재정의하고 재구성하는 게 탁월함에 관한 잘못된 생각을 떨쳐버리는 데 중요하다. 탁월함은 탁월함을 달성하고자 하는 모든 사람의 것이다. 이는 탁월함의 힘을 불러내기로 선택하는 사람은 바로 우리 자신이라는 것을 의미한다. 직원들은 탁월함을 달성할 능력이 있지만 단지 조직에서의 모든 행동에서 탁월함을 달성하지 않기로 선택했을 수 있다. 그들은 아마 다른 곳에서라면 탁월함을 발휘할 것이다.

우리 자신부터 시작하자. 직원들은 우리의 말이 아닌 우리의 행동을 따른다. 우리 자신을 매일매일의 탁월함의 상징으로 만들자. 매일매일의 선택을 통해 우리

> 직원들은 우리의 말이 아닌 우리의 행동을 따른다. 우리 자신을 매일매일의 탁월함의 상징으로 만들자.

의 노력하는 모습을 보여주자. 우리의 리더십은 탁월함이 달성될 수 있는 환경을 조성할 것이다. 이러한 탁월함은 혁신과 배려, 보다 나은 의사결정으로 이어져 궁극적으로 보다 강하고 경쟁력 있는 조직을 만들 것이다. 탁월함은 강요할 수 없다. 직원이 스스로 원해야 하는 것이다. 그것은 직원 개개인이 내리는 선택의 문제이다. 의지에 찬 직원이 내리는 간단한 선택으로 모든 차이가 생겨난다. 하루가 끝날 무렵 조직은 하루 동안 직원들이 내린 매일매일의 선택만큼 강해진다.

탁월함은 지식이 아니라 습관이다

타이거 우즈의 열성 팬이 있다. 이 사람은 타이거 우즈를 너무 좋아해서 여가시간의 대부분을 전 세계에서 나온 타이거 우즈에 관한 모든 기사를 읽는 데 쓴다. 그리고 이런 기사를 앨범에 깔끔하게 정리한

다. 이 사람은 몇 시간씩 타이거 우즈가 나오는 골프대회를 시청한다. 수년 간 타이거 우즈가 세운 경기기록도 완전히 외우고 있다. 이 사람은 타이거 우즈에 관한 한 세계 최고의 전문가라 할 수 있을 만큼 타이거 우즈에 관한 책, 잡지, 언론 기사 등을 엄청나게 많이 모았다. 몇 차례 타이거 우즈를 직접 만나기도 했고 타이거 우즈가 직접 사인한 사진과 골프공도 갖고 있다. 이 사람이 다음번 PGA 골프대회에서 우승할 확률은 얼마나 될까? 당신은 이 사람에게 돈을 걸겠는가? 아마 아닐 것이다.

평생 탁월함에 관한 책을 읽을 수는 있을지 몰라도 중요한 건 실제로 탁월함을 실천하는 일이다. 탁월함은 지식의 문제가 아니라 습관의 문제다.

스포츠에서와 마찬가지로 탁월함에서도 지식이 능력을 결정하지는 않는다. 평생을 특정 스포츠에 관한 이론을 공부할 수 있지만 밖으로 나가 실제로 그 스포츠를 하지 않는 한 추상적인 지식은 쓸모가 없다. 그동안 쌓은 건 모두 실제 삶에서 시험해 보지 않은 이론적인 지식일 뿐이다. 그렇다. 평생 탁월함에 관한 책을 읽을 수는 있을지 몰라도 중요한 건 실제로 탁월함을 실천하는 일이다. 탁월함은 전문지식의 문제가 아니라 습관의 문제다. 매일매일의 선택을 통해 탁월함을 실천하면 할수록 내가 만들어내는 영향력과 결과도 나아진다. 바로 이것이다. 이제 보여줄 때다! 이를 실천해야 한다.

탈무드는 우리에게 사람 하나를 구한 사람은 세상 전체를 구한 사람만큼이나 중요하다고 가르친다. 그 이유는 모든 사람이 세상 전체와 동등하기 때문이라고 탈무드는 설명한다. 모든 인간은 세상에 영향을 미치고 세상을 바꿀 수 있기 때문에 세상 전체나 마찬가지다. 모든 사람은 어려움과 문제, 도전, 야망, 꿈, 희망으로 가득 찬 하나의 세상이다. 모든 사람은 자신과 같이 탁월함을 실현하기로 결정한 사람들의 도움을 통해 꿈을 향해 전진하고, 문제와 어려움을 최소화할 수 있다. 언제 어디서나 내가 탁월함을 실현하길 기다리는 많은 사람들이 존재한다.

모든 매일매일의 선택은 다른 사람의 세상을 구함으로써 세상 전체를 구할 기회가 된다. 모든 사람을 전 세계 누구와도 다른 독립된 세상으로 바라보면 다른 사람을 구하고 다른 사람에게 영향을 미치는 일이 얼마나 가치 있는 일인지 깨닫게 된다. 모든 사람은 이 세상에서 각자 나름의 목적을 갖고 있는 독특한 존재이다. 다른 사람을 도와줄 때 우리는 타인의 세상을 구하고 그들이 우리의 세상에 기여하도록 한다. 탁월함을 실현하기 위한 선택을 내림으로써 우리는 인간을 구하고, 타인에게 도움이 되며, 사람들의 삶을 보다 쉽고 즐겁게 만들 수 있다.

이 책의 주제에 대해 궁리하는 동안 나는 책의 기본전제를 친구에게 이야기하면서 다음과 같은 질문을 했다. "내가 알약을 하나 발명했는데 그 약만 먹으면 즉시 탁월함을 실현시킬 수 있다고 하면 그 약 먹을래?" 예상대로 친구는 "아니."라고 대답했다. 그는 금방 실현할 수 있는 길을 택하지 않겠다고 했다. 그는 놀랍게도 삶에 어떠한 것들은 요령을 부려 이루려고 하면 자신에게 같은 의미를 갖지 않는다는 걸 살면서 깨달았다고 했다. 탁월함도 그 중 하나다. 실제로 탁월함을 실천하는 데 필요한 힘든 일과 노력을 피하면서 돈으로 탁월함을 이루려고 하면 결국 탁월함은 달성할 수 없다. 노력 없이는 똑같은 의미의 결과가 나올 수 없는 것이다.

이는 많은 책임을 돈으로 회피하는 세상에서 인정하기 힘든 사실이다. 우리는 시간을 아끼려고 우리가 해야 할 일을 남에게 돈을 주고 시킨다. 하지만 탁월함을 달성하는 일은 우리가 돈으로 사려고 해서도 안 되고 요령을 부려 실현하려고도 해서는 안 되는 일이다. 타인을 돕는 미덕은 그 행위와 관련된 노력이 없다면 결코 같을 수 없다. 그 짜릿함을 맛보려면 실제로 행동에 나서야 한다. 수동적인 구경꾼이 아닌 실제 일어나는 경험에 참여하여 그 짜릿함을 직접 느껴야 하는 것이다. 탁월함에 대한 책을 읽거나 탁월함이 실현되는 모습을 관찰하는 건 실제로 탁월함을 경험하는 것과 같지 않다. 우리는 종종 성공과 자기만족을 노력과 연관시킨다. 빨리 달성된 것은 그만큼 빨리 없어진다. 우리는 우리가 노력한 모든 것을 소중히 여기고 감사하는 경향이 있다. 노력이 클수록 감사하는 마음도 커지게 마련이다.

매일매일의 선택이 쌓여 엄청난 결과를 만든다

1964년 글렌 홀랜드는 잠깐 동안만 일을 하려는 생각으로 JFK 고등학교의 교직원으로 부임하게 되었다. 그는 놀라운 걸작을 작곡하겠다는 인생의 꿈을 실현할 돈을 마련할 생각으로 이 학교에서 음악을 가르쳤다. 그는 평생의 꿈을 위해 일을 했다. 교직은 단순히 생계를 유지하는 수단에 불과했다. 그러나 인생은 마음대로 흘러가지 않는 않았다. 뜻밖에 아내가 임신을 하게 되는 등 여러 사정으로 인해 잠깐 동안만 하려던 일을 31년이나 계속하게 된 것이었다. 은퇴를 하면서 그는 평생의 진정한 꿈을 좇지 못한 자신의 인생을 돌아보았다. 그러나 영화「홀랜드 오퍼스Mr. Holland's opus」의 마지막 장면에 나타났듯 그는 놀라운 인생의 업적을 이루었다. 그의 학생들이 모두 모여 음악을 향한 강한 애정을 통해 자신들에게 자극을 주었던 선생님에게 경의를 표한 것이다.

「홀랜드 오퍼스」는 내가 제일 좋아하는 영화 중 하나다. 난 글렌 홀랜드가 자신이 영향을 미친 학생들의 성공과 성장을 통해 자기 삶의 성취를 되돌아보는 마지막 장면에 항상 감동을 느낀다. 그는 일생에 한 번뿐인 사건이나 작품으로 전설에 남을만한 탁월함은 달성하지 못했을지도 모른다. 그러나 그는 매일매일의 탁월함을 달성했다. 매일 그는 음악을 향한 애정과 열정을 다른 사람들과 함께 나누었다. 그는 다른 이에게 영향을 미치는 데 집중했고 한번에 학생 하나씩에게 손을 뻗어 놀랍고 다양한 성공과 탁월함을 창조해냈다. 영화의 마지막 장면에서처럼 사람이 실제로 자신이 탁월함을 달성하기 위해 내린 매일매일의 선택이 쌓여 어떠한 힘을 이룩해냈는지 보기란 어렵다. 그래서 이 장면이 그렇게 강력하게 느껴졌다.

우리가 매일 접하는 평범함이 아닌 탁월함을 달성하기로 한 모든 사람들을 마음에 새긴다면 시간이 지남에 따라 우리의 상황도 이 장면만큼 강력해질 것이다. 우리가 내린 매일매일의 선택이 쌓여 탁월함이 달성되고 이는 한 차례로 끝나는 발견 이상으로 세상에 영향을 미친다. 아직 「홀랜드 오퍼스」를 보지 않은 사람은 꼭 이 영화를 보기 바란다. 그리고 이미 본 사람도 다시 한번 보기 바란다. 이 영화는 어려움이 있더라도 우리 모두는 다른 사람에게 영향을 미치고 탁월함을 선택할 수 있으며 그렇게 할 경우 축적된 매일매일의 선택이 갖는 힘이 엄

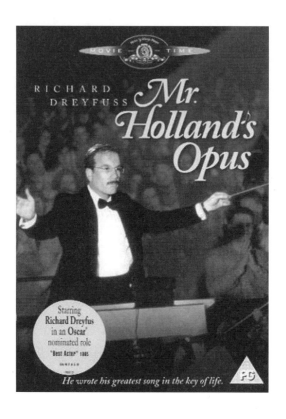

청날 거란 사실을 일깨워준다. 탁월함은 예상 밖의 장소에서 발견될지도 모른다. 인생이란 계획과는 상관없다. 탁월함은 계획이 아닌 실제 행동에서 실현된다. 이런 계획을 실천에 옮기지 않는 한 말이다. 매일매일의 선택을 내리는 순간에 앞으로 어떤 영향이 축적될지 파악하긴 어렵다. 그러나 글렌 홀랜드가 그러했듯 시간이 흘러 뒤돌아보면 그 영향은 놀라울 정도로 어마어마하다. 이것이 바로 책임을 지고 타인을 돕는 데 완전히 초점을 맞추며 탁월함을 달성하기 위해 노력하는 매일매일의 선택이 갖는 힘이다.

매일매일 명성을 얻을 기회가 있다

앤디 워홀은 모든 사람이 15분 동안은 유명해질 수 있다는 말을 했다고 한다. 이 문장에 대해 곰곰이 생각해보았다. 참 울적한 말이다. 이 세상에서 우리는 고작 15분의 명성을 위해 그렇게 애쓰며 산단 말인가? 인생의 나머지 순간은 뭐란 말인가? 우리는 그 15분을 기대하면서 인생의 반을 보내고 나머지 반은 그 순간을 되새기면서 보내야한단 말인가?

우리가 매일매일을 15분의 명성을 누릴 수 있는 순간으로 만들면 어떨까? 매일매일이 중요하고 매일 우리가 유명해질 수 있다면 어떨까? 모든 매일매일의 선택으로 우리가 15분의 명성을 누릴 수 있다면 어떨까? 명성이라는 말의 의미를 바꿀 생각이라면 알지 못하는 사람들이 우리에게 존경의 소리를 높이는 것이 아닌 우리의 행동에 영향을 받은 사람들 사이에서 유명해지는 것으로 바꾸어보자. 그렇게 하면 우리는 매일매일 모든 선택을 15분의 명성의 순간으로 만들 수 있다. 어쩌다 하루 이런 기회를 놓치더라도 다음 날이면 또 기회가 찾아온다. 탁월함을 실현할 모든 매일매일의 선택은 15분의 명성을 얻을 기회가 된다.

이와 다른 삶은 너무 비참에서 말로 표현하기가 그렇다. 인생의 99.9 퍼센트를 단 한번밖에 없을 사건을 기다리며 살거나 아니면 인생에 가장 훌륭했던 업적만을 기억하며 사는 건 인생을 낭비하는 일이다. 이는 탁월함을 달성할 수 있는 자신의 잠재력을 낭비하는 것이기도 하다. 이런 사고방식은 탁월함을 다시는 일어나지 않을 매우 드문 일로 생각하는 시대에 뒤떨어진 사람이나 탁월함에 대한 잘못된 신화에나 어울린다. 우린 이보다 훌륭하게 살 수 있다. 우리는 자신을 꼼짝 못하게 하는 절차를 핑계로 대며 사는 것보다는 훌륭해질 수 있다. 우리는 명성의 순간이 끝없이 이어지는 삶을 창조할 수 있다.

앤디 워홀 씨, 미안합니다. 나는 당신이 생각한 일생에 단 한번뿐인 명성보다는 15분의 매일매일의 명성을 택하겠습니다. 찰나처럼 스치고 지나가는 인생에 단 한번뿐인 명성의 순간을 기다리기 보다는 매일매일 스스로 명성의 순간을 만들어내겠습니다. 매일매일 탁월함을 실현하자. 우리가 하는 모든 행동으로부터 명성이 비롯되는 그런 탁월함 말이다. 우리가 하는 모든 일은 마땅히 이 15분을 모두 누릴 수 있도록 뛰어나야 한다. 그렇게 함으로써 우리는 어느 날 홀랜드가 그랬던 것처럼 지난날을 되돌아보며 우리의 행동에 영향을 받은 사람, 즉 중요한 사람들의 눈에 나타나 있듯 우리의 삶이 탁월함과 끝없는 영광의 순간으로 더욱 풍요로워졌음을 알게 될 것이다.

우리는 먼저 자신감을 가져야 한다

다시 탁월함에 초점을 맞출 때다. 스스로 무능력하다고 생각하는 태도 등 우리의 주의를 흐트러트리는 것들을 제거해야 할 때다. 딜버트 중독을 끊어야 할 때다. 탁월함에 노력을 집중시킴으로써 우리의 경쟁력을 다시 찾아야 할 때다. 모든 냉소적인 농담은 순간적으로 재미있을지 모르지만 장기적으로 보면 피해를 끼친다, 아니 재난을 부른다. 생명체를 공격하는 바이러스처럼 이러한 농담은 탁월함을 달성하는 우리의 능력을 조금씩 깎아 먹는다. 우리는 반드시 신념을 다시 세워야 한다. 점차 심화되어 가는 경쟁에 맞서려면 전투에 임하는 자세부터 바꾸어야 한다. 패배주의적인 태도로 전쟁에 출전하면 무조건 패배할 수밖에 없다. 스스로를 무능력하다고 생각하는 태도 때문에 고통받는 우리 대부분은 아마 전쟁터에 나가지도 않는다. 대신 무능한 상사와 바보 같은 CEO 때문에 전쟁에서 졌다고 생각한다.

우리가 어떤 역할을 하든 우리의 힘은 엄청나다. 우리는 주변 사람에게 영향을 미칠 능력을 갖고 있다. 1년에 1만 개의 매일매일의 선택을 내리는 콜 센터 직원

> 우리가 어떤 역할을 하든 우리의 힘은 엄청나다. 우리는 주변 사람에게 영향을 미칠 능력을 갖고 있다.

의 힘을 생각해보자. 어마어마할 것이다. 1년이면 1만 명의 고객을 접한다. 호텔의 안내직원, 가게의 점원, IT 직원, 공장 근로자 등의 힘도 마찬가지다. 탁월함을 실현하려는 우리의 선택은 우리가 서비스를 제공하는 고객과 우리가 속해있는 조직에 상당한 차이를 만들어낸다. 동료들과 함께 우리는 매년 수백만의 고객에게 차이를 만들어낼 수 있고 어떤 경쟁업체도 따라오지 못하는 강력한 차별화를 달성할 수 있다.

우린 이런 힘을 갖고 있지만 먼저 자신감을 다시 찾아야 한다. 탁월함과 조직의 힘이 갖는 의미를 시장가치나 주가, 브랜드 가치 등에서 찾지 말아야 한다. 대신 우리가 매일 하는 일들이 쌓여 탁월함이 된다고 정의해야 한다. 탁월함을 달성하기 위해 우리가 내리는 매일매일의 선택에 따라 우리 조직의 힘과 경쟁력이 결정될 것이다. 회사는 절차나 그 외 추상적인 자산의 총합이 아닌 직원 모두가 실천한 탁월함의 총합이다. 절차, 도구, 정보, 브랜드, 자산은 모두 조직의 탁월함을 달

성하기 위한 수단이다. 도구가 뛰어나고 정보가 효율적일수록 직원의 업무실적도 개선된다. 도구와 사람을 혼동하지 말자. 사람 없이는 도구는 모두 무용지물이다. 단순히 탁월함을 실천에 옮김으로써 조직의 탁월함에 생명을 불어넣자.

우리는 특별하고 세상에 필요한 존재다

진정한 탁월함과 다른 사람에게 영향을 미치는 행동은 독창성과 진정성에서 비롯된다. 전설을 숭상하는 문화에서 살아가는 우리는 전설을 지나치게 강조하면서 우리 자신은 폄하하는 경향이 있다. 실제로 탁월함을 실현하려고 노력조차 못하게 하는 두려운 생각의 틀을 만든다. 우리는 우리가 존경하는 최고의 위대한 사람들을 생각하며 스스로의 능력을 폄하한다. 그리고 자신의 존재를 무시하고 자신의 능력을 폄하하며 마음속에 다른 사람들을 경외하는 공간을 만든다. 곧 우리는 자신의 목소리를 내지 않고 그 반대로 우리가 존경하는 전설을 따라하는 행동만을 하게 된다. 우리는 스스로를 장점보다는 단점으로 평가한다. 그리고 자신의 단점을 메우기 위해 다른 사람들을 동경한다. 난 이를 '삶의 변두리에서 살아가기' 또는 다른 사람의 인생을 살아가기라 부른다.

삶의 변두리에서 우리는 전설들이 살아가는 중심무대, 즉 우리가 동경하는 사람들이 이룬 업적을 바라보기만 한다. 우리는 감히 무대에 발을 들여 놓지도 못한다. 어쨌든 우리는 결코 그들의 능력을 따라갈 수는 없을 것이다. 기껏해야 쇼가 끝날 때 티셔츠나 살 수 있을 것이다.

그러나 인생과 탁월함은 티셔츠가 아니다. 노력상이나 받으려고 인생을 사는 건 아니다. 인생은 우리 자신의 무대에서 최고의 영웅이 되는 것이다. 우리가 영웅이라고 생각하는 사람들도 자기 나름의 기술과 능력뿐만 아니라 약점도 갖고 있다. 그리고 그에 따라 그들의 인생을 살아간다. 우리도 중심무대에서 우리만의 탁월함을 실현할 수 있는 능력에 따라 우리의 인생을 살아야 한다. 그러나 나와는 완전히 다른 사람과 자신을 비교하기만 한다면 결코 이런 인생을 살 수 없을 것이다.

우리는 모두 다르게 창조되었다. 지문과 DNA에서 알 수 있듯 우리는 모두 특별하게 만들어진 진정으로 다른 사람들이다. 다른 사람의 삶을 흉내내는 건 자연스러운 일이 아니다. 그러면 비슷한 존재가 여럿이 되어 쓸모가 없어질 뿐이다. 나의 인생과 내가 존경하는 사람의 인생이 똑같다면 둘 중 하나는 쓸모가 없어질 것이다. 그리고 나만의 삶과 나만의 탁월함은 사라지게 될 것이다. 우리 모두는 강하고 특별하며 이 세상에 필요한 존재다. 다른 누군가가 되거나 다른 사람의 삶을 살려고 하면 세상에 없어도 되는 존재, 단순히 복제품 같은 존재가 될 것이다. 동시에 원래 타고났던 특별함을 잃은 채 세상을 떠나게 될 것이다.

홀로코스트에서 살아남은 빅터 프랭클은 나치 수용소에 갇혀 매일 죽음과 마주하면서도 자신의 심리학 이론을 발전시켰다. 책『죽음의 수용소에서Man's Search for Meaning』에서 그는 인간이 운명의 희생양이란 생각을 받아들일 수 없다고 했다. 그는 모든 어려움에도 불구하고 어떤 사람도 모든 인간으로부터 특정한 자유를 빼앗아갈 수 없고 이 자유는 바로 대응할 자유라고 했다. 상황과 관계없이 우리 모두는 운명의 희생자처럼 대응할 수도 있고 모든 일을 일어나게 할 수 있는 능력자처럼 대응할 수도 있다. 우리는 자신을 객체로도, 주체로도 대할 수 있다. 무력한 태도를 취할 수도 있고 희망을 품을 수도 있다. 무기력하게 대응할 수도 있고 뭔가를 행동에 옮길 수도 있다. 업무에 초점을 맞출 수도 있고 영향에 초점을 맞출 수도 있다. 내 앞에 놓인 어려움에 어떤 식으로 대응할지

> 상황과 관계없이 우리 모두는 운명의 희생자처럼 대응할 수도 있고 모든 일을 일어나게 할 수 있는 능력자처럼 대응할 수도 있다.

를 선택할 자유는 나에게 있다. 주체적인 인간이 되자. 원래의 나의 모습으로 나만의 중심무대에서 인생을 살아가자.

베풀수록 더 많은 것을 얻게 된다

권력은 나누기로 계산되고 영향력은 곱하기로 계산된다. 이는 모두 관점의 문제다. 인생을 제로섬 게임으로 바라보면 남에게 베풀수록 나의 것은 줄어든다. 케이크를 사람들과 나누어 먹을 때를 생각하면 문제가 쉽게 이해될 것이다. 다른 사람에게 큰 조각을 줄수록 나의 조각은 작아진다. 그러나 세상을 권력이 아닌 영향력의 관점에서 바라보면 나눔의 결과가 완전히 달라진다. 똑같이 케이크를 예로 들어보자. 초에 불을 붙일 때 초 하나에 먼저 불을 붙인 후 이 초로 다른 초에 불을 붙이면 어떤 불도 줄어들지 않고 더 큰 불을 켤 수 있다. 처음의 초는 다른 초에 불을 나누어 주었지만 자신은 아무것도 잃지 않았다. 미소에도 같은 원리를 적용할 수 있다. 미소를 많이 지을수록 주변에 미소 짓는 사람도 늘어날 것이며 전체 미소의 양도 증가할 것이다. 미소를 짓

고 다른 사람의 얼굴에 미소가 떠오르게 하면서 잃는 건 절대 아무것도 없다.

탁월함을 남에게 베푸는 일이 고갈될 위험이 있는 탁월함의 저장소에서 나온다고 생각하면 우리는 그것을 베푸는 일을 최소화하려고 할 것이다. 우리는 다른 사람에게 많이 베풀수록 우리에게 남은 게 줄어들지는 않을까 걱정한다. 우리는 탁월함을 희소한 권력scarce power으로 생각한다. 그러나 탁월함을 영향력이라 생각하면 사람들에게 탁월함을 많이 베푼다고 해도 탁월함을 달성하는 우리의 능력이 줄어들기는커녕 오히려 늘어난다. 다른 사람에게 탁월함을 많이 베풀면 다른 사람이 그 대가로 우리에게 베푸는 탁월함을 통해 더 많은 것을 얻을 수 있다. 탁월함을 베풀었기 때문에 나는 더 많은 것을 얻을 수 있는 것이다.

일반적인 생각과는 달리 진정한 나눔은 권력이 아닌 영향력의 문제다. 다른 사람에게 베풀면 베풀수록 나는 더 많은 것을 얻을 수 있다. 주변에 탁월함을 퍼뜨리면 탁월함을 더 강화하는 환경이 조성된다. 이는 사적인 삶과 직업적인 삶 모두에서 그러하다. 탁월함의 행위 하나로 인해 더 많은 탁월함이 실현된다. 탁월함을 달성하는 습관을 기르면 보다 많은 매일매일의 선택을 내리는 일이 쉬워질 것이다. 그리고 다음 번에 더 훌륭한 탁월함을 달성할 수 있는 능력도 발전될 것이다. 탁월함을 베풀수록 나의 탁월함도 풍요로워진다. 탁월함을 실현하기 위한 희생과 노력은 주변과 나 자신의 탁월함이 커지는 것으로 보상될 것이다. 탁월함의 저장소는 보다 풍요롭고, 강하며, 많은 능력을 갖게 될 것이다.

기적은 간단한 매일매일의 선택에서 시작된다

당신이 탁월함을 달성할 수 있다고 생각하는가? 이런 질문으로 시작하는 것도 좋은 방법이다. 그러나 진짜 중요한 문제는 내가 할 수 있느냐 없느냐의 문제가 아니다. 나는 나만의 특별한 기술과 경험을 갖고 있기 때문에 누구보다도 나의 관심 분야에서 탁월함을 실현할 수 있는 능력이 있다. 중요한 문제는 내가 이를 원하느냐이다. 탁월함을 달성하려면 우선 원해야 한다. 탁월함을 달성하기 위한 노력은 머리가 아닌 가슴에서 나온다. 생각은 사실과 분석에 의거한 논리적 과정이지만 반드시 실천까지 이어지지는 않는다. 원하는 마음은 주체적이며 개인적인 선택의 결과다. 탁월함을 달성할 수 있는 능력이 같은 사람은 많을지 모른다. 그러나 그 능력을 사용하기로 선택한 사람만이 탁월함을 달성할 수 있다.

> 중요한 문제는 내가 원하느냐이다. 탁월함을 달성하려면 우선 원해야 한다.

원하는 마음은 무언가가 할 가치가 있기 때문에 기꺼이 그것을 실천하려는 마음이다. 이는 완전히 개인적인 선택이며 개인적으로 중요한 대의를 실현하려는 개인적인 노력이다. 나는 지금까지 이 책을 읽은 사람이라면 탁월함의 기적을 가슴 속에 품고 있으리라 생각한다. 더 많은 자극과 용기를 얻으려고 책을 읽었을 것이다. 기적은 간단한 매일매일의 선택으로 시작된다. 여행을 시작하자. 더 많은 매일매일의 선택을 내릴수록 우리는 더 강해지고 탁월함을 달성할 수 있는 능력도 커질 것이다. 이는 여정이다. 그리고 궁극적으로 변명이 아닌 탁월함에 의한 인생을 살겠다는 선택이다.

탁월함을 달성하지 않는 것에 대해 흔하게 언급되는 변명은 거짓된 겸손의 덫이다. 우리는 목표를 최대한 낮춤으로써 겸손함을 유지한다고 생각한다. 커다란 일을 성취함으로써 다른 사람들을 보잘 것 없는 존재로 만드는 걸 원치 않는다는 것이다. 어쨌든 그렇게 되면 다른 사람들이 초라해 보이게 될 것이다. 그러나 이는 그저 변명에 불과하다. 이런 거짓된 겸손함은 아무에게도 도움이 되지 않는다. 우리가 하는 일이라고는 자신의 잠재력과 탁월함을 달성할 수 있는 능력을 발휘하지 않는 수많은 사람들처럼 기대를 낮추고 불행해지는 것뿐이다. 그것은 탁월함을 실현할 보다 높은 목표와 가능성을 향해 시야를 높이지 않으려는 변명이다.

지금은 겸손을 떨 때가 아니다. 탁월함을 달성하려면 너무 많은 노력이 든다고 주장 하는 사람도 있을 것이다. 사실 지금과 똑같은 양의 에너지, 시간, 노력이면 된다. 탁월함에 관한 잘못된 생각을 재확인하고 할 수 없다는 마음을 공고히 하는 데 에너지를 쓰지 말고 대신 이 특별한 자원을 탁월함의 능력을 세우고 실천하는 데 사용하자. 이는 우리가 노력을 얼마나 더 들여야 하느냐의 문제가 아니라 노력의 방향을 어떻게 바꿀 것이냐의 문제다. 냉소적인 인터넷 농담을 읽으면서 자신이 가진 능력을 부정하는 데 쓰는 노력을 긍정적인 결과와 탁월함을 실현하는 방향으로 돌리기만 하면 된다. 이는 우리의 선택이다.

자신이 가진 탁월함의 능력을 발휘하는 일은 의무이자 특권이다. 탁월함을 달성할 수 있는 능력을 부정하는 건 세상에 최선을 다할 수 있는 능력을 부정하는 것이다. 또한 그것은 탁월함을 실현할 능력을 최대로 발휘하고 모든 매일매일의 선택을 통해 직업적으로나 개인적으로 성장하는 것이 얼마나 위대한 것인지를 부정하는 일이다. 온 세상이 달라지게 하자. 희망에 찬 한 사람의 세상, 어려움에 처한 수백만의 세상 말이다. 어느 쪽이든 우리는 우리의 선택으로 세상을 바꿀 수 있다.

계속 도전하고 더 높이 올라가야 한다

올림픽 장대높이뛰기 경기를 본 적이 있는가? 생각해보면 장대높이뛰기는 참 이상한 경기다. 선수들은 실패할 때까지 계속 승리한다. 마지막 선수가 바를 넘지 못할 때까지 경기는 끝나지 않는다. 승자와 패자가 분명한 다른 스포츠와는 달리 장대높이뛰기에서는 실패할 때까지 계속 도전한다. 금메달리스트까지도 반드시 실패를 해야 금메달을 받을 수 있다. 사실 장대높이뛰기의 승자는 가장 높은 높이에서 실패를 한 사람이다.

어떤 선수가 바를 넘고 나서 집에 가기로 했다고 생각해보자. "제 경기성적에 매우 만족합니다. 이만하면 됐습니다." 이렇게 말할지도 모른다. 물론 이는 완전히 말이 안 되는 상황이고 이런 식으로 경기가 진행되지도 않는다. 이 장대높이뛰기 선수의 코치는 그에게 경기를 계속하라고 설득할 것이다. "뭣 때문에 그래야 하죠? 언젠가는 실패할 텐데요." 선수는 코치에게 이렇게 대답할지도 모른다. "네가 실패하기 전까지 얼마나 높이 뛸 수 있는지 알려면 이 방법밖에 없으니까 계속 도전해야 한다." 코치는 이런 식으로 대답할 가능성이 크다.

장대높이뛰기에서는 기록이 괜찮다고 해서 거기에 안주할 수 없다.

계속 더 높은 높이를 향해 도전해야 한다. 한번의 성적에 만족하고 그만둘 수 없다. 언젠가는 실패할 걸 알면서도 높은 높이에 도전해야 한다. 그러나 조금이라도 더 높은 높이를 넘으려는 이러한 시도 덕분에 계속 시도해 보지 않았다면 자신이 도달할 수 있을 거라 생각지도 못했을 높이까지 넘을 수 있다. 역설적으로 들리지만 실패지점에 도달하지 않으면 자신이 최대로 높이 뛸 수 있는 높이가 어느 정도인지 절대 알 수 없다. 잊지 말자. 오늘 실패한 지점에서 내일은 승리할 수 있을지도 모른다.

탁월함에도 동일한 원리가 적용된다. 우리는 계속 시도하고 더 높은 곳에 이르려고 해야 한다. 넘어야 할 바의 높이를 계속 높여야 한다. 분명 우리는 우리가 상상하는 것보다 높은 높이에 도달할 수 있다. 어제의 탁월함이 오늘은 더 이상 새롭지 않을 수 있다. 탁월함의 바는 계속 높아진다. 다른 사람으로 인해 바의 높이가 높아질 때도 있고 새로운 탁월함의 기록을 세운 나 자신으로 인해 높이가 높아질 때도 있다. 그러나 어제의 탁월함에 안주하는 건 자기만족에 굴복하는 것이다. 오늘 우리는 새로운 탁월함의 기준을 세워야 한다. 이는 새로운 높이의 탁월함을 향해 계속 나아가는 여정의 일부다. 우리가 더 높이 올라가려 하지 않으면 아래로 떨어진다. 그 자리에 그대로 서 있을 순 없다. 탁월함 성취의 바를 높이자. 장대높이뛰기 선수처럼 우리는 우리가 얼마나 높은 곳에 도달할 수 있는지 미리 알 수 없다. 성취하고 나서야 얼마나 높이 뛰었는지 알 수 있는 것이다. 누구도 앞으로 얼마나 높이 뛸 수 있는지는 모른다. 실제로 뛰어보기 전까지 말이다.

중요한 것은 과거를 되돌아보며 분석하는 것이 아니라 과감히 시도

하는 것이다. 장대높이뛰기에서와 마찬가지로 내가 시도하지 않으면 누군가 다른 사람이 시도할 것이다. 이번 경기에서 그러지 않으면 다음 경기에서는 그렇게 될 것이다. 새로운 기록이 언젠가는 세워진다. 유일한 문제는 신기록을 세우는 사람이 누구냐는 것이다. 시도를 하면 할수록 가능성은 높아진다. 높이 뛸수록 기록을 세울 가능성도 커진다. 두려운가? 물론 그럴 것이다. 우리는 우리가 할 수 있을 거라 확신하는가? 어느 것도 확실한 건 없다. 실패할 가능성은 계속 존재한다. 그러나 그렇다고 해서 무대를 떠나 도전조차 그만둘 수는 없다. 우리는 우리 스스로를 위해 계속 도전하고 보다 높이 올라가야 한다. 이것이 우리가 가진 탁월함의 능력을 완전히 발견하고 발휘하는 유일한 방법이다.

이제 대답해야 할 유일한 질문은 이것이다.

내가 전설이 될 수 있다고 생각하는가? 탁월함을 달성할 자신의 능력을 믿을 준비가 되어 있는가?

• 에필로그

탁월함은 실천으로 가득한 여행이다

이제 무엇을 해야 할까? 이제 실천에 옮길 시간이다. 탁월함은 실천으로 가득한 여행이다. 스스로에게 자극과 동기를 주어야 하며 이 책은 단지 시작, 즉 탁월함의 발사대일 뿐이다.

이 책에서 나는 여러 이야기와 실행들을 예로 들었다. 이 외에도 탁월함을 달성하도록 우리에게 자극을 주는 매일매일의 탁월함에 관한 이야기들이 수없이 많다. 혹시 자극을 주는 이야기를 접하게 되면 나에게 알려주기 바란다. 그리고 다른 사람의 세상과 인생에 영향을 미치는 매일매일의 선택을 내릴 때마다 이를 기록하기 바란다. 내가 다른 사람에게 베푼 것이든 아니면 다른 사람이 나에게 베푼 것이든 성공과 탁월함을 보여주는 개인적인 예들을 더함으로써 이 책과 탁월함을 실현하기 위한 우리의 노력이 계속 살아있게 하자.

스스로에게 동기를 부여하자. 놀라운 나만의 매일매일의 선택을 내

림으로써 개인적 유산을 창조하자. 다른 사람과 함께 나눌 수 있는 개
인적 안내서를 만들자. 탁월함이 우리의 인생에서 매일매일 살아있게
하자.